"十四五"职业教育国家规划教材

商务礼仪
（第3版）

主　编　杨　贺　王继彬　张　晓
副主编　彭文艳　朱世梅　杜丽丽

北京理工大学出版社
BEIJING INSTITUTE OF TECHNOLOGY PRESS

内 容 简 介

本书坚持落实立德树人根本任务，由企业、学校共同开发，以学生就业为导向，采用"任务驱动"教学模式，本着学以致用的原则，选取了礼仪概述、职业形象礼仪、商务会议礼仪、商务活动礼仪、客户接待与拜访礼仪和商务宴请礼仪等内容。

本书不但可以作为高等院校财经商贸大类各专业的必修课教材，也可以作为各专业学生公共选修课的教材，还可以作为相关企业和机构进行商务礼仪培训的参考书，以及企业员工和社会人员进行礼仪常识学习的手册。

版权专有　侵权必究

图书在版编目（CIP）数据

商务礼仪 / 杨贺,王继彬,张晓主编. --3 版. --北京:北京理工大学出版社,2020.4（2024.9重印）
ISBN 978-7-5682-7552-1

Ⅰ.①商… Ⅱ.①杨…②王…③张… Ⅲ.①商务-礼仪 Ⅳ.①F718

中国版本图书馆 CIP 数据核字（2019）第 253316 号

出版发行 /	北京理工大学出版社有限责任公司
社　　址 /	北京市丰台区四合庄路6号
邮　　编 /	100070
电　　话 /	（010）68914026（教材售后服务热线）
	（010）68944437（课件资源服务热线）
网　　址 /	http://www.bitpress.com.cn
经　　销 /	全国各地新华书店
印　　刷 /	三河市华骏印务包装有限公司
开　　本 /	787毫米×1092毫米　1/16
印　　张 /	15.5
字　　数 /	332千字
版　　次 /	2024年9月第3版第10次印刷
定　　价 /	45.00元

责任编辑 /	徐春英
文案编辑 /	徐春英
责任校对 /	周瑞红
责任印制 /	施胜娟

图书出现印装质量问题，请拨打售后服务热线，本社负责调换

第 3 版前言

我国是文明古国,素有"礼仪之邦"的美称。不学礼,无以立。礼貌待人是中华民族的优良传统。学习商务礼仪,可以更好地表达对他人的理解和尊重,使学生将来走上工作岗位以后成为更受企业欢迎的人。

商务礼仪虽然有一套大家所公认的规则,但在不同的商务活动中却有着不同的表现形式。懂得商务礼仪规则是很容易的,但是懂得在不同场合、不同对象面前恰如其分地运用不同的礼仪形式,就不是一件很容易的事情了。鉴于此,我们便将商务活动中的具体行为准则和规范编撰成商务礼仪的内容,帮助大家知礼、懂礼、习礼、用礼。

在编写过程中突出以下特色:

1. 内容选取得当

选取职业形象、商务会议、商务活动、商务交往、商务宴请这几种企业最为常见和实用的商务活动类型作为教学内容模块。课程内容分为模块、项目、任务三个层次,模块是企业常见的商务活动类型,项目是企业一个真实完整的商务活动,任务是这个商务活动的关键点。

2. 教学模式创新

采取"任务驱动"教学模式,包含任务导入-任务分析-相关知识-技能训练-和实训资料-案例分析等模块,实现理实一体。每一个"任务导入"均是来自企业的真实任务或者是抛出问题,引发学生思考,激发学生学习兴趣。结合翻转课堂,实现线上线下混合式教学,以学生自主思考和体验训练为主,融"教""学""做"为一体。

3. 思政元素突出

每一个项目开篇有典型案例,全文贯彻落实党的二十大精神,"以社会主义核心价值观为引领,发展社会主义先进文化,弘扬革命文化,传承中华优秀传统文化,不断提升国家文化软实力和中华文化影响力"。体现"礼者,敬人也"的思想,以德立身、以德立学、以德施教。注重加强对学生"世界观、人生观、价值观"的教育,积极引导当代学生树立正确的"历史观、民族观、国家观、文化观"。

4. 顺序设计合理

考虑以学生为中心,从最熟悉的职业形象开始,面试成功后入职,谈判成功后签约,再结合商务人员的工作日常,以商务宴请为结束。该顺序体现商务人员的成长,便于学生理解,也有助于"任务驱动"教学模式开展。

5. 教学资源丰富

本书是山东省精品资源共享课程《商务礼仪》的配套教材,建设有完整的基本资源和拓展资源。目前课程资源数达到1297条，视频资源数达到705条。包括微课、影视剧商务礼仪赏析微视频、课堂实录、课程简介、学习指南、课程标准、电子教案、整体设计、单元设计、课件、实训资料、教学日历、配套习题及答案、案例分析汇编及答案、动画资源、图片资源、考核方案、名家论坛、优秀学生作品、礼仪小知识、实用商务礼仪英语、部分国家礼仪风俗、其他培训包、话题分析等。课程网址：http://course.rzpt.cn/front/kcjs.php?course_id=264。

6. 培训选材灵活

本书具备培训手册式特点，该教材各模块、项目和任务都可以独立成册，通过组合裁剪，变身成为企业的培训教程。

7. 社会价值显著

良好的礼仪素养是高情商的体现，通过学习和训练，学生能够塑造良好的个人形象，正如一句公益广告中所说的："个人的形象提升一小步，全社会的文明程度就会提升一大步。"这也是商务礼仪课程的社会价值所在。

本书由杨贺、王继彬、张晓担任主编，彭文艳、朱世梅、杜丽丽担任副主编。本书不但可以作为高等院校经管类市场营销、国际贸易、企业管理、物流管理、电子商务等专业的必修课教材，还可以作为各专业学生公共选修课的教材，还可以作为相关企业和机构进行商务礼仪培训的参考书，以及企业员工和社会人员进行礼仪常识学习的手册。

本书在编写过程中借鉴和参阅了许多教材、著作和网站资料，在此表示感谢和敬意。由于编者水平有限，书中难免有疏忽和不足之处，敬请同行、专家和广大读者批评指正。

编　者

目　　录

模块一　礼仪概述 (001)
项目一　礼仪 (001)
　　任务一　礼仪的含义 (002)
　　任务二　礼仪的原则和功能 (004)
项目二　商务礼仪 (007)
　　任务一　商务礼仪的含义 (008)
　　任务二　商务礼仪的原则和功能 (009)
【自测题】 (013)

模块二　职业形象礼仪 (014)
项目一　仪容仪态 (014)
　　任务一　仪容 (015)
　　任务二　仪态 (023)
项目二　职业着装 (033)
　　任务一　商务男士着装 (034)
　　任务二　商务女士着装 (044)
　　任务三　配饰 (048)
项目三　求职面试 (054)
　　任务一　求职材料 (054)
　　任务二　面试注意事项 (058)
【自测题】 (062)

模块三　商务会议礼仪 (064)
项目一　公司会议 (064)
　　任务一　会议准备工作 (065)
　　任务二　会议工作流程 (074)
　　任务三　会议中的尊位及位次排序 (085)
项目二　商务谈判 (096)
　　任务一　谈判室的布置与座次安排 (097)
　　任务二　商务谈判的礼仪规范 (101)
【自测题】 (117)

模块四　商务活动礼仪 (120)

项目一　签字仪式 (120)
- 任务一　准备工作 (121)
- 任务二　座次安排 (123)
- 任务三　整体流程 (125)

项目二　开业典礼 (127)
- 任务一　筹备工作 (127)
- 任务二　类型与流程 (133)

项目三　剪彩仪式 (143)
- 任务一　筹备工作 (144)
- 任务二　礼仪规范 (148)

【自测题】(150)

模块五　商务交往礼仪 (152)

项目一　客户接待 (152)
- 任务一　接待流程 (155)
- 任务二　介绍礼仪 (157)
- 任务三　握手礼仪 (161)
- 任务四　行进礼仪 (165)
- 任务五　名片礼仪 (171)

项目二　客户拜访 (175)
- 任务一　基本拜访礼仪 (176)
- 任务二　不同国家的拜访礼仪 (180)

【自测题】(193)

模块六　商务宴请礼仪 (195)

项目一　中餐宴请 (195)
- 任务一　座次排序 (196)
- 任务二　餐具使用 (201)
- 任务三　礼仪规范 (207)

项目二　西餐宴请 (212)
- 任务一　座次排序 (212)
- 任务二　餐具使用 (215)
- 任务三　礼仪规范 (219)

项目三　自助餐 (225)
- 任务一　准备工作 (225)
- 任务二　礼仪规范 (228)

【自测题】(231)

附录　自测题答案 (232)

参考文献 (236)

电子资源目录 (237)

模块一

礼仪概述

> 人而无礼，焉以为德。——孔子
>
> 人有礼则安，无礼则危，故曰：礼不可不学。——《礼记》
>
> 中国作为一个具有悠久历史文化的文明古国，素有"礼仪之邦"之美称。当今社会已进入了科技高速发展、人际交往日益频繁、精神文明蔚然成风的新时代。一个人要立足于文明社会，无论是求学、经商，还是日常工作、居家外出，均离不开礼仪。讲究礼仪不仅是个人自尊的表现，也是对他人的尊重。

【学习重点】礼仪的含义；商务礼仪的含义；礼仪的原则；商务礼仪的原则。

项目一 礼 仪

礼仪，作为在人类历史发展中逐渐形成并积淀下来的一种文化，始终以某种精神的约束力支配着每个人的行为。从一个人对它的适应和掌握的程度，可以看出他的文明与教养的程度。因此，礼仪是人类文明进步的重要标志。

【思政园地】

周总理送客

1957年国庆节后，周总理去机场送一位外国元首离京。当那位元首的专机腾空起飞后，外国使节、武官的队列依然整齐，并对元首座机行注目礼。而我国政府的几位部长和一位军队的将军却疾步离开了队列。他们有的想往车里钻，有的想去吸烟。周总理目睹这一情景后，当即派人把他们叫回来，一起昂首向在机场上空盘旋的飞机行告别礼。

随后，待送走外国的使节和武官，总理特地把中国的送行官员全体留下来，严肃地给大家上了一课：外国元首的座机起飞后在机场上空盘旋，是表示对东道国的感谢，因此东道国的主人必须等飞机从视线里消失后才能离开。否则，就是礼貌不周。我们是政府的工作人员和军队的干部，我们的举动代表着

> 人民和军队的形象,虽然这只是几分钟的事,但如果我们不加以注意,就很可能因小失大,让国家的形象受损。

任务一　礼仪的含义

礼仪是人类文明和社会进步的重要标志,它既是交往活动中的重要内容,又是道德文化的外在表现,因此有着丰富的内涵。

【相关知识】

一、礼仪的概念

(一) 礼仪的定义

所谓礼仪,就是指人们在社会交往中受历史传统、风俗习惯、宗教信仰、时代潮流等因素的影响而逐渐形成,以建立和谐关系为目的,为表示相互尊重、敬意、友好而约定俗成、共同遵守的各种行为规范和交往程序的总和。

礼仪是人类社会为维系社会正常生活而共同遵循的最简单、最起码的道德行为规范。它属于道德体系中社会公德的内容,是人们在长期共同生活和相互交往中逐渐形成的,并以风俗、习惯和传统等形式固定下来。

对个人来讲,礼仪是一个人思想水平、文化修养和交际能力的外在表现;对社会来讲,礼仪是精神文明建设的重要组成部分,是社会的文明程度、道德风尚和生活习俗的反映。

社会交往中的各种礼仪,实际上体现的是对对方的尊敬。孔子曾经对礼仪的核心思想有过高度的概括:"礼者,敬人也。"所以尊重对方是建立友谊、加深交往、发展关系的前提。这就要求人们在交往活动中,与交往对象既要互谦互让、互尊互敬,又要把对交往对象的重视、恭敬、友好放在第一位。

从个人修养的角度来看,礼仪可以说是一个人内在修养和素质的外在表现,礼仪即教养。

从交际的角度来看,礼仪可以说是人际交往中适用的一种艺术,一种交际方式或交际方法,是人际交往中约定俗成的示人以尊重、友好的习惯做法。

从传播的角度来看,礼仪可以说是在人际交往中进行相互沟通的技巧。

从民俗的角度来看,礼仪是人际交往中要遵行的律己敬人的习惯形式。

(二) 礼貌和礼节

礼貌,是指人们在日常生活交往中表现的谦虚、恭敬、友好的品质。礼貌能体现一个时代的风尚和道德规范,体现出人们的文化层次、文明程度和道德水平。它是人的道德品质修养最简单、最直接的体现,也是人类文明行为最基本的要求。虽然世界各地在礼貌的表现形式上有所不同,但其尊敬、友爱的本质是一致的。在现代文明社会，使用礼貌用语，对他人态度和蔼、举止适度、彬彬有礼，已成为日常基本的行为规范。因此，在生活中注意自己的修养，懂得体谅别人、愿意帮助别人、知道尊重别人的人，就是有礼貌的人。一个人傲气十足、出言不逊、动作粗俗、衣冠不整，就是对他人没有礼貌的表现。

礼节，是人与人之间在日常生活和工作中表达对别人的尊敬、问候、祝愿所用的规则和形式，属于外在的行为规范，是礼貌在语言、行为、仪态等方面的具体体现。借助这些礼节，对他人尊重与友好的礼貌便可得到适当的表达。因此，讲礼貌、懂礼节应当是内在品质与外在形式的统一。

（三）礼仪、礼貌和礼节的关系

礼仪与礼貌、礼节三者之间既有联系又有区别。它们的本质都是尊重人。礼貌侧重于强调个人的道德品质，礼节侧重于这种品质的外在表现形式。所以，礼貌和礼节多指交往过程中的个别行为。而礼仪是由一系列的、具体的礼节所构成的，是系列化、程式化了的礼节。

二、礼仪的特点

现代礼仪是在漫长的社会实践中逐步演变、形成和发展而来的，具有文明性、规范性、普遍性、差异性、可操作性、传承性、时代性等特征。

（一）文明性

现代文明社会的礼仪传承了以往社会形态的传统礼仪美德，革除了传统礼制繁文缛节的弊端，废除了其中封建迷信的僵化和保守的部分，保留了其中合理的部分，体现了礼仪的科学与文明的特征。

（二）规范性

礼仪是一种规范。礼仪规范的形成，不是人们抽象思维的结果，而是人们在社会交往实践中所形成的人们普遍遵循的行为准则。这种行为准则，不断地支配或控制着人们的交往行为。如果人们能够自觉地按照这种准则去表达、表现，那就是符合礼仪的要求的；如果在言谈举止中违反这种准则，那就是失礼的。任何人想要在交际场合表现得合乎礼仪、彬彬有礼，都必须自觉遵守固有的礼仪。另起炉灶、自搞一套或只是遵守个人适应的部分，都难以被交往对象理解和接受。规范性是礼仪的一个极为重要的特性。

（三）普遍性

普遍性，是指礼仪在任何国家、任何民族、任何时代都存在。礼仪这种文化形态，贯穿于整个人类社会的始终，与人类社会共存亡，只要有人类社会，就会有礼仪。礼仪遍及人类社会的各个领域，不仅表现在政治领域、经济领域、文化领域，也表现在军事领域、宗教领域等。礼仪渗透于各种社会关系之中，只要有人和人的关系存在，就会有作为人的行为准则和规范的礼仪的存在。

（四）差异性

"五里不同风，十里不同俗。"礼仪规范往往因时间、空间或对象的不同而有所不同。各民族在文化传统、宗教信仰等方面的差异，导致了礼仪规范的差异。即使是同一民族，在不同地区、不同国度，由于生存环境、文化氛围的不同，具体的礼仪规范也千差万别。例如，在阿拉伯地区，男人之间手拉手走路是一种无声的友好和尊重的表示，但在美国通常会被认为是同性恋者；再如，在英国，作"V"形手势表示胜利时，必须把手掌向着观众，手背朝着自己，如果把手背朝着观众，那就像美国人单伸出中指一样，表示下流，而到了非洲，"V"形手势只是表示两件事或两样东西，并没有什么特殊的含义。

（五）可操作性

切实有效、实用可行、规则简明、易学易会、便于操作是礼仪的一大特征。礼仪既有总体上的原则、规范，又在具体的细节上以一系列的方式、方法，详细周密地对原则、规范加以贯彻，落到实处，使之"言之有物""行之有礼"，且能够被人们广泛地运用于交际实践，并受到广大公众的认可。

（六）传承性

礼仪是一个国家民族传统文化的重要组成部分。礼仪作为一种人类文明的积累，不是一种短暂的社会现象，也不会因为社会制度的更替而消失。每一个民族的礼仪文化，都是在本民族固有传统文化的基础上，通过不断吸收其他民族的礼仪文化而发展起来的。现代中华礼仪就是以中华传统礼仪文化为核心，在广泛吸收东西方礼仪文化的基础上形成和发展的。任何国家的礼仪都具有自己鲜明的民族特色，任何国家的当代礼仪都是在本国古代礼仪的基础上继承、发展起来的。离开了对本国、本民族既往礼仪成果的传承、扬弃，就不可能形成当代礼仪。

（七）时代性

礼仪规范不是一成不变的，它随着社会的发展而不断发展更新。我国古时的妇女以"三寸金莲"为美，而如今又有谁欣赏这种美呢？现在人们认为那样不但有害，而且不雅、不美、不安全、不方便。可见，不同的时代具有不同的礼仪要求。社会的进步、文明的发展、政治的变革、思想观念的变化、科技的广泛应用必然导致礼仪要在民族传统的基础上，摒弃那些不合时宜的部分，创造出合乎文明时代要求的新礼仪，这样礼仪也就具有了鲜明的时代特征。

任务二　礼仪的原则和功能

礼仪作为一种行为准则或规范，一经产生，便具有其自身所特有的功能，可以用来指导人们的一言一行、一举一动。同时，礼仪功能的发挥又不可能是凭空的，它必须借助于现实的礼仪活动，并且要以遵循礼仪的基本原则为前提条件。

【相关知识】

一、礼仪的原则

要有效地进行人际交往，就要按照礼仪的规范行事，就要对礼仪的原则有基本的认识。礼仪的原则是人们在社会交往中处理人际关系时的出发点和指导思想，也是在社会交往中确保正确施行礼仪和达到礼仪目标的基本要求。

（一）真诚原则

真诚是人与人相处的基本态度，人际交往的礼节，自然当以真诚为第一原则。真诚是君子最宝贵的品格，是人与人相处的基础。在人际交往中运用礼仪时，务必诚实无欺、言行一致、表里如一。只有如此，自己在运用礼仪时所表现出来的对交往对象的尊敬与友好，才会更好地被对方理解并接受。

（二）敬人原则

你希望别人尊敬你，首先你要尊敬别人。古人云："敬人者，人恒敬之。"就是说，尊敬别人的人，别人会永远尊敬他。彼此互相尊敬，人与人之间的关系才能和谐愉快，才会减少摩擦和纷争。"真诚"和"尊敬"密切相关。没有真诚，尊敬是虚假的；不尊敬人，真诚也不复存在。社会上常常可以看到这样的人，表面上对你非常恭顺尊敬，但背地里却对你说三道四、搬弄是非。这种缺乏真诚的"敬意"，是我们运用礼仪时必须加以避免的。在对待他人的诸多做法之中最要紧的一条，就是要敬人之心常存，处处不可失敬于人，不可伤害他人的个人尊严，更不能侮辱对方的人格。

（三）自律原则

礼仪规范由对待个人的要求与对待他人的做法两大部分构成。对待个人的要求，是礼仪的基础和出发点。学习、应用礼仪，最重要的就是要自我要求、自我约束、自我控制、自我对照、自我反省、自我检点。要求人们从内心树立良好的道德观念和行为准则，并以此约束自己的行为，自觉按照礼仪规范待人接物，而无须外界的提示和监督。在交往中，希望别人做到的事自己首先要做到，要"己所不欲，勿施于人"，严于律己、宽以待人，不断提高自我约束、自我克制的能力。所以，要真正领悟礼仪、运用礼仪，关键还要看个人的自律能力。

（四）遵守原则

礼仪作为社会行为的准则和规范，是为了维护社会的正常生活而形成和发展起来的，反映了人们的共同愿望和要求。每个社会成员不论身份高低、职位大小、财产多寡，都有责任和义务共同维护和自觉遵守礼仪，并用礼仪规范来指导自己的一言一行、一举一动。如果我们违背礼仪规范，就会受到公众的指责，交际也难以成功，这就是要遵守原则。没有这一条，就谈不上礼仪的应用、推广。

（五）宽容原则

宽容意味着要有容人的雅量和多替他人考虑的美德。"海纳百川，有容乃大"，能设身处地为别人着想，能原谅别人的过失，也是一种美德，它被视为现代人文明的一种礼仪修养。要做到这一点就要求人们在交际活动中运用礼仪时，既要严于律己，更要宽以待人。要多容忍他人、多体谅他人、多理解他人，千万不要求全责备、斤斤计较、过分苛求、咄咄逼人。

（六）平等原则

在尊重交往对象、以礼相待这一点上，对任何交往对象都应该一视同仁，给予同等程度的礼遇，不可厚此薄彼，不允许因为交往对象彼此之间在年龄、性别、种族、文化、职业、身份、地位、财富以及与自己的关系亲疏远近等方面有所不同，区别对待，给予不同待遇。但允许根据不同的交往对象，采取不同的具体方法。

（七）从俗原则

由于国情、民族、文化背景的不同，在人际交往中，实际上存在着"五里不同风，十里不同俗"的局面。对这一客观现象要有正确的认识，不要自高自大、唯我独尊、轻易地否定其他人不同于己的做法。必要之时，必须坚持入乡随俗，与大多数人的习惯保持一致，切勿目中无人、自以为是、指手画脚、随意批评、否定他人。

（八）适度原则

过分表达对他人的尊敬，会令人感到不舒服，同时也降低了自己在他人心中的地位。要把握好分寸，根据交往的场合、事件、人物、环境等因素选择合适的礼仪表达，做到与人交往大方得体、恰到好处。不能认为无论在哪里，都是"礼多人不怪"，应该牢记过犹不及的道理。这要求在应用礼仪时，为了保证取得成效，必须注意技巧及其规范，特别要注意做到把握分寸、认真得体。当然，运用礼仪要真正做到恰到好处、恰如其分，只能勤学多练、积极实践。

二、礼仪的功能

（一）礼仪有助于塑造良好的个人形象

在社会交往过程中，交往者的自身形象是十分重要的，形象的好坏与否，直接影响着交往双方关系的融洽和交际的成败。印象实质上是人们对客观对象的主观反映。社会交往中的人，总是以一定的仪表、服饰、言谈、举止来表现某种行为，这是影响人们第一印象的主要因素。整洁大方的个人仪表、得体的言谈、高雅的举止、良好的气质风度，必定会给对方留下深刻而又美好的印象，从而建立起友谊和信任关系，达成社交目标。

（二）礼仪规范着人们的行为

礼仪从古至今都是衡量一个人文明程度的准绳。在人际交往过程中，人们按照礼仪所规定的要求进行交往，有助于相互间的沟通和达成共识。礼仪作为一种共同遵守的行为规范，还执行着对人际关系的整合和疏导功能，如守时守约、讲究仪容仪表、尊老爱幼等等。礼仪潜移默化地熏陶着人们的心灵，使人们在社会生活中事事、处处注意自己的言行，养成良好的文明习惯，努力成为一个受欢迎的人。

（三）礼仪有助于建设社会主义精神文明

建设社会主义的精神文明，是社会主义现代化事业不可缺少的重要内容，是需要全体社会成员参与的宏伟的工程。它的根本任务之一就是要培育有理想、有道德、讲文明、懂礼貌、守纪律的社会主义新人，发扬良好的社会风气。礼仪是推动精神文明建设的一种好形式。古往今来，人们把礼仪看作是一个国家、民族文明程度的重要标志，看作是一个人道德水准高低、有无教养的尺度。中华民族历史悠久，礼仪蕴涵着丰富的文化内涵，礼仪的普及和推广有助于建设社会主义的精神文明。

【案例分析】

华盛顿的风范

1754年，美国之父华盛顿还是一名血气方刚的上校军官。那时，他正率部队于亚历山大市驻防，是当地的军事首脑。那年，弗吉尼亚州的议员选举战正打得硝烟弥漫，华盛顿也很狂热地投入了选举战，为他所支持的候选人助威。有个名叫威廉·佩恩的人，是华盛顿的坚决反对者，到处发表演讲，批评华盛顿支持的候选人。为此，华盛顿很生气。

某一日，华盛顿与佩恩两个冤家聚头了，并且发生了激烈的唇枪舌剑。情急之中，华盛顿说了一些过头话冒犯了佩恩。佩恩觉得自己受了侮辱，不由得火冒三丈，冲过去一拳将华盛顿击倒在地。这一拳却把华盛顿打醒了，他忍痛站起来，命令摩拳擦掌的部下跟他返回营地，一场可能发生的流血冲突就这样烟消云散了。

第二天，华盛顿写了一张便条，派一名部下送给佩恩，约他到一家酒馆见面，解决昨天两个人结下的芥蒂。佩恩看了便条大吃一惊。华盛顿作为军人，约他解决矛盾的方法肯定是进行生死决斗。佩恩虽然紧张，但绝不想让人说他是胆小鬼，他在家里做好了决斗的准备，便去酒馆赴约。

佩恩赶到酒馆时，一见华盛顿就傻眼了。华盛顿西装革履，一副绅士派头，见佩恩进来，他端着酒杯微笑着站了起来，伸手握住佩恩的手，很真诚地说："佩恩先生，人不是上帝，不可能不犯错。昨天的事是我对不起你，我不该说那些伤害你的话。不过，你已经采取了挽回自己面子的行动，可以说我已为我的错误遭到了惩罚。如果你认为可以的话，我们把昨天的不愉快统统忘掉，在此碰杯握手，做个朋友好吗？我相信你是不会反对的。"

佩恩被感动了，紧紧地握住了华盛顿的手，热泪盈眶地说："华盛顿先生，你是个高尚的人。如果你将来成了伟人，那么，佩恩将会是你永久的追随者和崇拜者。"一对完全有可能成为仇敌的人做了朋友。同时，也被佩恩说对了，后来华盛顿果然成了美国人民世代崇敬的伟人。佩恩更没有食言，他至死都是华盛顿的忠实追随者和狂热崇拜者。

请思考以下问题：
（1）华盛顿采用什么方法解决与佩恩之间的矛盾？
（2）是什么感动了佩恩，使他成为华盛顿的忠实追随者和崇拜者？

项目二　商务礼仪

一个人注重商务礼仪，就会在众人面前树立良好的个人形象；一个企业的员工注重商务礼仪，就会为自己的企业树立良好的形象，赢得公众的赞誉。对于现代企业来说，学习商务礼仪、普及商务礼仪，已经成了提高企业美誉度、提升核心竞争力的重要手段。

【思政园地】

> ### 入乡随俗
>
> 　　2004 年上半年，某阿拉伯国家发生了一件令更多中国商人下决心学习商务礼仪的事件。事情的起因是，在当地经商的几十位中国商人因为聚众赌博被警方"请"进了监狱。在商业圈内，朋友之间聚会小赌，被称为"小赌宜情"，这在国内可能是件小事，交点罚款就可以"摆平"。但这次却通过外交途径多次交涉，在拖了很长时间后，才罚以重金获释。在信仰伊斯兰教的国家，赌博犯了严重的教规，被认为是非常严重的违法行为。事情结束之后，国家相关部门再次呼吁在国外的中国公民，一定要了解、尊重当地的礼仪、习俗。

任务一　商务礼仪的含义

　　人类从事商业活动的历史相当悠久，在长期的商业实践过程中，逐渐积累了一些经商以及与他人打交道的经验，这些经验经过不断的检验，逐渐被广大商业人员认同、接纳和效仿，于是便形成了不成文的行业规矩——商务礼仪。所以说，商务礼仪是人们在长期的商务交往过程中形成的约定俗成的礼仪规范。

【相关知识】

一、商务礼仪的概念

　　商务礼仪是人们在商务活动中，用以维护企业形象或个人形象，对交往对象表示尊重和友好的行为规范和惯例。

　　礼仪大致分为政务礼仪、商务礼仪、服务礼仪、社交礼仪、涉外礼仪五个部分。但因为礼仪是门综合性的学科，所以五个部分又是相对而言的。各部分礼仪的内容都是相互交融的，各部分礼仪中也有相同的内容。

　　简单地说，商务礼仪就是人们在商务场合中适用的礼仪规范和交往艺术，它是一般礼仪在商务活动中的运用和体现。

　　和一般的人际交往礼仪相比，商务礼仪有很强的规范性和可操作性，并且和商务组织的经济效益密切相关。

二、商务礼仪的特点

　　商务礼仪有自己独特的个性。根据商务礼仪自身的特殊性可以归纳出商务礼仪的以下四个基本特点。

（一）普遍认同性

　　商务礼仪是商务活动领域共同认可、普遍遵守的规范和准则。虽然礼仪在一定程度上打上了国家、民族和地区的文化烙印,但是,许多的礼仪规范是全世界通用的,例如微笑、握手等。伴随着经济全球化,商务礼仪的普遍认同性使商务礼仪成为不同国家、不同民族、不同地区人们之间开展商务交往的"通行证"。

(二) 形式规范性

商务礼仪的表现形式在一定程度上具有较高的规范性。例如,在正式的商务场合,商务人员的着装必须符合一定的要求;对于一些商务仪式,进行的程序必须符合相应的操作规定。如果违反了这些规范,在正式的商务场合会传达错误的信息,并引起误会。

(三) 地域差异性

不同的地域和文化背景形成了不同的地域文化,决定了不同的商务礼仪的内容和形式。例如,不同国家、不同地区、不同民族见面问候致意的形式就大不相同,有握手致意的,有拥抱致意的,有双手合十的,有吻手致意的,有脱帽点头致意的,有手抚胸口的,等等。这些礼仪形式的差异均是由不同地方的风俗文化决定的,具有约定俗成的影响力。

(四) 文化交融性

商务礼仪是在商务交往活动中形成和发展的,必然受到世界经济发展的深刻影响。从世界经济发展的历史来看,英国和美国在过去的几个世纪里引领了世界经济发展,因此现代商务礼仪带有很浓厚的英美文化特点,其最突出的表现就是在商务活动中尊位的确定是按照"以右为尊"的原则。随着社会交往的扩大,世界各民族的礼仪文化都会互相渗透,体现一定的文化交融性。例如,在正式的商务场合,按照国际惯例,男士要穿深色西服套装,但是阿拉伯国家的男士可以穿长袍,我国的男士可以穿中山装。

任务二 商务礼仪的原则和功能

商务活动的内容包罗万象,参与活动的人物与组织来自不同的地区和国家,具有不同的文化背景,涉及各地不同民族的礼仪习俗,不可能把每一个细节和规范都规定出来。那么要想在不同的文化背景下,在纷繁复杂的商务活动中把握正确、得体的礼仪尺度,做到应对自如,就要掌握商务礼仪的一些基本原则。

【相关知识】

一、商务礼仪的原则

商务礼仪基本原则的核心精神是尊重他人,要求人们在实践和操作每一项商务礼仪规则时都要体现出对商务交往对象的尊重与友好,具体体现在以下八个方面。

(一) 以右为尊

商务礼仪源于英美文化,在西方"以右为尊"的说法源远流长。正式的国际商务交往中,"以右为尊"为国际惯例。具体体现在商务活动中,凡是有必要确定尊位和位次排序的情况,都遵循"以右为尊"的原则。

知识链接：

> **以左为尊**
>
> 在我国的历史长河中，传统的一般做法是讲究"以左为尊"。
>
> 《礼记》中记载："左为阳，阳，吉也，右为阴，阴，丧所尚也。"左主吉，右主凶。《史记·魏公子列传》中记载："公子于是乃置酒大会宾客。坐定，公子从车骑，虚左，自迎夷门侯生。"虚左，就是空出左边尊位，以示敬让。成语"虚左以待"即缘此而来。
>
> 唐宋时期也是以左为上。例如唐太宗的两位名相合称"房谋杜断"，房在前而杜在后，房玄龄之尚书左仆射显然尊于杜如晦之尚书右仆射。

（二）职位优先

在商务活动中，人员地位的高低以职位高低为准。一位年长者和一位年轻者，若年轻者职位更高，则年轻者为尊，在商务礼仪的各项规则中处于尊者地位。即职位高的人比职位低的人、资历深的人比资历浅的人具有各方面的优先权。职位优先原则是商务活动中位次排序的主要依据。

（三）注重形象

实验证明，第一印象是难以改变的。在商务交往中，人们往往通过交往对象的仪表风度、言谈举止、穿衣打扮等印象来初步判断一个人的修养与素质，形成首因效应，从而影响以后的交易与合作。因此在商务交往过程中，尤其是与别人的初次交往时，一定要遵照规范的方式塑造与维护自己的个人形象，给对方留下美好的印象，以体现自我尊重和对交往对象的重视与尊重。

（四）守时守信

在商务活动中特别强调时间观念，一切与时间有关的约定一定要遵守，例如按时到达谈判地点、按时出席会议、按约定时间去拜访客户等，这体现了现代人对于时间效益的重视和对交往对象的尊重。

在商务活动中，讲求信用不仅体现了商务礼节，也是商业道德的体现。在商务场合，人们的许诺代表了一定的利益关系，特别是在商务谈判等活动中，对于各项谈判条件和合同条款一定要深思熟虑，不要随意许诺，以免造成无法兑现的后果。一旦作出许诺，就必须兑现，真正做到"言必信，行必果"，只有这样，才会赢得交往对象的信任和好感。

万一因为难以抗拒的因素，致使自己单方面失约，或是有约难行，那就需要尽早向有关各方通报，如实地解释，并且要郑重其事地为此向对方致以歉意，同时按照法规和惯例主动承担因此而给对方造成的相关损失。

（五）尊重隐私

源于英美文化的尊重隐私原则，主要是指尊重个人隐私，对私人信息的保密原则。在西方社会，个人主义的观念占据着主导地位，每个人都被赋予了自由选择生活方式的权利，而这种权利被认为是神圣不可侵犯的。个人信息在一定程度上透露出一个人的生活方式，因此对个人信息的保护意味着对个人自由选择生活方式权利的保护。在交谈中，凡是涉及对方的个人隐私问题，都应该自觉地、有意识地予以回避。

在国际商务交往中，面对不同国家的客户，交谈的话题也有很大的差异性。但是一般来说，诸如年薪收入、个人工作状况、年龄、家庭、政治倾向、宗教信仰等问题通常被视为个人隐私问题，在交谈中要尽量避免。

（六）尊重妇女

女士优先的观念在英美文化中源远流长，这个观念也始终贯穿在商务礼仪实践中。虽然在正式的商务活动中，人们强调的是男女平等，不管是男士还是女士都必须遵守职位上的排序和对等要求，但是在一些非正式场合，每位男士都有义务自觉主动地以自己的实际行动去尊重妇女、照顾妇女、体谅妇女、关心妇女、保护妇女。

但是注意，在阿拉伯国家、东南亚地区，以及日本、韩国、朝鲜、蒙古、印度等国家，人们依然奉行"男尊女卑"，在这些国家和地区尊重妇女的原则要谨慎使用。

（七）遵守惯例

在国际商务交往中，为了减少麻烦、避免误会，更方便人们沟通以达成共识，最为简捷的办法就是遵守国际上所通行的礼仪惯例。

比如在不同国家，其见面礼有鞠躬礼、合十礼、按胸礼、吻面礼、拥抱礼等，而与任何国家的人士打交道，以握手这一"共性"礼仪作为见面礼节，都是适用的。所以在涉外交往中，采用握手礼，就是遵守礼仪的国际惯例。

在国际贸易中，有一条不成文的规则：为了顺利达成交易，通常卖方要主动适应和遵循买方的礼仪惯例，以便增进双方之间的理解和沟通，有助于更好地向买方表达卖方的友好合作意向。

（八）入乡随俗

在国际商务交往中，作为访问者一定要遵守当地的风俗习惯和礼仪惯例，做到入乡随俗。要真正做到入乡随俗，首先要充分了解当地所特有的礼仪习俗、敏感话题、商业惯例，在充分了解的前提下，才能对当地的礼仪习俗予以充分尊重，并按照主方的礼仪习惯来完成商务活动。例如，在用餐时，东亚国家的人多用筷子，欧美国家的人爱用刀叉，因此，到欧美国家出席商务宴请，就应当适应那里的用餐习惯。

当自己身为东道主时，为了表达对客人的诚挚之心，甚至沿用客方的礼仪习俗来体现对客人的欢迎和尊重，体现"主随客意"的精神，这是一种交往艺术。例如，在中式宴请时，可以在宴会上同时摆放筷子和刀叉，以示尊重和方便西方客人。

二、商务礼仪的功能

（一）规范行为

商务礼仪对商务场合的各种行为提出了规范化要求，其具体表现形式是一系列约定俗成、为商界所公认的行为规范和活动程序。个人和组织在商务活动中，通过行使这些行为规范和活动程序，一方面对交往对象表示尊重和友好，另一方面也使商务活动按照一定的次序以更加体面和友好的方式进行。例如，着装礼仪对出席正式商务场合的男士与女士的着装提出了基本的要求：深色西装、白色衬衣、领带、西装套裙等。这些典型的商务场合着装元素，保证了商务场合的相对一致性和正式性，提高了商务场合的仪式感和隆重感。

在一些商务仪式中，其规范和程序就显得越发重要，例如签字仪式、剪彩仪式等都有其约定俗成的程序，在商务仪式礼仪中规定了这些活动具体的操作程序和要求。

（二）沟通信息

不同的礼仪行为，表达了不同的信息，人们可以通过言语、行动、表情、礼品馈赠等礼仪形式，来传递信息、表达感情。比如，面带微笑向对方问候"你好"，通过表情加语言，向对方传递了"很高兴见到你"的信息。

在商务活动中，馈赠礼品也是人们经常用来传递信息、表达感情的一种方式。商务馈赠是生意双方一种商务上的友好表示，表达的是一种职业联系，既是友好的、礼节性的，又是公务性的。在英国、澳大利亚、加拿大、美国，商务馈赠都是必不可少的；日本也是一个重视礼仪的国家，如果不进行商务馈赠，会被看作是在破坏礼仪。商务交往中的礼品，常常超出了物质的范畴，成为精神的寄托，对方可以从中看到你的品位、智慧以及心意。

（三）塑造形象

学习商务礼仪、运用商务礼仪，无疑将有益于人们更好地打造个人商务形象、提升个人商务形象，符合社会对商务人士的定位和要求。

商务人员的个人形象在一定程度上透露了所在企业的文明程度、管理风格和道德水准。良好的个人形象无疑为个人所代表的企业传递了无声的商业信息，宣传了企业形象。现代市场竞争除了产品竞争外，形象竞争也是一个重要的竞争层面。一个具有良好信誉和形象的公司或企业，容易获得社会各方的信任和支持。

商务礼仪也是企业文化的重要组成部分，是企业形象的主要附着点。许多国际化的企业，对于礼仪都有高标准的要求，都把礼仪作为企业文化的重要内容。所以从组织的角度来说，礼仪可以塑造企业形象，提高企业的知名度和美誉度，最终达到提升企业的经济效益和社会效益的目的。

（四）联络感情

良好的礼仪规范就是向在交往的对方传达一种敬意。在商务交往中，整洁的衣着、得体的谈吐、优雅的举止、谦让的风度容易使双方互相吸引、增进感情，促进良好的人际关系的建立和发展；反之，如果不讲礼仪、粗俗不堪，那么就容易产生感情排斥，造成人际关系紧张，给对方造成不好的印象。因此，礼仪不仅表示一种礼数，也是为了联络双方的感情，为个人或组织营造一个和睦的人际环境和顺畅的社会氛围。

【案例分析】

> 刘婷是一名白领丽人，她机敏漂亮，待人热情，工作出色，因而颇受重用。有一回，刘婷所在公司派她和几名同事一道，前往东南亚某国洽谈业务。可是，平时向来处事稳重、举止大方的刘婷，在访问那个国家期间，竟然由于

行为不慎而招惹了一场不大不小的麻烦。

事情的大致经过是这样的：刘婷和她的同事一抵达目的地，就受到了东道主的热烈欢迎。在欢迎宴会上，主人亲自为每一位来自中国的嘉宾递上一杯当地特产的饮料，以示敬意。轮到主人向刘婷递送饮料时，一直是"左撇子"的刘婷不假思索，自然而然地抬起自己的左手去接饮料。见此情景，主人骤然变色，对方没有把那杯饮料递到刘婷伸过去的左手里，而是非常不高兴将它重重地放在餐桌上，随即理都不理刘婷就扬长而去了，刘婷非常惊讶和不解。

请思考以下问题：

刘婷的"行为不慎"指的是什么？

【自测题】

1. 所谓（　　），就是指人们在社会交往中由于受历史传统、风俗习惯、宗教信仰、时代潮流等因素的影响而逐渐形成，以建立和谐关系为目的，为表示相互尊重、敬意、友好而约定俗成、共同遵守的各种行为规范和交往程序的总和。

2. 所谓（　　），是指人们在日常生活交往中表现的谦虚、恭敬、友好的品质。

3. 所谓（　　），是人与人之间在日常生活和工作中表达对别人的尊敬、问候、祝愿所用的规则和形式。

4. 现代礼仪是在漫长的社会实践中逐步演变、形成和发展而来的，具有（　　）、（　　）、（　　）、（　　）、（　　）、（　　）、（　　）等特征。

5. 礼仪的原则有（　　）、（　　）、（　　）、（　　）、（　　）、（　　）、（　　）、（　　）等。

6. 所谓（　　）是人们在商务活动中，用以维护企业形象或个人形象，对交往对象表示尊重和友好的行为规范和惯例。

7. 礼仪大致分为（　　）、（　　）、（　　）、（　　）、（　　）五个部分。

8. "五里不同风，十里不同俗"体现了礼仪的（　　）特征。

A. 文明性　　　B. 差异性　　　C. 传承性　　　D. 时代性

9. 我国古时的妇女以"三寸金莲"为美，而现如今人们对此嗤之以鼻，认为那样不但有害，而且不雅、不美、不安全、不方便，这种现象体现了礼仪的（　　）特征。

A. 文明性　　　B. 差异性　　　C. 传承性　　　D. 时代性

10. 不允许因为交往对象彼此之间在年龄、性别、种族、文化、职业、身份、地位、财富等方面的不同而厚此薄彼，区别对待，给予不同待遇，体现了礼仪的（　　）。

A. 敬人原则　　B. 宽容原则　　C. 平等原则　　D. 适度原则

11. （　　）是商务活动中位次排序的主要依据。

A. 性别原则　　B. 年龄原则　　C. 种族原则　　D. 职位优先原则

商务礼仪小知识汇总　模块一

模块二
职业形象礼仪

在职场中，每一位员工不仅仅代表自己的个人形象，还代表其为之服务的企业的形象。因此，在职场当中，企业员工的仪容、仪表、仪态、一切的言行举止都很重要。每个员工的良好形象，在所交往对象的眼里都是企业良好的形象，而任何一个员工的不良行为，都会破坏整个企业的良好形象。

【学习重点】仪容、仪态礼仪的内涵及规范要求；职场着装的原则；求职礼仪的基本知识。

项目一 仪 容 仪 态

在日常的人际交往中，两个人初次见面，第一印象中的55%是来自外表，包括衣着、发型等；第一印象中的38%来自一个人的仪态，包括举手投足之间传达出来的气质、说话的声音、语调等；而只有7%的内容来源于简单的交谈。也就是说，第一印象中的93%都是关于外表形象的。

【知识目标】掌握发部修饰和面部护理的要点；了解化妆的原则和基本技巧；掌握正确的站姿、坐姿、行姿及手势；掌握认真的眼神、真诚的微笑。

【技能目标】具备基本的形象意识和职业形象塑造能力；仪容仪态符合要求规范。

【素质目标】理解个人的仪容仪态对打造个人形象、塑造企业文化、提升全社会文明程度的重要意义；学以致用，将礼仪规范与日常行为养成相结合；在职业场合正确地运用体态及表情，增强人际沟通能力。

【思政园地】

美 与 丑

入职的第一天，我激动又忐忑地迈进写字楼，忽觉眼前一亮，前台工作人员真是太漂亮了！只见她穿着大方得体的套裙，长发盘起，脸上略施粉黛，柳眉弯弯，精致的眼妆让眼睛看起来清澈明亮、顾盼生辉。白皙无瑕的皮肤透出淡淡的粉红色，显得健康活力、气色极佳。口红娇而不艳，与眼妆和套裙搭配得极为舒适。脚上一双黑色船鞋让小腿看起来笔直修长，气质极佳。我一边走一边想：等我和她熟识了，一定要问问她的化妆品都是什么牌子，从哪里买的……

下班后，我和同事一起坐地铁回家，我们是同一个方向。正是下班高峰期，地铁站人山人海，寸步难行，费了九牛二虎之力挤进去，别说找座位坐下，有个能站稳的地方就不错了，处处拥挤不堪。我正呼哧呼哧喘着粗气，一声尖锐的嘶吼传来，"你有病吧？离我远点！"

循声望去，我愣在原地——是那个前台的美女？！我搓搓眼睛，是不是累了一天眼睛花了没看清，再仔细看，还是她。我小声问身边的同事，得到肯定的答复，心里感觉很难过：真实的她原来是这个样子的吗……同事看我目瞪口呆的样子，悄悄对我说，"你刚来，还不知道，她在地铁上经常跟人吵架，有时都不知道原因，莫名其妙的。"

再在写字楼里见到她，就觉得她没有那么美丽了，也没有了结识她的欲望。

第二次看到她在公共场合与他人恶语相向，我还是忍不住瞠目结舌，因为她的外表看起来那么美丽啊，言行却如此丑陋。后来见得多了，就习惯了，但心里还是为她感到惋惜……

任务一　仪　容

让自己更美

【任务导入】

今天天气很好，公司安排你去拜访一个重要的客户，为了使双方洽谈成功，并给客户留下美好的第一印象，因此，你打算在仪容方面多下些功夫修饰。请谈一下，应该在哪些方面注意呢？

【任务分析】

首先是面部的基础型护理，掌握面部护理的基本步骤；其次是化妆，掌握化妆的技巧以及化妆的基本原则。

【相关知识】

仪容，指人的外观、外貌，主要指人的容貌。它是由发型、面容以及人体所有未被服饰遮掩的肌肤（如手部、颈部）等内容所构成。仪容传达出最直接、最生动的第一信息，反映出个人的精神面貌。在交往过程中，仪容会引起交往对象的特别关注，并影响到对自己的整体评价。

知识链接：

> 敬爱的周总理在南开中学上学时，该校教学楼前竖立一面镜子，上面写着40字镜铭：面必净，发必理，衣必整，纽必结。头容正，肩容平，胸容宽，背容直。气象：勿傲，勿暴，勿急。颜色：宜和，宜静，宜庄。周总理在学生时代就以此镜铭作为言谈举止的规范，他独特的仪态被称为周恩来风格的体态美，举手投足皆潇洒、一笑一颦尽感人。因此在他光辉的一生中永远保持着举世公认的优美风度，给人留下不可抗拒的吸引力。

以貌取人是人之常情。在现代生活中，所谓的美女经济、整容风潮的掀起，正是由于人们对于美丽人生的追求和向往。姣好整洁的仪容不仅仅有利于增强自信，更加有利于在人际交往中博取别人的好感，我们不能要求每个人都是美女帅哥，但是可以在现有的条件下首先保证外表的得体和整洁，再利用化妆等技巧来弥补容貌上的不足。

一、仪容礼仪最基本的要求——清洁

一个人可以不美丽，但是绝对不可以不干净。清洁是个人素质的体现，也是尊重自己、尊重他人的体现。比如一个男士，西装很讲究，颜色搭配也很合适，可是头上头屑不断，胡子拉里拉碴，手指伸出来指甲缝里全是油腻，往你身边一站，一股扑鼻的味道迎面而来，你会对他有好的看法吗？

（一）头发的清洁

在正常情况下，按照一般人的习惯，观察注意打量一个人，往往是从头部开始。位居于头顶之处的头发，处于人体的制高点，自然不会错过，而且还经常会给人留下十分深刻的印象，所以一定要从头做起。

头发必须经常保持健康、秀美、干净、清爽、卫生、整齐的状态。一个健康的人，头发都会随时产生各种分泌物。此外，它还会不断地吸附灰尘，并且和分泌物混杂在一起，甚至会产生不雅的气味。有的人衣着光鲜，可是"北风那个吹，雪花那个飘"，极其破坏美感。所以首先要勤洗头，保持头发干净。这是最基本的要求。

洗头发可以清除头部皮屑和灰尘，还能促进头部的血液循环。清洁的时候注意不要把洗发水直接倾倒在头皮上，否则很容易导致脱发。正确的做法是先把头发梳通（当然男士不需要这样），然后把洗发水倒在手心揉出泡沫，轻轻用指腹按摩头皮，最后清洗干净。不要让洗发水或护发素残留在头发或头皮上，否则也容易造成脱发。头发洗干净以后，自然风干，如果用吹风机，保持适当距离。头发未干，不要睡觉。

头发衰老的一个现象就是头发变得斑白。事实上，随着年龄的增长，黑色素细胞的活跃程度会自然减慢，白发也因此产生。不过美国医学会指出，一个人在面对沉重压力的时候，会加速体内维生素B的消耗，使头发变白，所以一夜白头也是有可能的。一般来说，辛辣刺激之物，若食用过量，将有损头发，尤其是烟酒。保养头发，要多吸收维生素 B，多吃核桃、芝麻这些富含维生素 B 的食物，或者在洗头之前先用橄榄油护理一下再洗掉。一周做一次发膜。

尽量少用有浓郁香味的头发定型用品。全身香型要和谐统一。

(二) 面部的清洁

1. 眼睛

眼睛是人际交往中被他人注视最多的地方，修饰面容要首先注意眼睛。洗脸的时候一定要注意将眼睛分泌物及时清除，对于这一点要铭记于心，随时注意。另外，眼睛要是有传染病，应自觉回避，以免让他人提心吊胆，近之难过，避之不恭。

如果感到自己的眉形刻板或不雅观，可以进行必要的修饰，但是不提倡一成不变的文眉，更不允许剃去所有的眉毛。此外，还需注意，文面文身一般也是禁止的。

如有必要可配戴眼镜，戴眼镜不仅要美观舒适方便，而且还应随时对其进行清洗揩拭。在工作场合或社交场合，按照惯例不应戴有色眼镜，免得让人"不识庐山真面目"，或是给人拒人千里之外的感觉。如果你不是盲人不是保镖，进入房间，还是在室外将墨镜摘下为好。

2. 耳朵

耳朵虽位于面部两侧，但也是在他人视线范围之内。在洗澡、洗头、洗脸时，应同时清洗一下耳朵，定时清除耳孔里不洁的分泌物。但是切忌在他人面前这么做。有的人，特别是一些上了年纪的人，耳毛长地特别快，应对其进行修剪。

3. 鼻子

涉及个人形象的有关鼻子的问题，主要是两个：一是清洁，保持鼻腔清洁，不要让异物堵塞鼻孔，或是让鼻涕到处流淌。不要随处吸鼻子、擤鼻涕、发射鼻涕，不要人前人后挖鼻孔。二是鼻毛，参加社交应酬前，照照镜子，检查一下鼻毛是否长出鼻孔之外。男人的鼻毛一旦长出鼻孔，是很破坏形象的。一旦出现这样的情况，应及时修剪，不要置之不理，也不要当众下手去拔，一来不雅观，二来会很疼。

4. 嘴巴

嘴巴是发音之所，也是进食之所。

牙齿洁白、口腔无味是护理的基本要求。要做到这一点，一要饭后漱口（没有条件饭后刷牙的话），去除口腔异味或异物。我们跟一个人说话的时候，看这个人最多的地方，当属头发、眼睛、嘴巴。通常看一个人时，我们是看其鼻眼三角区——头发以下、下巴以上。我们要养成什么习惯呢？吃完饭之后要及时刷牙，及时照照镜子。说实话，别人跟你一说话，若发现你的嘴巴里桃红柳绿，这边牙缝里塞一根韭菜，那边贴着半个虾米皮，这种尊容肯定不太好看。有的人吃完饭一开口，吃饭内容一览无余：青菜叶、辣椒等挂在牙缝里，那就贻笑大方了。二是要经常用牙线、洗牙的方法保护牙齿。三是如果从事服务或接待工作；或者到社交场合去跳舞、赴宴；或出席比较重要的场合，不要吃葱姜蒜、腐乳、韭菜、洋葱这些有强烈气味的食物。比如葱，吃了之后，五六个小时之内你浑身都是葱味；蒜的气味没葱厉害，但是它的后劲比较足。后劲最足的是韭菜，可持续发挥。今晚你吃过韭菜馅水饺，明天下午打上一个嗝还能把别人放倒。作为一个有良好教养的人，如果到公众场合去，就不要让别人因此而受折磨了。就餐完毕应清洁口腔，可以使用漱口水或口香糖，但是在他人面前嚼口香糖是不礼貌的，尤其是和他人交谈的时候，更不应嚼口香糖。

社交礼仪规定，人体之内发出的所有声音，如咳嗽、哈欠、喷嚏、吐痰、清嗓、吸鼻、打嗝、放屁的声响，都是不雅之声，统称为异响，在社交场合应当禁止出现。需要指出的是，禁止异响，重在自律，而不必强求于人。在大庭广众之前，若他人不慎制造了异响，最明智的做法是视若不见、置若罔闻，若本人不慎弄出了异响，则最好及时承认，并向身边之人道歉，不要显得若无其事，反而让人相互猜疑，人人自危。

5. 胡须

鼻毛、耳毛、胡须都是毛发的问题。一个人正常情况下都会有一些毛发，除了头发以外，这些毛发最好不要让别人看到。要养成每天剃须的良好习惯，胡子拉里拉碴给人邋遢、蓬头垢面的感觉。男子若无特殊宗教信仰和民族习惯，最好不要蓄须，并应该经常及时剃去胡须。在社交场合，即使是胡子茬为他人所见也是失礼的。青年男子尤其不要蓄须，否则既稀疏难看，又显得邋里邋遢。

6. 面容

清洁面部可以去除新陈代谢产生的老化物质、空气污染物质和化妆残留物质，同时也可以清洁皮肤。

使用洗面奶的方法：将适量洗面奶放在手里揉搓起泡，泡沫越细越好，千万不能直接把洗面奶涂在脸上。有的洗面奶是啫喱状，有的是乳液。基本上是从皮脂分泌比较多的额头和鼻子（俗称"T"区）开始清洗，手指不要过分用力，轻轻从内到外滑动。洗的时候要记得脖子、下巴根部、耳下部位等也要仔细清洗，粉底霜没去除干净将使皮肤引发各种困扰。冲洗的时候用流水充分去除泡沫，且冲洗次数要适度。在比较寒冷的季节，一般是先用温水后再用冷水，温水是避免毛孔紧闭影响清洗效果，冷水是收缩毛孔。洗完脸用毛巾擦拭脸上水分，不要用力揉搓，以免伤害肌肤。正确的方法是把毛巾轻贴在脸上，让毛巾自然吸干水分。

（三）身体的清洁

有异味的身体不仅仅是一种失礼，更加会惹人厌恶，因此适当的沐浴和清洁十分必要。一般来说，在条件许可的条件下，每天沐浴对身体清洁和健康都很有好处。如果条件不能满足，至少每周一次。

1. 手

在正常情况下，手是人际交往中人的身体上使用最多、动作最多的一个部分，而且其动作还往往被附加了多种多样的含义。有人说：手是人的第二张脸，可是大多数人往往仅注意对脸部的保养和护理。试想某人有一张光彩照人的脸和健美的身材，可是伸出来的一双手，却是粗糙暗淡的，这将会影响其仪表仪容的整体效果。因此，要重视手的护理，防止粗糙，保持光泽，防止红肿，防止皲裂。

手部清洁很重要，勤洗双手是基本要求。手部要注意保护，不留长指甲，长指甲没有实用价值，而且不美观、不卫生、不方便。指甲的长度最好不要超过指尖。不能用牙齿啃指甲，不要在指甲上涂颜色过分突兀的指甲油，无色、粉色都可以。特别注意的是，在任何公共场合修剪指甲都是不文明、不雅观的行为。如果手上有过于另类的文刺图案，在正式场合会降低别人对你的印象分。

2. 肩臂

在政务、商务、学术、外交活动等正式场合中，人们的手臂，尤其是肩部，不应当裸露在衣服外面。也就是说，在这些场合，不宜穿无袖装。

3. 体毛

因个人生理条件不同，个别人手臂上汗毛生长过浓，一般无伤大雅，但如果有碍观瞻，可以采取适当的方式进行脱毛。还要强调的是，在他人面前，尤其是在外人或异性面前，腋毛不应为对方所见。这属于个人隐私，被人看到非常失礼。女士要特别注意，夏天穿无袖装时，最好对腋毛处理一下。

4. 脚部

中国人看人的习惯做法是："远看头，近看脚，不远不近看中腰。"脚部在近距离之内为他人所注视，在修饰仪容时不可避免。有的人是"凤凰头，扫帚脚"。

人的两只脚，承载着人体的全部重量，因此每个人要善待自己的双脚。脚部不适直接影响到一个人的行走姿势。

社交场合，对于脚部一般有以下三个注意事项。

（1）严格地讲，在正式场合不允许随意裸露脚趾，不允许光脚穿鞋子。不仅如此，一些有可能暴露脚部的鞋子，比如拖鞋、凉鞋、镂空鞋、无跟鞋，也是不登大雅之堂的。

（2）保持脚部卫生。鞋子袜子要经常洗经常换，不要穿残破有异味的袜子。如有可能，在公文包里放一双备用袜子，以备不时之需。在非正常场合光脚穿鞋子，保持脚的干净清洁，不要在别人面前脱鞋、脱袜、抠脚，以免散发脚臭。

（3）脚指甲要经常修剪，有的人一脱鞋，指甲有一道"漂亮"的黑边，影响形象。

二、皮肤护理

皮肤在保持清洁的条件下，还要注意保养。这样不仅仅有利于保持皮肤的健康，更加可以消除岁月的痕迹。一般皮肤保养可以分为内部保养和外部保养。外部保养又可以分为基础护肤和美容护肤。基础护肤就是每天进行几个护肤步骤。基础护肤应该早晚各一次。在完成清洁以后，护肤的过程有如下四步。

（一）化妆水的使用

轻拍面部使水吸收，有的人比较喜欢用化妆棉片，也可以用喷雾器喷脸，对缓解极度缺水皮肤有作用。

（二）眼霜的使用

人的眼周皮肤的厚度只有其他部位皮肤的四分之一，很薄。所以要注意眼霜的使用。眼霜一般分啫喱状和霜状，年轻肌肤用啫喱补水就可以了，霜状眼霜相对来说营养价值更高。涂抹眼霜的正确方法是眼睛上部从里往外按摩，眼睛下部从外往里按摩。用无名指轻点肌肤，才不会揉出细纹。一周做一到两次眼膜比较好。涂乳液、晚霜之类的护肤品注意避开眼睛周围，以免产生脂肪粒。

（三）面霜及精华

一般来说，白天用乳液，最好是在用了乳液以后再涂防晒霜。晚上用晚霜，晚上10点以后到凌晨2点是皮肤新陈代谢最活跃的时候，晚间护理就显得尤为重要。

（四）脖颈

脖颈和头部相连，属于面容的自然延伸部分。修饰脖颈，一是防止皮肤过早老化，避免和面容产生较大反差。二是不能只顾脸面不顾其他，"天使面孔火鸡脖子"，反差太大很难有美感。

三、发型

男女有别，在头发的长短上便有所体现。从社交礼仪和审美的角度，头发长短受到若干因素的制约，不可以一味地只讲自由和张扬个性。影响头发长度的制约因素有性别因素、身高因素、年龄因素、职业因素等。

以女士留长发为例，头发长度应和身高成正比。一个矮个的女士如果长发过腰，会使自己显得个头更矮，显然是不明智的。飘逸披肩的长发，在年轻女性头上，增添了她的魅力，如果年逾七十的老妪也是这样的发型，则会令人哗然。职业对头发的长度影响很大，例如，野战军战士为了负伤后抢救方便，通常是小平头或光头，但是商界人士、政界人士、服务行业就不宜如此。

对商务人士来说，发型的修饰最重要的是要注意整洁、规范、长度适中、款式适合自己。男士发型三不：前不遮眉，侧不掩耳，后不触颈。否则穿白衬衫，衬衫领子很容易脏。女士在工作场合、重要场合不要随便让头发随风飘扬，长发不宜过肩，如果留长发，上班的时候要把长发束起来，用卡子卡住。女士一头飘逸的长发，是很具女人魅力的，但是在工作场合，尽量不要体现自己的性别魅力。剃光头对男女都不合适。

最后注意，不管为自己设计了何种发型，在工作岗位上不允许在头发上滥加装饰之物。一般情况下，不宜使用彩色发胶、发膏。男士不宜使用任何发饰。女士在有必要使用发卡、发带、发箍的时候，应使之朴实无华。其色彩是蓝、灰、棕、黑，并且不带任何花式。绝不要在工作岗位上佩戴彩色、艳色或带有卡通、动物、花卉图案的发饰。

如果不是和制服配套，在工作岗位上不允许戴帽子。各种意在装饰的帽子，如贝雷帽、公主帽、学士帽、棒球帽或是用来装饰的头巾，戴在正在上班的商务人士、服务行业人员身上，都是和其身份很不协调、很不相称的。

四、化妆是一种礼仪

化妆，是一种通过美容产品的使用，修饰自己的仪容、美化自我形象的行为。对一般人来讲，化妆最实际的目的是为了对自己容貌上的某些缺陷加以弥补，扬长避短，使自己更加光彩照人。经过化妆以后，人们可以拥有良好的自我感觉，身心愉快，振奋精神，在人际交往中表现得更为自信，更加潇洒自如。

在正式场合，女士不化妆会被认为是不礼貌的。在人际交往中，进行适当的化妆是必要的，既是自尊的表现，也是对交往对象的重视。对商务人士来说，化妆虽然能使人提高自信，但不是用来要求商务人士必须重视化妆的根本原因。这是由于化妆在商务交往中，和维护组织形象以及对交往对象尊重与否这两件大事有关。

（一）化妆的原则

1. 美化的原则

美化的原则是从效果来说的。要使化妆达到美的效果，首先必须了解自己的脸的各部位特点，孰优孰劣要心中有数；还要清楚怎样化妆和矫正才能扬长避短，变拙陋为俏丽，使容貌更迷人。这些，要在把握脸部个性特征和正确的审美观的前提下进行。

2. 自然的原则

自然是化妆的生命，它能使化妆后的脸看起来真实、生动，而不是一张呆板生硬的面具。化妆失去了自然的效果，那就是假，假的东西就毫无生命力和美化可言。

化妆是一种美化自身的行为，但是一定要明白，美在含蓄，美在自然，"清水出芙蓉，天然去雕饰"。关于化妆，我们的工作妆、生活妆要力求妆成有却无，这是最重要的。什么叫妆成有却无？就是化妆之后自然而然。

3. 协调的原则

美在和谐，化妆者一定要懂得一些常规的搭配。

4. 避人的原则

所谓避人，即回避他人，不要在人前化妆。这是化妆中非常重要的一个原则，尤其要注意。在外国人眼里，一个女人，要是在大庭广众之下化妆，不仅有失庄重，而且往往会让人认为身份可疑。

（二）职业妆容的化妆技巧

工作妆要求以淡为主，目的在于不过分突出商务人员的性别特征，不过分引人注意。如果一位商界女士在工作场合过分浓妆艳抹，往往会使人觉得她过分招摇和粗俗。在西方国家，容易被误以为是应召女郎。

化妆的基本步骤如下：

1. 打底

要顺着脸颊纹路将粉底霜由内往外、由上往下推开。先从较干燥的两颊开始，然后是嘴、鼻、额、眼睛周围。注意发际、脖子连接处不要留下清楚的分界线，嘴、眼四周等活动较多的部位，要小心涂均匀，使粉底与肤色自然融合。

工作淡妆——
妆前

2. 定妆

用清洁的海绵蘸取蜜粉，稍微用一些力气，按压在脸、鼻、额头等处，这些部位油脂分泌较旺盛，容易脱妆，要多搽几次。不要忘了脸与颈部的交接处和露出的颈部也要扑上一层蜜粉。当粉充分附着在肌肤后，用粉刷由上往下刷落多余的粉。

工作淡妆——
粉底

3. 描眉

从鼻翼朝外眼角画一条无形的连线，最适当的眉尾就落在这无形的连线上，而眉峰的位置在眉毛的三分之二处，这两点决定之后，画眉就很容易了。眉型宜自然流畅，依自己原有的眉型走向，清理干净周围的杂毛就好，即使脸型适合也千万不要修得细细而高挑。那样的眉型只适合出现在模特的脸上，在日常生活中出现会让人感觉比较尖刻，不好相处，缺乏亲和力。利用眉笔或眉粉将眉毛较稀疏处补上色彩，最后，利用眉刷将眉毛刷整齐，以呈现美丽的眉型。

工作淡妆——
喷雾定妆

4. 画眼影

用深色的眼影，从外眼角开始上色后，再往内眼角方向晕开，内眼角处眼影的颜色浅一些，可以呈现眼部的立体感。越靠近睫毛处颜色越深，渐渐往上淡开，体现一定的层次，让人感觉干净、自然。

工作淡妆——
散粉定妆

工作淡妆——
修眉

工作淡妆——
画眉

工作淡妆——
画眼影

工作淡妆——
画眼线

工作淡妆——
卷睫毛+睫毛膏

工作淡妆——
修容

工作淡妆——
口红

工作淡妆——
腮红

5. 画眼线

从内眼角向外眼角，沿着睫毛生长处画眼线，在外眼角处稍上扬。画上眼线时，抬高下颚，并将眼睛往下看；画下眼线时，拉低下颚，眼睛往上看，比较容易描画。

6. 卷睫毛

用睫毛夹紧贴睫毛根部，使之卷曲上翘，然后顺睫毛生长的方向刷上睫毛膏。上睫毛膏时，眼睛稍微往下看。刷上睫毛时，横拿睫毛刷；刷下睫毛时，则将睫毛刷直拿，利用前端，刷上睫毛膏。睫毛膏只限黑色。

7. 涂口红

应选用与服装相配，亮丽、自然的口红或唇彩颜色，现在流行透明自然风格，粉嫩色系的口红或者唇蜜，都能为你的美丽加分。具体的使用方法为：用唇笔先描好唇形，再顺着唇形涂好口红或唇彩，加上唇蜜润泽更具风采。千万不要满唇涂上亮光口红，那样会让人对其工作能力产生怀疑。

8. 检查

化妆完成后，记得作最后的检查。在光线较明亮的地方看看自己，是否有上粉不均匀的情形，脖子与脸上的肤色反差是否明显。要养成随时补妆的习惯，每隔一两个小时，再次检查妆容，可以用粉饼或蜜粉补妆，否则因脸部出油，容易造成脱妆。尤其是夏天，更要注意。

口红在用过餐、喝过饮料后，都应前往化妆室再度涂抹，才不至于显得没精神。还有补完妆后，应顺便检查一下口红是否沾到牙齿上。

仪表的美丽无法掩饰精神的真实状态，良好的精神状态能使人容光焕发。二流的化妆是脸上的化妆，一流的化妆是精神的化妆。精神永远是仪表的灵魂。

【总结】

1. 一个人可以不美丽，但不可以不整洁。
2. 要求商务人员在工作岗位上适当化淡妆，实际上就是限定在工作岗位上不仅要化妆，而且只选择工作妆。
3. 男士化妆时注意不要过分阴柔，不要涂太多发乳，胡须修剪不要过分艺术化。

【技能训练】

女性面部化妆。

训练目标：掌握面部化妆的基本技巧。

【案例分析】

从古至今，女人与装扮之间似乎是可以画上等号的。在大英博物馆里，珍藏着一个妇女用的化妆盒，化妆盒里有象牙梳、火山石、用来盛化妆品的小罐、润肤膏等，经考证据说属于1400年前古埃及的女性。清李笠翁《闲情偶寄》"修容"卷开篇即说："妇人惟仙姿国色，无俟修容，稍去天工者，即不能免于人力矣。""仙姿国色"者毕竟是屈指可数,大多数女人恐怕都要借化妆这种"外力"来实现自己对美的追求了。爱美之心人皆有之,俗话说"三分人才,七分打扮。"有人认为,装扮自己既是一种自我美丽,也是一种对别人的尊重。但也有人反对这种违背本色、靠化妆品展现出来"假我"的做法。

那么您是怎样认为的呢?女人究竟要不要化妆?真正的美应当是"清水出芙蓉,天然去雕饰",还是"淡妆浓抹总相宜"呢?

任务二 仪 态

仪态礼仪

【任务导入】

气质,在《辞海》里释为:人的相对稳定的个性特点和风格气度。简单地说:气质是根据人的姿态、长相、穿着、性格、行为等元素结合起来的,给别人的一种感觉。如何打造你的气质?

【任务分析】

良好的气质不是先天具有的,要经过后天的修炼。俗话说,站有站相,坐有坐相。做学生,做职业人士,做长辈,做晚辈,都要时时处处展现出好的气质,从仪态、穿着等外在方面培养,还要不断提高自己的知识、品德修养。

【相关知识】

仪态是指人在行为中的姿势和风度。姿势是指身体所呈现的样子;风度则是属于内在气质的外化。仪态是一种不出声的"语言",能在很大程度上反映一个人的内在品质、知识能力和个人修养。一个人的一举一动、一颦一笑、说话的声音、对人的态度等都能反映出这个人仪态美不美。

一、站姿

站立是人们生活交往中一种最基本的仪态,它指的是人在站立时呈现出的具体姿态。"站如松"是指人的站立姿势要像松树一样端正挺拔。这是一种静态美,是培养优美仪态的起点。站立时,上下看要有直立感,即以鼻子、肚脐为中线的人体大致垂直于地面;左右看要有开阔感,即肢体和身段给人舒展的感觉;侧面看也要有直立感,即从耳朵到脚踝骨所形成的直线也大致垂直于地面。

站姿一双臂侧放式

(一)站姿的要求

1. 头正

抬头,两眼平视前方,嘴微闭,收颔直颈,表情自然,稍带微笑。

2. 肩平

两肩平正,微微放松,稍向后下沉。

站姿二腹前握指式

3. 臂垂

两肩平整，两臂自然下垂。女士可前搭手，男士一般两手置于体侧，中指对准裤缝。

4. 胸挺

胸部挺起，使背部平整。

5. 腹收

腹部往里收，不能随意凸起，腰部正直，臀部向内、向上收紧。

6. 腿直

两腿立直。

（二）具体的站姿

站姿三背后握指式

1. 男士的站姿

男士站立时，要表现出刚健、强壮、英武、潇洒的风采。具体要求是：下颌微收，双目平视，身体立直，挺胸抬头，挺髋立腰，吸腹收臀，两膝并严，两脚靠紧，双手置于身体两侧，自然下垂，这是标准的立正姿势。也可以脚跟靠近，脚掌分开呈"V"字形，或者两腿分开，两脚平行，但不可超过肩宽，双手叠放于身后，掌心向外，形成背手，背手有时会给人盛气凌人的感觉，在正式场合或者有领导和长辈在场时要慎用。

2. 女士的站姿

女士站立时，要表现出轻盈、娴静、典雅、优美的韵味。具体要求是：身体立直，挺胸收腹；双手自然下垂，也可相叠或相握放在腹前，两膝并严，两脚并拢，也可以脚跟并拢，脚尖微微张开，两脚尖之间大致相距10厘米，其张角约为45°，形成"V"字形，或者两脚一前一后，前脚脚跟紧靠后脚内侧足弓，形成"丁"字形。

3. 站姿的调整

（1）同别人站着交谈时，如果空着手，男士可以双手相握或叠放于身后，女士可以双手相握或叠放于腹前。

（2）身上背着背包时，可利用背包摆出高雅的姿势，比如用手轻扶背包或夹着背包的肩带。

（3）身着礼服或旗袍时，绝对不要两脚并列，而要两脚一前一后，相距5厘米左右，以一只脚为重心。

（4）向他人问候、做介绍、握手、鞠躬时，两脚要并立，相距约10厘米，膝盖要挺直。

（5）等待时，两脚的位置可以一前一后，保持45°，肌肉放松而自然，但仍要保持身体的挺直。

（6）站立过久时，可以把脚后撤一小步，后面的脚跟可以稍微抬起一点，身体的重心置于前面的脚上。

（三）站立时禁忌的姿势

1. 手的错位

站立时双手可以随谈话的内容做一些适当的动作，来帮助对方理解谈话的内容，但双手的动作宜少不宜多，宜小不宜大，切不可做一些乱指乱点、乱动乱摸、乱举乱扶、将手插入裤袋、左右交叉抓住胳膊压在胸前、摆弄小东西、咬手指甲等不合礼仪要求的动作。

2. 脚的错位

双脚站累时可以把身体的重心从两脚挪到任何一只脚上，但不可把两膝弯曲，双脚摆成外八字，用脚做一些乱指乱点、乱踢乱画、乱蹦乱跳、勾东西、蹭痒痒、脱鞋子或者半脱不脱、脚后跟踩在鞋帮上、一半在鞋里一半在鞋外等不合礼仪要求的动作。

3. 腿的错位

站立时双腿不可叉开过宽，不可交叉形成别腿，或把脚踩、蹬、勾在别的东西上以及把腿搭在或跨在别的东西上，使腿部错位，更不可抖动双腿或一条腿。

4. 上身错位

上身表现自由散漫、东倒西歪，或随意倚、靠、趴在别的东西上，或肩斜、胸凹、腹凸、背驼、臀撅，显得无精打采、萎靡不振。

5. 头部错位

脖子没有伸直，使得头部向左或向右歪斜，头仰得过高或压得过低，目光斜视或盯视，表情僵硬等。

二、坐姿

坐姿是指就座之后所呈现的姿势。"坐如钟"是指人在就座之后要像钟一样稳重，不偏不倚。它也是一种静态美，是人们在生活工作中采用得最多的一种姿势。

（一）坐姿的具体要求

1. 入座时的要求

（1）入座时讲究先后顺序，礼让尊长，切勿争抢。

（2）一般从左侧走到自己的座位前，转身后把右脚向后撤半步，轻稳坐下，然后把左脚与右脚并齐。

（3）穿裙装的女士入座，通常应先用双手拢平裙摆，再轻轻坐下。

（4）在较为正式的场合，或者有尊长在座的情况下，一般坐下之后不应坐满座位，大体占据2/3的座位即可。

2. 坐定的要求

（1）头部端正。坐定时要求头部端正，可以扭动脖子，但不能歪头，眼睛正视交谈对方，或者目视前方，目光柔和，表情自然亲切。

（2）上半身伸直。上半身自然伸直，两肩平正放松，两臂自然弯曲，两手既可以放在大腿上，也可以放在椅子或沙发扶手上，掌心一定要向下。

（3）下半身稳重。两腿自然弯曲，两脚平落地面，在极正规的场合，上身与大腿、大腿与小腿，均应当为直角，即所谓"正襟危坐"。

（二）坐定的姿势

1. 男士的坐姿

坐定以后，头部和上半身的要求和站姿一样。具体的坐姿有：

（1）双腿、双脚并拢，形成"正襟危坐"。

坐姿四双腿
斜放式坐姿

（2）双腿、双脚可以张开一些，但是不能宽于肩部。

2. 女士的坐姿

女士落座后，头部和上半身的要求也和站姿一样，但更强调要双腿并拢。具体的坐姿有：

（1）双腿、双脚并拢"正襟危坐"。

（2）双腿并拢，双脚"V"字形或"丁"字形"正襟危坐"。

（3）双腿并拢，双脚并拢或者呈"V"字形、"丁"字形，双膝向左或向右略微倾斜。

（4）一条腿压在另一条腿上，上面的腿和脚尖尽量向下压，不能跷得过高，否则有失风度。

（三）坐定时禁忌的姿势

1. 身体歪斜

如前倾、后仰、歪向一侧等。

2. 头部不正

如左顾右盼、摇头晃脑等。

3. 手部错位

如双手端臂，双手抱于脑后，双手抱住膝盖，用手浑身乱摸、到处乱敲，双手夹在大腿间等。

4. 腿部失态

如双腿叉开过大、抖动不止、架在其他地方、高跷"4"字形腿（也就是一只脚放在另一条腿的膝盖上，脚踝骨接触膝盖，鞋底朝向身体外侧）、直伸开去等。

5. 脚部失态

如坐定后脱下鞋子或者脱下袜子，用脚尖指人或脚尖朝上使别人能看见鞋底，把脚架在高处、翘到自己或别人的座位上双脚摆成内八字，双脚上下或左右抖个不停等。

三、蹲姿

蹲姿在工作和生活中用得相对不多，但最容易出错。人们在拿取低处的物品或拾起落在地上的东西时，不妨使用下蹲和屈膝的动作，这样可以避免弯曲上身和撅起臀部，尤其是着裙装的女士下蹲时，稍不注意就会露出内衣，很不雅观。

蹲姿—交叉
式蹲姿

（一）蹲姿的具体要求

1. 高低式蹲姿

它是指下蹲时一只脚在前，另一只脚稍后（不重叠），两腿靠紧向下蹲。前边那只脚全脚掌着地，小腿基本垂直于地面，后边那只脚脚跟提起，脚掌着地。后边的膝盖低于前边的膝盖，后膝内侧靠于前小腿内侧，形成前膝高后膝低的姿势，臀部向下，基本上以后边的腿支撑身体。男士选用这种蹲姿时，两腿之间可有适当距离。

2. 交叉式蹲姿

女士在实际生活中常常会用到蹲姿，如集体合影前排需要蹲下时，女士可采用交叉式蹲姿，下蹲时右脚在前，左脚在后，右小腿垂直于地面，全脚着地。左膝由后面伸向右侧，左脚跟抬起，脚掌着地。两腿靠紧，合力支撑身体。臀部向下，上身稍前倾。

（二）男女蹲姿的不同
男士一般采用高低式蹲姿，女士一般采用高低式蹲姿或者交叉式蹲姿。

（三）蹲姿的禁忌
采用高低式蹲姿时两腿分开过大，尤其是着裙装的女士更不可这样，或者是采用高低式蹲姿时不但两腿分开过大，而且两腿一样高，十分不雅。

四、行姿

行姿，也称走姿，指人们在行走的过程中所形成的姿势。"行如风"指的是人们行走时像一阵风一样轻盈。它是一种动态美，是以人的站姿为基础，实际上属于站姿的延续动作。

（一）行姿的具体要求

1. 重心落前
在起步行走时，身体应稍向前倾，身体的重心应落在反复交替移动的前脚脚掌之上。要注意的是，当前脚落地、后脚离地时，膝盖一定要伸直，踏下脚时再稍为松弛，并即刻使重心前移，这样行走时，步态才会好看。

2. 全身协调
行走过程中，要面朝前方，双眼平视，头部端正，胸部挺起，背部、腰部、膝部尤其要避免弯曲，使全身形成一条直线。

3. 摆动两臂
行进时，双肩、双臂都不可过于僵硬呆板。双肩应当平稳，力戒摇晃。两臂则应自然地、一前一后地、有节奏地摆动。在摆动时，手腕要进行配合，掌心要向内，手掌要向下伸直。摆动的幅度，以30°左右为佳。

4. 脚尖前伸
行进时，向前伸出的那只脚应保持脚尖向前，不要向内或向外。同时还应保证步幅（行进中一步的长度）大小适中。通常，正常的步幅应为一脚之长，即行走时前脚脚跟与后脚脚尖二者相距为一脚长。

5. 协调匀速
在行走时，大体上在某一阶段中速度要均匀，要有节奏感。另外，全身各个部分的举止要相互协调、配合，要表现得轻松、自然。

6. 直线前进
在行进时，女士的行走轨迹，应呈一条直线；男士的行走轨迹，应呈两条平行线。与此同时，要克服身体在行进中的左右摇摆，并使腰部至脚部始终都保持以直线的形状进行移动。

（二）行走时禁忌的姿势

1. 瞻前顾后
在行走时要目视前方，不应左顾右盼，尤其是不应反复回过头来注视身后。

2. 双肩乱晃

在行走时应力戒双肩左右摇晃不止，身体也随之乱晃不止。

3. 八字步态

在行走时，若两脚脚尖向内侧伸构成内八字步，或两脚脚尖向外侧伸构成外八字步，走起来都很难看。

4. 速度多变

行走之时，切勿忽快忽慢，要么突然快步奔跑，要么突然止步不前，让人不可捉摸。

5. 声响过大

在行走时用力过猛，使得脚步声响太大，因而妨碍他人，甚至惊吓了其他人。

6. 方向不定

在行走时方向要明确，不可忽左忽右、变化多端，显得鬼鬼祟祟、心神不定。

7. 不讲秩序

在行走时要遵守交通规则，靠右行走，不可争先恐后、乱闯一气。和别人"狭路相逢"时，要礼让别人，不可各不相让，动口吵架甚至动手打架。

8. 人群中穿行

在行走时，如果想超过前边的人或人群，就要从他或他们的左侧经过，不可从他或他们的右侧或中间经过。如果迎面过来有人，大家各自靠右即可，不可从迎面人群中间穿行。

9. 边走边吃

一边走，一边吃，既不卫生，又不好看。可在室内或销售摊点吃完东西再走。

五、手姿

手姿，又叫手势。由于手是人体最灵活的部位，所以手姿是体语中最丰富、最具有表现力的传播媒介，做得得体适度，会在交际中起到锦上添花的作用。古罗马政治家西塞罗曾说："一切心理活动都伴有指手画脚等动作。手势恰如人体的一种语言，这种语言甚至连野蛮人都能理解。"作为仪态的重要组成部分，手势应该正确地使用。

手势礼仪—
曲臂式

（一）手姿的基本要求

（1）手姿动作宜少不宜过多。

（2）手姿动作宜小不宜过大。

（3）一般情况下掌心不宜向下。

（4）谈到别人时要掌心向上，手指自然并拢，指尖朝向别人，切忌不能用食指指点别人。

（5）指到自己时应掌心向内，拍在胸脯上，切忌不能用拇指指自己。

（6）切忌在他人面前用手做不雅的动作，如：掏耳朵、搔头皮、抠鼻孔、擦眼屎、剔牙齿、摸脚丫、抓痒痒、剪指甲等。

（7）切忌在他人面前用手做不稳重的动作，如：双手乱摸、乱动、乱举、乱放、乱扶，或是咬指尖、抬胳膊、折衣角、拢脑袋、抱大腿等。

（二）常用的手姿

1. 正常垂放

（1）自然垂放式。双手指尖朝下，掌心向内，在手臂伸直后分别紧贴于两腿裤线之处。

（2）腹前叠放式。双手展开后自然相交于小腹之处，掌心向内，一只手在上、一只手在下地叠放在一起。

（3）腹前相握式。双手展开后自然相交于小腹之处，掌心向内，一只手在上、一只手在下地相握在一起。

（4）双手背后式。双手展开后自然相交于背后，掌心向外，两只手相握在一起。

2. 手持物品

持物时要求平稳、自然、到位。拿小的东西时，用拇指和食指捏住，其他三指握到掌心，切忌其他三指跷起来。

3. 递接物品

递物时先调整好物品（带文字的物品要正面面对对方，带尖、带刃的物品则朝向自己或朝向他处），再主动上前，用双手递于对方手中，以便对方接拿。接物时要用双手或右手，绝不能单用左手。

4. 招呼别人

要注意手掌掌心应向上，切忌用一根或者两三根手指，掌心向下。根据手臂摆动姿势的不同，招呼别人的手姿有：

（1）横摆式，常用来表示"请""请进"。具体做法是：一只手五指伸直并拢，手掌自然伸直，手心向上，肘微弯曲，腕低于肘。以肘关节为轴，手从腹前抬起向外侧摆动至身体侧前方，并与身体正面成45°时停下，同时脚站成"丁"字步。头部和上身微向伸出手的一侧倾斜，另一只手自然下垂或背在背后，目视宾客，面带微笑。

（2）双臂横摆式，用来表示招呼较多的人，动作较大一些。具体做法是：两手从腹前抬起，手心向上，同时向身体外侧摆动，摆至身体侧前方，上身稍前倾，微笑施礼，向大家致意，然后退到一侧。

（3）斜摆式，用来请客人就座，手势应摆向座位的地方。具体做法是：手先从身体的一侧抬起，到高于腰部后，再向下斜摆过去，使大小臂成一弯曲线。

（4）前摆式，如果左手拿着东西或扶着门，这时要向宾客做向右"请"的手势时，可以用前摆式手势语。具体做法是：右手五指并拢，手掌伸直，手臂稍曲，以肩关节为轴，自身体左前侧由下向上抬起，抬到腰的高度后，再水平向身体右前方摆到距身体15厘米左右时停止。

（5）直臂式，也用来指示方向。具体做法和横摆式大致相同，但直臂式强调胳膊摆到肩的高度，肘关节基本伸直。

5. 举手致意

举手致意时要伸开手掌，掌心向着对方，指尖朝上，切勿乱摆。

6. "V"形手姿

具体做法是：掌心向外，拇指按住无名指和小指，食指和中指伸开，指尖向上。这种手姿表示胜利，它是第二次世界大战时英国首相丘吉尔首先使用的，现已传遍世

手势礼仪三
曲臂式反向

界。这种手姿在我国也表示"二"。

7. "OK"手姿

具体做法是：拇指、食指相接成环形，其余三指伸直，掌心向外，指尖向上。这种手姿在美国和我国表示"同意、了不起、顺利"；在韩国、日本、缅甸表示金钱；在泰国表示"没问题"；在巴西、希腊、独联体各国，表示对人的咒骂和侮辱。

8. 跷起大拇指的手姿

具体做法是：拇指上竖，指尖向上，其余四指合拢掌心，拇指指肚要朝向他人。如果拇指指肚朝向自己，表示自高自大。在我国和一些国家，这种手势一般都表示一切顺利或用来夸奖别人。

六、表情

表情是面部表情一词的简称。它所指的是人类在神经系统的控制之下，面部肌肉及其各种器官所进行的运动、变化和调整，以及面部在外观上所呈现出的某种特定的形态。人体的其他部分也有表情，但表情主要体现于人类的面部，因此，在一般情况下人们所说的表情往往指的就是面部的表情。

与仪态一样，表情也是人类无声的语言。现代传播学认为，它属于人际交流之中的"非语言信息传播系统"，并且是其核心组成部分。因为相对于仪态而言，表情更为直观，更为形象，更易于为人们所觉察和理解。表情真实可信地反映着人们的思想、情感反应以及其他方面的心理活动与变化。

（一）生活和工作中应用表情神态时必须遵循的规则

1. 表现谦恭

一个人在与人交往时，待人谦恭与否，人们可以从表情神态方面很直观地看出来，同时，交往对象也会非常重视。因此，人们在工作和生活之中务必要使自己的表情神态于人恭敬，于己谦和。

2. 表现友好

在生活和工作之中，对待任何交往对象，皆应友好相待。这一态度，自然而然就在表情神态上表现出来。

3. 表现真诚

人们在相互交往时，既要使个人的表情神态谦恭、友好，更要使之出自真心，发乎诚意。这样做的话，才会给人表里如一、名副其实的感觉，才会取得别人的信任。

4. 表现适时

从大的方面来看，人的表情神态可以是庄重、随和，也可以是活泼、俏皮、兴奋、高兴，还可以是不满、气愤或悲伤。不论采用何种表情神态，人们都要注意使之与现场的氛围和实际需要相符合。这就是所谓表情神态要适时。比如，当你去看望一个病人时，万万不能显现高兴之情，否则就会让人觉得你是幸灾乐祸，肯定不会受到对方的欢迎。

（二）面部表情

1. 眼神

眼神，是对眼睛总体活动的一种统称。常言道"眼睛是心灵的窗户"，眼睛能如实反映出一个人的喜怒哀乐。在传递信息的过程中，眼神能够传达出最细微、最精妙的差异，表达出最确切的信息，甚至泄露出心底深处的"秘密"。

（1）注视别人的时间长短不同，表示的态度不同。如果注视对方的时间占全部相处时间的1/3左右，表示友好；如果注视对方的时间占全部相处时间的2/3左右，表示重视；如果注视对方的时间不到相处时间的1/3，表示轻视；如果注视对方的时间超过了全部相处时间的2/3以上，往往表示敌意。

（2）注视的角度不同，表示的态度不同。正视对方需要正面相向注视，表示重视对方；平视对方用在身体与被注视者处于相似的高度时，平视被注视者，表示双方地位平等与注视者的不卑不亢；仰视对方用在注视者所处的位置低于被注视者，而需要抬头向上仰望，表示对被注视者的重视和信任；俯视他人指的是注视者所处的位置高于被注视者，它往往表示自高自大或对被注视者不屑一顾。

（3）注视的部位不同，不仅表示自己的态度不同，也表示双方关系有所不同。一般情况下，不宜注视他人头顶、大腿、脚部与手部或是"目中无人"。对异性而言，通常不应该注视其肩部以下，尤其是不应注视其胸部、裆部、腿部。关系平常的人之间一般只注视对方的面部，关系密切的异性之间可以注视对方的眼部到裆部。不同注视类别的注视部位比较如表2－1所示。

表2－1　不同注视类别的注视部位比较

注视类别	注视部位
公务注视	两眼和额头之间
社交注视	两眼到下巴倒三角区
亲密注视	双眼到胸部之间

（4）注视的方式不同，表示的含义不同。常见的方式有：

①直视。直视即直接地注视对方，表示认真、尊重，适用于各种情况。若直视他人双眼，称为对视。对视表明自己大方、坦诚，或是关注对方。

②凝视。凝视为直视的一种特殊情况，即全神贯注地进行注视。凝视表示对交往对象的专注、恭敬。

③虚视。虚视为相对于凝视而言的一种直视，指的是目光游离，眼神飘忽不定。虚视多表示胆怯、疑虑、走神、疲乏，或是失意、无聊等。

④盯视。不管有意无意，盯着对方都是不礼貌的。这种目光会引起对方较强烈的心理反应，容易造成误会，让对方产生压力，有受到侮辱甚至挑衅的感觉。不宜采用。

⑤扫视。扫视是指视线移来移去，注视时上下左右反复打量，表示好奇、吃惊。不可多用，尤其对异性禁用。

⑥环视。环视指有节奏地注视不同的人员或事物，表示认真、重视。适用于同时与多人打交道，表示自己"一视同仁"。

⑦眯视。眯视指眯着眼睛看人，表示一个人可能是近视眼，或者想隐藏自己的心理而窥视他人，对异性眯起眼睛，还眨两下眼皮，是一种调情的动作。

⑧斜视。斜视指从眼角把目光投向别人,传递的是一种漠然、漠视和漫不经心甚至是轻蔑的心理,十分不友好。

2. 笑容

笑容是人们在笑的时候,脸上所露出的表情,有时还伴有口中发出的欢喜的声音。笑容可以缩短彼此之间的心理距离,为进一步深入地沟通与交往创造和谐、温馨的良好氛围。

笑容包括含笑、微笑、轻笑、大笑、狂笑等。其中微笑是最常见、用途最广、最能拉近人们心理距离的笑容。

(1)微笑的基本方法。肌肉放松,嘴角两端向上略微提起,不发声、不露齿,面含笑意,亲切自然,使人如沐春风。

(2)微笑的四个结合。

①笑和笑眼的结合。在微笑中,不仅口在笑,眼也要在笑,眼睛的表情是十分重要的。眼睛有传神送情的特殊功能,又是心灵的窗户。因此,口到、眼到、神色到的微笑才能打动人的心弦。

②笑和神态、感情、气质的结合。笑时要笑出神态、神情、神色,做到情绪饱满、神采奕奕;笑出感情,笑得亲切、甜美,反映美好的心灵;笑得有"气质",要体现出谦虚、稳重、大方和得体的良好气质。

③笑和语言的结合。语言和微笑都是传播信息的重要符号,只有做到二者的有机结合,声情并茂,相得益彰,微笑才能发挥出它的特殊功能。

④笑和仪表、举止的结合。端庄的仪表、适度的举止,是每个人都追求的风度。以姿助笑,以笑促姿,就能形成完整、统一、和谐的美。

【技能训练】

训练站姿、坐姿、行姿、蹲姿、微笑、眼神。

【案例分析】

> **瞧!**
> 办公室里,有一位小伙子坐在一个有靠背,没有扶手的椅子上。只见他腰部基本上贴住椅子的后靠背,后肩部完全靠在椅子的靠背上,两腿很随意地分开,左腿垂在凳子前面,左脚踩在已经变形的鞋子上,右腿蜷起来,两只脚没有穿鞋,也没有穿袜子,双手扶住右脚丫的脚指头,左手的拇指伸在右脚拇指与其他四指之间使劲地搓着。
> 想一想这个小伙子的仪态有什么不对?

项目二　职业着装

【知识目标】了解职业着装的基本要求。
【技能目标】能够根据不同场合大方得体地搭配着装。
【素质目标】提升学生的审美观。

【思政园地】

孟晚舟着装获称赞

2021年9月25日晚,孟晚舟乘坐的包机抵达深圳宝安国际机场。舱门打开,孟晚舟走出机舱,向在场人群挥手致意。孟晚舟一身红色裙装,和机身上的五星红旗一样绚丽夺目。

孟晚舟在机场发表简短讲话,她表示:"有五星红旗的地方,就有信念的灯塔。如果信念有颜色,那一定是中国红!"随后,现场的欢迎人群唱起《歌唱祖国》。服装是传递精神风貌最直接的一种方式。这一身红衣代表着回归祖国怀抱的激动之情和祖国的胜利、同时也体现出中国的强大以及她整个人饱满的精神状态。

自从孟晚舟被非法羁押,在这1028天的时间里,她的动态一直牵动着全国网友的心。在异国已久的孟晚舟,每次出镜都从容不迫,落落大方,给公众传递积极乐观的正能量,让人佩服。作为女企业家,她每次出镜的形象也是相当得体,各种知性大气的职业套装把她的端庄和稳重展现得十分到位。尽管身在他乡,但是孟晚舟对于个人形象,企业形象依旧把控地相当严格。

孟晚舟有很多纯色连衣裙,基本都是同一种版型:短袖+裙长过膝,整体露肤度比较低,收腰设计,裙摆是包身铅笔裙。剪裁非常考究,能很好地贴合身材曲线,又显得干练,有着很强的职业性,国内外许多律政女强人都爱穿这种连衣裙。如果觉得单调,还可以选择撞色小翻领,感觉既适合职场,同时还很减龄。西装式连衣裙也很不错,很好地平衡了霸气强势与女性柔和的一面,这也是她想通过穿衣表达的一种态度。

套装也是职场大女主的挚爱单品,孟晚舟之前穿过一套粉色的,整个人优雅有活力,当时就在国内和国外媒体各种刷屏。还有一套蓝绿色套装也让人记忆犹新,大翻领+垫肩让整体甜而不腻,Tiffany蓝十分清新,偶尔也要展露一下少女心。

要说衬衫、针织衫和裤装这三件基础单品,相信每个职场女性都会有,孟晚舟很擅长用它们排列组合,打造出适合秋天的职场造型。

孟晚舟钟爱浴袍款大衣，系上腰带可以修饰身材，在寒冷的天气也不显臃肿，女人味十足。

孟晚舟的包包都是实用挂，只要备齐这三款，就足以应对各种场合与搭配。首先是大号托特包，大容量让人很放心，能装下所有随身物品（包括电脑），堪称商务通勤差旅必备神器。另一个是当下很流行的腋下包，可以解放双手，有种不费力的时髦。用肩带背在腋下的背法，对任何衣服来说都很百搭。另外，一只优雅的小号链条包也不可或缺，孟晚舟拎过一只，金色链条很显精致。包身侧面是风琴设计，因此容量也不小，是一只颜值和实用性双高的包包。

看了孟晚舟的照片会发现，她总是离不开一双尖头细高跟，用来搭配职业装，能够在视觉上拉长腿长、提升气场。这种尖头浅口鞋也是许多律政女强人的首选，既有足够的正式感，又不失女人味。还有人认为，凌厉的尖头设计，感觉穿上就能踢走职场小人，看起来不好惹的样子。因为衣服大多比较简约，孟晚舟通常会选择一些有亮点的高跟鞋款式，例如黑色缎面搭配钻扣，多少年都不会过时。

胸针是很好用的搭配神器，孟晚舟的蜻蜓胸针，就被不少网友夸过，很能衬托亚洲女性内敛的气质。每次她都会搭配不一样款式的胸针，例如金色树叶、珍珠、流苏等元素，在细节处彰显好品位。

孟晚舟的眼神非常坚定，不会躲躲闪闪，更不会刻意回避镜头，传递出一种临危不惧的笃定信念。她下巴微微扬起，面带自信的笑容，感觉不怒自威、从容不迫。孟晚舟即便身处逆境，也依然保持着乐观积极的态度，不断学习充实自己。之前任正非接受采访时就表示："不担心她的未来，我女儿现在本身也很乐观，她自学五六门功课，将来读一个'狱中博士'出来。每次打电话，她都说忙得很，充实得很。"平时在家时，虽然受到严格的监视，孟晚舟还是会定期邀请老师来家中，认真学习绘画，用私人艺术课来陶冶情操。孟晚舟懂得内外兼修，随着时间沉淀变得越来越有魅力。

任务一　商务男士着装

【任务导入】

美国行为学专家迈克尔·阿盖尔曾经做过一个实验：他本人以不同的衣饰打扮出现在某市的同一地点。当他西装革履、风度翩翩地出现时，所有向他问路、问时间的人，大多是彬彬有礼的绅士阶层的人；当他破衣烂衫、蓬头垢面出现时，接近他的多半是流浪汉、无业游民等。服饰具有怎样的含义呢？

【任务分析】

服饰的含义：服饰是一种历史符号，服饰是一种社会符号，服饰是一种审美符号，服饰是一种情感符号，服饰是一种个性符号。

【相关知识】

制服是指由某一个企业统一制作，并要求某一个部门、某一个职级的公司员工统一穿着的服装。简言之，所谓制服是指面料统一、色彩统一、款式统一、穿着统一的正式工作服装。因为制服体现着所在企业的形象，反映着企业的规范化程度，每一位商务人员对此绝对不可以马虎大意。穿着制服最重要的一个禁忌，是不允许制服便服混穿，也不允许随意搭配。

一、西装

西装，是全世界最流行的服装，是正式场合着装的优先选择。而像居家、旅游、娱乐的时候，不必穿西装。根据国际惯例，参加正式、隆重的宴会，欣赏高雅的文艺演出时，起码应该穿着西装。

西装

西装最早出现于欧洲，随着清朝末年洋务运动的兴起传入我国。西装造型优美，做工讲究。男装穿起来潇洒有风度，女装穿上线条优雅柔和，再加上实用性强，四季皆宜，深受各个国家和各个民族人民的欢迎。西装指在西方国家较为通行的两件套，或者三件套的统一面料、统一色彩的、规范化的正式场合的服装。穿着西服，对商务人员而论，体现着身份，也体现着商务人员所在企业的规范化程度。商界男士穿着西服时，必须了解衬衫、领带、鞋袜和公文包组合搭配的基本常识，才能真正地穿出品位。因此穿着西服必须遵守基本的商务交往规范。

知识链接：

> 西装最能体现男士"有品位，有教养，有绅士风度，有权威感"等优点。就目前来说，西装是一种国际性服装，是世界公认的男士正装。商务男士在出席正式商务场合时，一定要穿西装。

（一）分类

目前世界上流行的西服有三种风格——美式、欧式、英式。

1. 美式

宽松、不贴身，腰部呈筒形，后中开叉。受美国人开放性格和大幅度动作的影响，穿起来显得高大威武，适于瘦高型身材的人。

2. 欧式

剪裁得体，强调垫肩，肩部方正和后腰尤为得体，它像是亲吻着人的身体，显出男性的肩、胸。欧式西装双排扣较多。欧式更适合中国人的体形，大方得体，做工精细。

3. 英式

无垫肩或只有一点垫肩，腰部略有形状，有绅士格调和品位，多为双排扣。

（二）面料

西服的面料要100%毛料或至少也要有70%的毛料，或毛与丝的合成材料。任何化纤制品都会看起来廉价、劣质。

西装面料

知识链接：

> 纯羊毛面料，呢面光滑，纹路清晰。光泽自然柔和。身骨挺括，手感柔软而富有弹性。紧握呢料后松开，基本无皱褶，既使有轻微折痕也可在很短时间内消失。纯羊毛精纺面料，大多质地较薄，通常用于春夏季西服。纯羊毛粗纺面料，大多质地厚实，通常用于秋冬季西服。

（三）色彩

成功男性的西服不多是深蓝、灰、深灰、黑等中性色彩。在西方，深蓝色西装加暗条纹被认为是最强有力的男性西服，而黑色西服只能用于婚、葬或作为燕尾服。而在中国，目前黑色几乎适合任何场合。这是中西方的差别。商务交往中，灰色系西装是具有一定职务的人才可以穿的。

色彩密码

知识链接：

> 色彩是有重量的，鲜艳的感觉轻，暗色的感觉重。
>
> 在职业场合，黑、灰、白、蓝色系等是较为保守的最基本色彩。它们不但是巩固专业权威的最佳拍档，同时也是服饰搭配时最经典的底色，不易受流行风潮所影响。基本色的色彩极具包容力，几乎所有的颜色都可以与之搭配。
>
> 黑色，象征权威、高雅、低调、内敛。
>
> 灰色，给人诚恳、沉稳、考究的感觉，是很有知性的中性色彩。在色彩心理学测试中，灰色是最能让专业人士穿出信任感的色彩。不过灰色很挑质感，只要衣服的质感不够高档，这些正面感觉便会丧失殆尽。高品质、线条简洁的灰色衣服，往往最能在无形中散发出"智慧""成功""强烈权威"等信息。
>
> 蓝色，权威中透露着保守、严肃与务实的信息。穿深蓝色虽然给人理性、沉静、中规中矩的感觉，但在这深蓝的背后，却又可以隐约感受到干练和事业的野心，就像蓝宝石般有着深邃的力量，让人在专业领域内无法被取代。

黑色西装

灰色西装

（四）花纹

男性西服只能是纯色或暗而淡的含蓄的条纹。任何大格、花呢的图案都不会产生良好的印象。深蓝色西服加暗条纹被西方认为是强有力的男性西服。

深蓝色西装

(五）单排扣和双排扣

目前国际时尚的西服是单排扣，双排扣西服更加正规和拘谨。穿双排扣西服，所有的扣子都要扣上。单排扣西服纽扣扣法如表2-2所示。

表2-2 纽扣的扣法

纽扣颗数	扣法
单粒扣	可扣可不扣
两粒扣	扣上不扣下
三粒扣	只扣中间一颗或扣上面两颗

扣子风波

西装纽扣扣法

(六）袖长

根据袖口款式的不同，衬衫的袖长还可能会有变化。像法国式的袖口是采用袖扣来固定的，所以其袖子露出西装的长度要比经典款略长约0.5厘米。

(七）西装肩线与下摆

决定西装是否合身的两大关键要素在于肩线和下摆。西装肩线的合理位置应该自然落在肩膀和上臂的衔接处。由于如今大部分的西装都内置了垫肩，因此肩线应该比垫肩更长一些。西装的下摆长度应该及至臀部，也就是双手自然垂下时大拇指指尖的位置。到达臀部1/2的位置或者盖过臀部都是可以接受的范围。西装标准的尺寸算法，应该是从脖子开始到地面的距离的1/2，这个长度也就是西装脖颈处到下摆的长度。

西装合身度

(八）如何在入座时调整下摆位置

由于下摆的长度会盖过臀部，因此在坐下时应将西装扣子解开，保持上装的平整。将下摆向后拨，避免被压住产生褶皱。

落座时解开纽扣

(九）裤管的宽度

除了考虑裤长，裤腿的宽度是应该严格考虑的，特别是大腿处的宽度。普通职装西裤在大腿处都设计得比较宽松。检测裤腿的宽度是否合适，用手扶住臀部，双手沿着大腿两侧轻轻往前抚平西裤，到了大腿正前方的位置，往前拎起裤管，至高点离大腿有5厘米左右的浮动，就是很合适的宽度。

(十）西裤长度

裤子的长度取决于腿的长度。由于人体的上下身比例并没有一个准确的数字，所以在选购正装时并非买成套的就能解决问题，根据自己下半身的实际情况挑选裤子，才能做到真正的上下合身。我们先要确保裤边不能卷边，而且考虑到裤腰的款式一般为前低后高的设计，正面的裤脚应该能自然垂至脚面。在穿鞋的情况下，从后面看裤子的长度应该刚好到鞋帮与鞋跟的接缝处。腿型略短的人可以让裤管的长度延伸到鞋后跟的1/2处，使腿看起来修长一些，但绝不能让裤边及地。

西装着装的三色原则、三一定律、三大禁忌，这三个"三"如表2-3所示。

表 2-3 西装三个"三"

三色原则	浑身上下不超过三种颜色或三个色系
三一定律	皮鞋、皮带、皮包为一个颜色
三大禁忌	西装袖口的商标不摘；穿白袜子；皮带上挂东西

衬衫的颜色

二、衬衫

与西装配套的衬衫，应当是正装衬衫。一般而言，正装衬衫具备下述九个方面的特征。

（一）面料

正装衬衫主要以高织精纺的纯棉、纯毛制品为主。以棉、毛为主要成分的混纺衬衫，亦可酌情选择。不过不要选择以条绒布、水洗布、化纤布制作的衬衫，因为它们要么过于厚实，要么易于起皱，要么易于起球起毛，用真丝、纯麻做成的衬衫，也不宜选择。

（二）色彩

正装衬衫必须为单一色彩。在正规的商务应酬中，白色衬衫可谓商界男士的唯一选择。除此之外，蓝色、灰色、棕色、黑色，有时亦可加以考虑。但是，杂色衬衫，或者红色、粉色、紫色、绿色、黄色、橙色等穿起来有失庄重之感的衬衫，则是不可取的。棕色系较特殊，棕色西服只能与棕色系衬衫相配，再配深棕色皮鞋。

知识链接：

> 白色，象征纯洁、无私、奉献、信任。白衬衫永远为人带来正面信息，赢得上司对你的信任与下属对你的敬爱。

（三）图案

正装衬衫大体上以无任何图案为佳。印花衬衫、格子衬衫，以及带有人物、动物、植物、文字、建筑物等图案的衬衫，均非正装衬衫。唯一的例外是，较细的竖条衬衫在一般性的商务活动中可以穿着。但是，必须禁止同时穿着竖条纹的西装。

（四）衬衫袖口

衬衫的袖子应略长于西装，这是穿正装时的常识，相反的情况只会让整个人看起来都有种没精神的感觉。虽然衬衫平时都是穿在西装的里面，但是并不能因此就忽视掉衬衫本身的款式和整洁。衬衫的领口要高于西装的领口。如果西装的领口高过了衬衫，会使人的上身看起来臃肿肥大。衬衫袖口要长过西装袖口约1厘米左右。西装的理想袖长应为从袖子下端到拇指间距离11厘米，而衬衫袖子的长度应为这个测定方式下的10厘米左右。

知识链接：

> 衬衫的领口要高于西装的领口1厘米左右。衬衫的袖口要长过西装的袖口约1厘米左右。这就是衬衫的露白。衬衫的露白不但能够很好地保护西装不易弄脏，而且这两处白边遥相呼应，有一种韵律美。

（五）衬衫选择

在办公环境和正式场合，将衬衫的领口扣子扣起来是种基本的礼貌。因此选择挺阔的衣领是关键，领角下方的小舌片是支撑衣领立挺的重要元素，洗涤时千万注意不要弄掉了。

（六）衬衫肩线

衬衫的合身与否，将直接影响到整体着装的贴合程度。尤其对于一些面料轻盈的西装来说，如果穿在里面的衬衫过于宽松，很难保证上装的服帖整洁。衬衫肩线应该落于肩膀骨外侧1~2厘米，过宽会产生慵懒没有活力的视觉感受，过窄则显得人瘦小不够庄重。因为正装衬衫主要以精纺纯棉、纯毛制品为主要面料，在水洗后可能会有不同程度的缩水。为此在选购衬衫时，要选择性地将肩线宽度略微放宽0.5厘米。

衬衫肩线

（七）衣领

正装衬衫的领型多为方领、短领和长领。具体进行选择时，须兼顾本人的脸形、脖长以及将打的领带结的大小，千万不要使它们相互之间反差过大。扣领的衬衫，有时亦可选用。此外，立领、翼领和异色领的衬衫，大都不适合同正装西装相配套。

衬衫领口与脸形的搭配技巧如下。

一般来说，不同的领型没有好坏之分，主要是要与穿着者的脸形搭配合适。由于领型一定程度上担任了塑造脸形框架的任务，所以对于脸形过长的人就要努力使其看上去略微短一些，那么宽领就是比较合适的；而对于脸形过宽的人无疑就要使其看上去略微长一些，那么尖领就会起到比较好的修型作用。

1. <u>经典暗扣尖领——适合任何脸形</u>

这种领型的特点是：不受流行的影响，比较稳定，尤其适合上班时穿着，或穿礼服搭配。配有这种最百搭的领型的衬衫，适合任何脸形的人，并适合在任何时候和场合穿着。尤其是正式商务场合如重要会议、签字仪式、礼仪会见等场合，是正式商务衬衫最好的搭档。

2. <u>温莎领——适合蛋脸形、长椭圆脸形</u>

这种领子适合于肩较宽的人穿着。与欧洲式的普通西装搭配比较协调，打领带时适合打温莎结式三角领结，所以也叫温莎领，如图2-1所示。此领型适合蛋脸形的人。长椭圆脸形的人大多脖子细长，可以选择穿敞领型的衬衫以便显得胖一些，弥补这个缺点。温莎领几乎适合除了非常重要的正式商务场合外的所有场合。

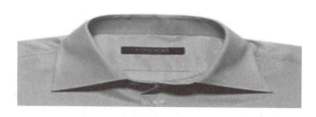

图 2-1 温莎领

衬衫领围

3. 白色温莎领——适合蛋脸形、长椭圆脸

白色温莎领也叫异色领，如图 2-2 所示，指配一个白色温莎领的素色或条纹衬衫，有的袖口也做成白色。穿这种样式的领子，使人显得风度翩翩。

图 2-2 白色温莎领

4. 意大利小方领——适合长脸形

这种领子的领尖一般较短，适宜与窄腰西装配套穿，如图 2-3 所示。穿这种样式的领子，使人看起来更年轻、更富有生气。脸形比较长的人适合穿小方领衬衫。

5. 中华立领——适合任何脸形

中华立领既搜罗了中国服装的精髓又融合了西方精湛的工艺，是追求有内涵、有品位穿衣文化的男士的必备衬衫款式，如图 2-4 所示。穿着立领衬衫需扣上袖口纽扣，不要卷起袖子。穿着的场合，一般是坐办公室工作时段、休息时段、一般社交场合。

图 2-3 意大利小方领

图 2-4 中华立领

衬衫露白

（八）衣袖

正装衬衫必须为长袖衬衫，短袖衬衫则具有休闲性质。以其袖口而论，衬衫又有单层袖口与双层袖口之别。后者又称法国式衬衫，主要的作用是可以佩戴装饰性袖扣。装饰性袖扣又称链扣或袖链，使用时如恰到好处，可为自己平添高贵而优雅的风度。在国外，它早已是商界男士在正式场所佩戴的重要饰物。但是将其别在单层袖口的衬衫上，就有些煞有介事了。

袖口是衬衫中最容易被人忽视的部分，但袖口却最能反映个人风格和品味。作为时尚的职业男性,要注重袖口这个细节。讲究的男士在重要场合,饰物要少而精。穿西装时,手表与包是最重要的饰物。此外,如果要选饰物的话,还可以选装饰性的袖扣。装饰性袖扣配法式衬衫,法式衬衫是翻边的,它实际上是把那个翻边的衬衫,下面固定了之后把袖扣穿上去,这是比较好看的。因为男士在办公桌前,两只手放在桌上,这个装饰袖扣正好露出来,展示自己与众不同的独特品位。

袖口分类如下。

1. 直桶袖

直桶袖一般用于男装衬衫上的袖口形状,因上浆而硬挺,故呈桶形,外边缘呈圆滑形,是百搭的袖口款式,如图2-5所示。

2. 欧式直桶袖

欧式直桶袖一般用于男装衬衫上的袖口形状,因上浆而硬挺,外边缘呈"V"形,是百搭的袖口款式,如图2-6所示。

图2-5 直桶袖

图2-6 欧式直桶袖

3. 两粒钮直桶袖

两粒钮使得袖口部分更为平整,配合搭配正式商务场合着装,可搭配西装或者燕尾服,如图2-7所示。

4. 法式经典反袖(同色或者白色袖)

法式经典反袖往外折的袖口,是最正式、最具绅士风度的一种,需要精致的袖扣搭配,适合婚礼或大型会议,如图2-8所示。

图2-7 两粒钮直桶袖

图2-8 法式经典反袖

知识链接:

> 袖扣代替袖口的扣子部分,其大小和普通扣子相差无几,却因为精美的材质和造型,起到很好的装饰作用,让男士原本单调的西装风景无限。

袖扣

5. 短袖

短袖适合在夏日搭配任一款衬衫,休闲穿着。

（九）衣袋

正装衬衫以无胸袋者为佳。免得有人在那里乱放东西。即便穿有胸袋的衬衫，也要尽量少往胸袋里塞东西。

三、领带（领结）

领带被称为"西装的灵魂"。男士打扮的焦点是领带，领带是不可或缺的装饰品。领带与衬衫的搭配：应该根据衬衫来挑选领带的颜色。

（一）领带

为了搭配正装的整体协调感，建议每个男人都应该在衣柜里预备好至少一件白色或浅蓝色的领部系扣衬衫。领带结除了装饰还有卡住领口，不让领口乱动的作用。正装的领带结应该系在领口的正下方，将第一颗扣子扣起来后与领带结紧密连接，不应露出过多的间隙，以免给别人留下懒散的印象。穿正装时，衬衫和领带请务必保证整洁和规范。

（二）色彩选择

最好的两种颜色是红和蓝，或以黄色为主并配以图案。色彩的搭配有规则，例如，衬衫是白色的，那么领带上的图案就应该带有一点儿白色。领带中的白色能衬托出衬衫的白色，这样效果好，再和藏青色、深灰色西装搭配，能产生多种视觉效果。换成蓝衬衫，道理是一样的。带一点儿蓝色的领带配什么蓝色衬衫都可以。不同的领带配上同一件衬衫，能产生出不同的视觉效果，这是非常经济的办法。

（三）领带夹

领带夹可用可不用。一般时尚的穿法，是不用领带夹的。只有两种人用领带夹：其一，穿制服的工作人员。工商、税务、军人、航空公司的工作人员他们用领带夹，他们领带夹上有国徽、警徽、航空公司徽记。其二，VIP。

四、皮鞋

皮鞋的要求

正装应搭配造型简单规整、鞋面光滑亮泽的式样。如果是深蓝色或黑色的西装，可以配黑色皮鞋，如果是咖啡色系西装，可以穿棕色皮鞋。压花、拼色、蛇皮、鳄鱼皮和异形皮鞋，不适于搭配正式西装。

五、皮带

皮带的要求

男士最容易忽视的一个细节，夏季和冬季不可使用同一条皮带，因为皮带上的皱褶会使你再昂贵的西装也大打折扣。当前最要紧的是去掉皮带上的一切累赘，让你的腰身得到完美的展现。

六、袜子

袜子的要求

袜子要长及小腿中部，尼龙袜或薄棉袜均可。袜子应为黑色、棕色或藏青色。袜子的颜色选与长裤相配或相近的，而穿黄褐色裤子时例外，这时袜子应与鞋相配。

【技能训练】

假定你是一名商务男士,周一要参加一个重要的商品洽谈会,请给自己搭配一套合适的服装,并说明理由。

加拿大总理特鲁多"袜子外交"

知识链接:

> 袜子也是比较有讲究的。一般情况下,深色的袜子代表庄重和正规,这是对对方的尊重和礼貌,同时也显示出你的内涵和修养。在正式场合,深色正装是不能配浅色袜子的。应注意西裤、皮鞋和袜子三者的颜色统一或相近,使腿和脚在色调上成为完整的一体,显得腿更修长。

【案例分析】

穿衣服别出洋相

记得有一次国外朋友请我去看歌剧。我满心欢喜穿了一套白色的礼服美美地准时赴约。因为有好几个人,我们约定先到他家会合再一起出发。到了他家,我一看,不好!其他人都穿得很随便。我穿着礼服显得格格不入,甚至笨头笨脑。原来这天的歌剧在一个运动场演出。大家都将坐在草地上。可以说是一次正规但轻松的演出,所以不用穿礼服。都怪自己没有问一问朋友,结果出了洋相。

说起洋相这个词儿,里面所包含的东西真可谓概括了中国近百年的变迁。出洋相,就是出丑的意思。原来从前我们中国人觉得露出了洋人的样子就是出了丑。明显这个词儿刚出现的时候中国人的审美观是以中国文化为本位,一切不符合中国文化的都是不好的、丑的。但是经过了近百年的起伏变迁,中国人的审美品位有了很大提高。穿不穿洋服我没有什么特别的看法,但是我觉得有些中国人穿西服还是不地道,给人一种穿错了衣服的感觉。就好像我们第一次看见穿唐装的外国人一样,说不出的别扭。

经常听到同胞们说洋人穿衣服随便。可能因为这样的想法,他们穿洋服的时候也就随便了。其实这就大错特错了。洋人穿衣是有很多规范的。一般来讲,场合决定了穿的服装是否合适。正式的场合不能乱穿不说,就是平常的场合也是有约定俗成的一套穿衣规则。譬如洋朋友请吃饭,虽然跟英女王请吃饭的重要性不同,穿牛仔裤还是显得不是很尊重主人家,就是不穿西装也最起码该穿西裤。但是如果是好朋友一起去麦当劳又不一样了。所以那次的歌剧,我虽然穿的是很好的白礼服,但因为场合不对还是出了洋相——穿得过于隆重了。

回国以后，我发觉这问题好像又有不一样的看法了。不少人好像是采取了洋为中用的政策，西服还是照着自己的规矩穿。我家旁边工地上的工人基本上都是穿西装上衣和泥的。我提到他们不是我歧视，觉得工人不该穿西装上衣和泥，而是因为我对中国人穿西服要不要自创一套规范还没有想到答案。在国内我还经常看见一些人穿着睡衣在街上跑。最好玩的一次在上海，在南京东路上，看到两夫妻都穿着睡衣在逛街。头发梳得一丝不苟，戴着太阳镜，脚上还穿着皮鞋！在国外睡衣是绝不能在外人面前穿的。很多外国人觉得穿着睡衣跟没穿衣服没什么分别，他宁愿你看到他穿着内衣，也不愿意让你看到他穿着睡衣。这样的偏执实在也有些奇怪，但他们的习惯就是这样。所以大家千万别穿着睡衣就到洋邻居家串门借糖借盐，否则女主人一定会觉得中国男人不文明！

讨论题：
1. 读了这篇文章你有何感想？
2. 你对着装的"TPO"原则，即着装要考虑时间"time"、地点"place"、场合"occasion"，是怎样理解的？

任务二　商务女士着装

【任务导入】

有位女职员是财税专家，有很好的学历背景，常能提供很好的建议，在公司里的表现一直非常杰出。但当她到客户的公司提供服务时，对方主管却不太注重她的建议，她发挥才能的机会也就不大了。这是为什么呢？

【任务分析】

一位时装大师发现这位财税专家着装方面存在明显不足：她26岁，身高1米47，体重43公斤，看起来机敏可爱，像个16岁的小女孩，外表实在缺乏说服力。时装大师建议她用服装强调出学者专家的气势，用深色的套装，对比色的上衣、丝巾、镶边帽子来搭配，甚至戴上重黑边的眼镜。女财税专家照办了，结果，客户的态度有较大的转变，很快，她成为公司的董事之一。

【相关知识】

一、套裙

西装套裙是女装上装穿西装，下装为开叉直筒裙的组合搭配方式。西装套裙是女装借用男装最为成功的范例之一。

为什么商务女士应着套裙

知识链接：

> 女士在商务场合的服装以职业套裙最为规范和常见，一方面是因为这种款式和线条的服装，会给职业女性以权威感；另一方面是因为西装套裙早已被具有国际影响力的大集体、大公司所采用，赋予了它强烈的职业符号性和标记功能。

鲜为人知的是19世纪末的女性最先穿西装走进阳光不是去上班，而是去骑马、打球或郊游。配穿的裙裾长及足踝。第二次世界大战后，女性以裤装代替裙装渐渐取得与传统着装一样规范的合法地位，但西方社会一直以女性着裙装更为正式。因而西装套裙比西装配裤装正式，短裙又比长裙显得更正式些。

20世纪40年代，大批女性在战火中走出闺阁，形成第一次大规模使用职业女装的高潮，西装套裙被作为职业女装中的经典样式固定下来，随着流行产生细节部位的变化。

（一）应当大小适度

一套做工精良的优质面料的套裙，穿在一位白领丽人的身上，无疑会为之平添魅力。但是，如果真的想让穿在自己身上的套裙美丽而生动，就必须大小相宜。他人的套裙，过大或过小、过肥或过瘦，通常都不宜贸然穿着。通常认为，套裙之中的上衣最短可以齐腰，而其中的裙子最长则可以达到小腿的中部。但是，在一般情况下，上衣不可以再短，裙子也不可以再长。否则，便会给人以勉强或者散漫的感觉。特别应当注意，上衣的袖长以恰恰盖住着装者的手腕为好。衣袖如果过长，甚至在垂手而立时挡住着装者的大半个手掌，往往会使其看上去矮小而无神；衣袖如果过短，动不动就使着装者"捉襟见肘"，甚至将其手腕完全暴露，则会显得滑稽而随便。

套裙合身度

知识链接：

> 最漂亮的裙子长度应长及膝盖，再短也不能短于膝盖以上15厘米；落座时裙子上缩后离膝盖的长度要超过10厘米，则说明裙子过短或过窄。
>
> 裙子最合适的腰围应该是拉好拉链后可插入两个手指，并且裙子能够轻易地绕着身体前后转动，还有就是要注意穿上裙子后不能显示出内裤的线条，否则说明裙子过瘦。

还应注意，上衣或裙子均不可过于肥大或包身。如果说过于肥大的套裙易于使着装者显得萎靡不振的话，那么过于包身的套裙则往往会令着装者"引火烧身"，惹来麻烦。

（二）套裙应当穿着到位

在穿套裙时，必须依照其常规的穿着方法，将其认真穿好，令其处处到位。尤其要注意：上衣的领子要完全翻好，衣袋的盖子要拉出来盖住衣袋；不允许将上衣披在身上，或者搭在身上；裙子要穿得端端正正，上下对齐之处必好好对齐。特别需要指出的是，商界女士在正式场合露面之前，一定要抽出一点时间仔细地检查一下自己所穿的衣裙的纽扣是否系好、拉锁是否拉好。在大庭广众之下，如果上衣的衣扣系得有所遗漏，或者裙子的拉锁忘记拉上、稍稍滑开一些，都会令着装者一时无地自容。

按照规矩，商界女士在正式场合穿套裙时，上衣的衣扣只能一律全部系上。不允许将其部分或全部解开，更不允许当着别人的面随便将上衣脱下来。那种作为，不一定会使自己显得随和、泼辣，不一定会给人以"女强人"的印象，却必定会给人不拘小节之感。

知识链接：

> 著名的形象设计大师乔恩·莫利曾经这样解读过职业女性："没有女人应该穿着性感的服装去上班。穿着不当和不懂得穿衣的女人永远都不能上升到管理阶层！研究证明，穿着得体虽然不是保证女人成功的唯一因素，但是，穿着不当却能导致一个女人事业的失败！"

（三）套裙应当考虑场合

穿着套裙场合

商界佳丽尽管与套裙非常般配，但是并不意味着不论干什么事情都可以以套裙应付下来。与任何服装一样，套裙适用于特定的场合。

商务礼仪规定：商界女士在各种正式的商务交往之中，一般以穿着套裙为宜。在涉外商务活动之中，则务必应当这样去做。除此之外，大都没有必要非穿套裙不可。商界女士在出席宴会、舞会、音乐会时，可酌情选择与此类场面相协调的礼服或时装。此刻依旧穿套裙，则会使自己与现场"格格不入"，并且还有可能影响到他人的情绪。

外出观光旅游、逛街购物，或者进行锻炼健身时，商界女士一般以穿着休闲装、运动装等便装为宜。在这些时候还穿着套裙的话，不仅"劳而无功"，而且还会使他人觉得着装者煞有介事。

（四）套裙应当协调妆饰

高层次的穿着打扮，讲究的是着装、化妆与配饰风格统一，相辅相成。因此，在穿着套裙时，商界女士必须具有全局意识，将其与化妆、配饰一道通盘加以考虑。忽略了这一点，弄不好就会使它们彼此矛盾、问题丛生。

就化妆而言，商界女士在穿套裙时的基本守则是：既不可以不化妆，也不可以化浓妆。穿套裙时，商界女士必须维护好个人的形象，因此是不能够不化妆的。而之所以要求不可以化浓妆，则主要是因为商界女士在工作岗位上要突出的是工作能力、敬业精神，而非自己的性别特征和靓丽容颜，所以自当只化淡妆，"妆成有却无"，恰到好处即可。

就配饰而言，商界女士在穿套裙时的主要要求是：以少为宜，合乎身份。在工作岗位之上，可以不佩戴任何首饰。如果要佩戴的话，则至多不应当超过三种，每种也不宜多于两件。不仅如此，穿套裙的商界女士在佩戴首饰时，还必须兼顾自己的职业女性这一身份。按照惯例，此刻，不允许佩戴与个人身份无关的珠宝首饰，也不允许佩戴有可能过度地张扬自己的"女人味"的耳环、手镯、脚链等首饰。

（五）套裙应当兼顾举止

虽说套裙最能够体现女性的柔美曲线，但着装者举止不雅，在穿套裙时对个人的仪态毫无要求，甚至听任自己随性而为，则不会将套裙自身的美感表现出来。穿上套裙之后，商界女士站要站得又稳又正。不可以双腿叉开，站得东倒西歪，或是随时倚墙靠壁而立。就座以后，务必注意姿态，切勿双腿分开过大，或是跷起一条腿来，脚尖抖动不已，更不可以脚尖挑鞋直晃，甚至当众脱下鞋来。

一套剪裁合身或稍为紧身的套裙，在行走之时或取放东西时，有可能对着装者产生一定程度的制约。由于裙摆所限，穿套装者走路时不能够大步流星地奔向前去，而只宜以小碎步疾行。行进之中，步子以轻、稳为佳，不可走得"噔噔"直响，需要去取某物时，若其与自己相距较远，可请他人相助，千万不要逞强，尤其是不要跷起脚尖、伸直胳膊费力地去够，或是俯身、探头去拿，以免使套裙因此而訇然开裂。

（六）要穿衬裙

穿套裙的时候一定要穿衬裙，特别是在穿丝、棉、麻等薄型面料或浅色面料的套裙时。可以选择透气、吸湿、单薄、柔软面料的衬裙，而且应为单色，如白色、肉色等，必须和外面套裙的色彩相互协调，不要出现任何图案。而且应该大小合适，不要过于肥大。穿衬裙的时候裙腰不能高于套裙的裙腰，不然就暴露在外了。

（七）套裙颜色

套裙的色彩以冷色、单色为主（如炭黑、棕、深蓝、紫红、土黄等稍冷的色彩）。穿套裙可搭配不同色的衬衫、丝巾、胸针等稍加点缀，以体现着装者的典雅、端庄。套裙一般以无任何图案或以小圆点、细条纹、格子图案为主。一套套裙的色彩一般不要超过两种。

套裙颜色

二、衬衫

与套裙配套的衬衫，最好选择无图案的单色衬衫，除白色外，其他色彩只要与所穿的套裙色彩相协调，都可作衬衫的色彩。套裙搭配穿衬衫时须注意：衬衫的下摆须掖入裙腰内；衬衫的纽扣要系好；衬衫在公共场合不宜直接外穿。

三、袜子

女士穿裙子应当配长筒丝袜或连裤袜，颜色以肉色、黑色最为常用，肉色长筒丝袜配长裙、旗袍最为得体。女士袜子一定要大小相宜，太大时就会往下掉，或者显得一高一低。尤其要注意，女士不能在公众场合整理自己的长筒袜，而且袜口不能露在裙摆外边。不要穿带图案的袜子，因为它们会惹人注意你的腿部。应随身携带一双备用的透明丝袜，以防袜子拉丝或跳丝。

四、皮鞋

与套裙配套的鞋子，应为皮鞋，以黑色的牛皮鞋最好（与套裙色彩一致的皮鞋也可以）。鞋子应是高跟或半高跟的船式皮鞋，传统的皮鞋是最畅销的职业用鞋。它们穿着舒适，美观大方。建议鞋跟高度为 3～4 厘米为主。正式的场合不要穿凉鞋、后跟用带系住的女鞋或露脚趾的鞋。鞋的颜色应与衣服下摆一致或再深一些。衣服从下摆开始到鞋的颜色一致，可以使大多数人显得高一些。如果鞋是另一种颜色，人们的目光就会被吸引到脚上。推荐中性颜色的鞋，如黑色、藏青色、暗红色、灰色或灰褐色。不要穿红色、粉红色、玫瑰红色和黄色的鞋。即使在夏天，穿白鞋也带有社交而非商务的意义。

五、皮包

手提包和手提箱最好是用皮革制成的；手提包上不要带有设计者标签。女性的手提箱可以有硬衬，也可以用软衬。最实用的颜色是黑色、棕色和暗红色。钱包的颜色应与鞋相配，而手提箱则不必。另外，尺寸最好以能装下 A4 文件的为基准。

【技能训练】

欣赏大量职场女性的着装图片，请学生点评增强学生的鉴赏力。

任务三　配　　饰

西装配饰

【任务导入】

根据自己的实际情况，看看自己适合戴哪种首饰、配饰。

【任务分析】

首饰的作用就是装饰，但如果这种装饰给自己和别人带来不快的话，美丽也就不存在了。也许你一直不知道自己的形象是何时给别人留下坏印象的，但从此刻起，你就要留意是否遵守各种礼仪规范了。

【相关知识】

饰品，是指能够起到装饰点缀作用的物件，主要包括服装配件（如帽子、领带、手套等）和首饰佩戴（如戒指、胸花、项链、眼镜等）两类。

一、饰品佩戴原则

1. 数量原则

选择佩戴饰品应当是起到锦上添花、画龙点睛的作用，而不应是过分炫耀、刻意堆砌，切不可画蛇添足。对于服务人员，一般提倡不戴饰品，如果在特定场合需要佩戴，则不可超过三件。

2. 质色原则

人际交往中，女士佩戴两种或两种以上的首饰，怎样表现出自己的品位和水准？——"同质同色"，即质地色彩相同。

3. 搭配原则

（1）饰品的佩戴应讲求整体的效果，要和服装相协调。一般穿考究的服装时，才佩戴昂贵的饰品，服装轻盈飘逸，饰品也应玲珑精致，穿运动装、工作服时不宜佩戴饰品。

（2）饰品的佩戴还应考虑所处的季节、场合、环境等因素。这些因素不同，其佩戴方式和佩戴取舍也不同。如春秋季可选戴耳环、别针，夏季选择项链和手链，冬季则不宜选用太多的饰品，因为冬天衣服过于臃肿，饰品过多反而不佳。

上班、运动或旅游时以不戴或少戴饰品为好，只有在交际应酬的时候佩戴饰品才合适——展示自己时尚个性有魅力的一面。

4. 扬长避短原则

饰品的佩戴应与自身条件相协调，如体型、肤色、脸形、发型、年龄、气质等。也就是说，穿着打扮和自己的形体特点、年龄特点相吻合，例如，皮肤黑，则不穿黑色衣。

5. 习俗原则

一个社会的人们在一定时期会形成一些具有一定共性的衣着方式，即衣着习俗，其中包含着特定的社会文化信息。这种衣着习俗在社会经济稳定时期往往具有较强的稳定性，甚至世代相传，鲜有改变，而在社会经济剧烈变动时期也会随之发生较大的变动，出现一些新的衣着方式，甚至流行开来而形成新的衣着习俗。所以，饰品佩戴要注意寓意和习俗，如戒指、手镯、玉坠等的佩戴。

知识链接：

> 饰品以不阻碍工作为原则。工作时所戴的饰品应避免太漂亮或会闪光，基本上，还是以不妨碍工作为原则，所以太长的坠子是不适合的。而且，如果项链太长也常会因为需在意被桌脚勾住而影响工作效率。
>
> 对于耳环的选择也要以固定在耳上为佳；如果太长，不仅不适合工作的打扮，且看起来不够庄重，常会引起别人的注意。
>
> 另外，镶有太大颗的玉、太高档的戒指更不宜出现在工作场所。会妨碍工作的饰品应该取下。一件简单的针织洋装，再配上漂亮的坠子这样的搭配是非常协调大方的。但如果会妨碍工作便不应佩戴。譬如会阻碍电话谈话的耳环在上班时就应取下。类似此种事情公司方面决不会多说什么，可是却不能不注意。
>
> 当然如果你的饰品在工作时会发出声音，为了不影响别人的工作情绪，应该立即取下。在办公室所戴的饰品必须简单而不引人注意。同一件洋装也常因搭配的饰品而具有不同的效果。因而大家在选择服饰时，都应该注重饰物的搭配。不过，在办公室的饰物最好还是以简单大方，且不引人注意的较为理想。如果你还停留在太炫耀夺目的饰物堆里，表示你尚在起步阶段，仍需学习研究。

二、根据体型配首饰

佩戴首饰在配合自身的体型特征上非常有讲究，巧妙地选择首饰甚至可以掩盖掉身材不足带来的尴尬。

1. 肥胖型

肥胖型的人身材粗短、臃肿，脖子较为显短。佩戴首饰时应力求削弱身体两侧。为此，耳环、戒指、手镯等宜选择色调暗淡、造型简洁的。但项链的挂坠造型宜选长而细、大而多姿的，这类首饰明亮迷人、容易吸引他人的视线，使人对佩戴者的体型就不那么注意了。如错选了粗而短的项链，便会使人觉得佩戴者的脖颈更为粗短。胖人的手臂和手腕必然比较粗肥，手镯或臂环宜选宽而阔的，若戴了细而小的，会反衬出手臂更粗大。胖人的手一般说来手指短而扁平，故宜选戴窄边的戒指。

2. 方脸

直向长于横向的弧形设计的耳环，有助于增加脸部的长度，缓和脸部的角度，例如长椭圆形、弦月形、新叶形、单片花瓣形等，让它们丽影成双地在脸颊旁闪耀珠宝动人的光芒。

为了避免重复脸形，方形脸的人最好不要佩戴方形的首饰，或者三角形的首饰、五角形的首饰等。

项链、有坠子的项链或长于锁骨的项链，会在胸前形成"V"字形或优美的弧形，可以平衡较宽的下颚骨线条，脖子较短的人，戴长度在锁骨下面位置的项链会好看。

3. 圆脸

为了塑造出脸部长度增加、宽度减少的视觉效果，应选择如长方鞭形、水滴形等类耳环和坠子，它们能让丰腴的脸部线条柔中带刚，更添几番英挺之气。

圆脸形的人可利用项链的"V"字形效果装饰，拉长脸部线条，展现温婉中的清柔与典雅。

4. 清瘦型

这种体型显得单薄、瘦弱、脖子细长。故选择首饰的原则是中央浅淡而两侧光彩。为使脖子显得短些，项链与挂坠宜选细小而简洁者，且不宜过长。耳环、戒指、手镯等则宜选取较为华丽一些的。如双耳佩戴有垂饰面积稍大的荡环、腕部戴有稍粗的手镯，便可使双耳、双臂和手夺人眼目而使人觉得并不太清瘦。

5. 瓜子脸

瓜子脸的下巴比较尖，适合佩戴"下缘大于上缘"的耳环与坠子，如水滴形、葫芦形，以及角度不是非常锐利的三角形等。

任何戴起来能够产生"圆效果"的项链，都可以增加瓜子脸美人下巴的分量，让脸部线条看起来比较直润。

6. 菱形脸

菱形脸的人，最速配的耳环与坠子，莫过于"下缘大于上缘"的形状了，如水滴形、栗子形等。而应避免佩戴菱形、心形、倒三角形等坠饰。

7. 偏矮型

此体形的人选择首饰的原则是以柔克刚、冲淡硬气、增添纤柔感。项链宜选细长简洁的，最好与淡雅的珍珠挂坠相配，至于耳环、戒指则应粗细得当，过粗令人觉得你矮胖，过细则又与其较粗的手指不相称。

8. 正三角形

应选择"下缘小于上缘"的耳环、坠子，才能达到平衡下颚宽度、创造柔美脸部线条的功效。若是佩戴有坠子的耳环，请特别注意坠子的长度，最好避免不长不短地结束在下颚，因为坠子长度结束的地方，刚好就是人们眼光停驻的焦点。此外，角度十分明显的首饰，如三角形、六角形应避免佩戴；"下缘小于上缘"的坠子，再加上在胸前所呈现出的"V"字形线条，会将你雍容典雅的气质衬托得淋漓尽致。

三、眼镜

眼镜的佩戴会影响到整个面部的轮廓，如果是因为近视而选购眼镜，可以从以下方面注意：一是眼镜框外形和脸型必须平衡；二是眼镜框颜色应与肤色相协调。

患近视的职业女性在社交场合可以选用隐形眼镜，而在工作中应用正式框架眼镜。

知识链接：

羽西教你戴眼镜

（1）眼镜架的上端应该遮住我的眉毛，我不希望自己看上去有四条眉毛。

（2）跟大多数中国人一样，我的鼻子是扁平的。那么这条规则就变得尤为重要：眼镜架的下端的垫子应该正好卡在我的鼻梁上，千万不要卡在脸上留下印子。就是说，眼镜架不应该太紧或太松，不能轻易就滑下来。这是我在买眼镜时首先要考虑的。

（3）因为我颧骨较宽，我喜欢宽镜框。如果你的面部较窄，则应选择精细的框架。

（4）我们的头发是黑色，大多数眼镜框适合我们。我有黑色和红色的眼镜，与我的衣柜里面的所有衣服的颜色相配；当我戴金色或银色的首饰时，就会用金色或银色的眼镜。

（5）当选择了眼镜以后，我一定会记得配上相同颜色的唇膏。比如，当我用粉红、蓝色、紫色的唇膏或我穿这些颜色的衣服时，我会戴银色眼镜；而当我涂橘色、红色、咖啡色唇膏或穿这些颜色的衣服时，我会选择金色眼镜。

四、皮包

1. 皮包的作用
（1）装饰。
（2）实用。

2. 皮包的种类
（1）肩挂式皮包。
特点：轻盈、便捷。
使用场合：政务、商务、事务、社交场合。
（2）平拿式皮包。
特点：豪华、时尚。
使用场合：商务、社交场合。
（3）平提式皮包。
特点：提带短、样式多。
使用场合：休闲式的适合一般外出，考究的皮质材料的适合职业女性使用。

五、丝袜

1. 丝袜的作用
可以衬托出女性腿部的曲线美和神秘感。

2. 丝袜的色泽
政务及商务场合可穿肉色、黑色丝袜；休闲或便装时只能选择与衣服相搭配的颜色。

3. 穿丝袜的方法
将手部清洗干净，为了防止手指尖的死角刮破丝袜，最好在手上抹一层润肤膏。留长指甲的女孩子和在修完指甲后或劳作后手部皮肤粗糙时穿丝袜时尤其要慢。

4. 破损的丝袜
一般情况下不能再穿；如不是很明显的地方，可以在破损处喷上发胶或涂上透明指甲油，但不能将涂抹处露在外面，脚趾头破损的丝袜也不可穿。

5. 注意事项
（1）丝袜的袜口不能露在裙子的外面，很多情况下可以选择连裤袜。
（2）袜子不能有异味。
（3）女士夏天穿露趾的凉鞋时可不穿丝袜。

六、鞋子

据观察，许多人都是只注意了衣着，却忽视了脚上的鞋。皮鞋行里有这么一句话：脚上无鞋穷半身。可以看出脚乃立于世上之本。正规的服饰必是衣裤鞋全齐才算完美。好鞋穿在脚上不仅舒服，也可增强自信心。

1. 选鞋子的方法
（1）用手按鞋的中央，看皮鞋后跟有无不稳的现象。
（2）摸鞋两边的皮，看皮质是否有厚薄不均的现象。

(3) 尺寸要合适，不能勉强。高跟鞋平时在3~4厘米较合适。就年轻女性而言，社交层次越高，鞋跟越高。

(4) 鞋底要坚固，鞋面要平整，细致，里面要柔软。

2. 皮鞋的颜色

鞋面要保持干净，以黑色和白色为主，尽量避免怪异的颜色，以免和衣服搭配不当。一些带金、银、串珠装饰的皮鞋，白天难见光彩，可与晚礼服搭配。

七、戒指

1. 戴戒指的含义

戒指又称指环，是手指的装饰品。国际上通行的佩戴规范是把戒指戴在左手上，拇指不戴戒指。作为特定信念的传递物，戒指的不同戴法，表示不同的约定含义：戴在食指上，表示无偶求爱；戴在中指上，表示已经恋爱；戴在无名指上，表示订婚或结婚；戴在小指上表示独身。

2. 戒指的材质

金、银、珍珠、镶宝石、景泰蓝、木质等装饰性很强的戒指，应视不同情况进行选择。

3. 戒指与手形搭配

(1) 手指尖长者，适合任何一款戒指，特别是镶贵重珠宝的戒指。

(2) 手指较短者，不适合戴椭圆形戒指，可以选择带小圆底座的镶圆形宝石或绿宝石的戒指，以起到视觉上拉长手指的效果。

(3) 手指比较粗糙者，可以选择浅色纯金或K金素戒，不适合戴引人注目的红绿宝石戒指。

注意：礼仪规定，一只手最好只戴一枚戒指，最多只能戴两枚，即订婚和结婚戒指，分别戴在无名指和中指上。另外，戒指切忌久戴不摘。长年累月、不分昼夜地戴戒指，手指可能会变得麻木、酸肿、疼痛，戒指下的皮肤、肌肉、骨头甚至会凹陷成环状畸形，此外还有可能影响手指的血液循环。

八、项链

项链是女性青睐的主要首饰之一，是戴于颈部的环形首饰。男女均可使用。但男士所戴的项链一般不应外露。通常，所戴的项链不应多于一条，但可将一条长项链折成数圈佩戴。项链的粗细，应与脖子的粗细成正比。

从长度上区分，项链可分为四种。其一，是短项链，长约40厘米，适合搭配低领上装。其二，是中长项链，长约50厘米，可广泛使用。其三，是长项链，长约60厘米，适合女士使用于社交场合。其四，是特长项链，长约70厘米以上，适合女士用于隆重的社交场合佩戴。

它的种类很多，大致可分为金属项链和珠宝项链两大系列。佩戴项链应和自己的年龄及体型协调。如脖子细长的女士佩戴仿丝链，更显玲珑娇美；马鞭链粗实成熟，适合年龄较大的妇女选用。佩戴项链也应和服装相呼应。例如：身着柔软、飘逸的丝绸衣衫裙时，宜佩戴精致、细巧的项链，显得妩媚动人；穿单色或素色服装时，宜佩戴色泽鲜明的项链。这样，在首饰的点缀下，服装色彩可显得丰富、活跃。

【技能训练】

看看自己和同学们现在身上有哪些配饰，请学生点评。再列举商务人员不同场合的得体配饰。

【案例分析】

> 某日看到有一贵妇左手的拇指、食指、无名指同时佩戴戒指，谈谈你的看法。

项目三　求职面试

【知识目标】 使学生了解求职前的各项准备工作及求职面试后的礼仪，掌握面试中的基本礼仪规范。

【技能目标】 要求掌握求职中的各项礼仪，了解在求职中得到普遍认可的礼仪规范。作为即将走上职场的新人，在掌握基本社交礼仪的同时，还应注意融会贯通，灵活运用各种礼仪，使自己在激烈的人才竞争中取胜。

【素质目标】 使学生了解基本求职礼仪，认识求职礼仪在求职及职业发展中的作用。掌握求职基本礼仪，提升自身综合素质。

【思政园地】

> **淘汰出局**
>
> 某游戏软件公司欲招三名软件开发人员，通过笔试、上机操作，有四人成绩优秀，独立学院计算机科学专业的小张就是其中一个。面试那天小张才知道另外三人中有两人是名牌高校的本科生，还有一个是研究生。于是小张在心理上就觉得低人一等。面对考官的提问，小张明明知道答案，也不敢抢先回答，害怕答错了招人笑话。即使偶尔回答问题也是抬头瞟一眼考官便迅速低下头，脸涨得通红，还不时偷偷看其他三位应聘者的反应。最终他被淘汰了。

任务一　求职材料

【任务导入】

毕业生们经过初选、笔试后，进入面试阶段。此时，对于面试人员，用人单位基本上已经有意向录用。但是，很多同学却在这一关卡住，甚至形成了面试综合征。在面试过程中应该注意什么？

【任务分析】

"凡事预则立，不预则废。""机遇只偏爱那些有准备的头脑。"面对日趋激烈的择业竞争，面对用人单位越来越挑剔的眼光，面试前一定要做好充分的准备，这是所有面试成功者共同的体验。

【相关知识】

面试对我们非常重要。一位有经验的主考官说："面试的成败是在面试前决定的。面试是在一个非常有限的时间内展示自己最优秀的方面。所以要求我们充分把握面试中的每一个细节因素，为自己创造机会。"

一、面试前问题的准备

事先应该对目标单位及其工作内容做尽可能地了解。例如有关用人单位的要求；客观到位地评估自己的求职资格及工作能力；尽可能地准备好面谈时主考官可能要问的问题。这些问题往往包括你的经历、成就、爱好、你对工作和学习的感受等。

你可以对每个设想的问题做出简要的书面回答然后记住它们，这样就会有备无患，在被问到相应的问题时应对就会自如，思路就会清晰。

在面试中经常会问道：

（1）以前你都干过些什么工作？为什么放弃了？
（2）你为什么要选择进入这个工作领域？
（3）你认为在一个理想的工作单位里，个人事业的成败是由什么决定的？
（4）你喜欢与别人一起工作还是自己独立工作？
（5）你喜欢什么样的领导？
（6）你愿意到大单位还是小单位工作？
（7）你对当前我们这个行业的状况有什么看法？
（8）你认为你所擅长的工作领域有什么？
（9）你做过哪些能表现你的独创性和意志力的工作？

除此之外，还应该准备好面试时你自己要问的问题。因为在面试中，不失时机地提出一两个问题，反而能够显示出你的成熟度和积极思考的态度。

二、求职信的准备

求职信是帮你打开用人单位大门的钥匙。

1. 格式正确，布局美观

求职信的格式是否规范，能表现出一个人的文化素养和气质风格。所以要注意书写的格式。书写时最好用钢笔而不是圆珠笔、铅笔，要选择优质的信纸。

2. 内容具体，主题突出

要写招聘单位所关注的内容，用事实说话，避免夸夸其谈。

3. 字迹清楚，书写正确

在求职信中不能出现错别字，不能错用标点符号，这样很容易给人漫不经心、素质不高的印象。错字连篇、字迹模糊的求职信，很有可能打消对方看下去的念头，进而导致求职失败。

4. 内容简捷，表达准确

负责招聘的人员要阅读许多人员的求职信，要通过筛选认定哪些应聘者可以参加面试，这是一件费时费力的工作。而在让招聘人员比较反感的求职信中，长篇大论者是其中之一。

5. 态度谦恭，用词恰当

年轻人多数都有远大的理想，这是事业成功的前提。但是，在求职信中如果用词不当，把握不好分寸，口气太大，会流露出一种志在必得的情绪。

6. 亲笔书写

一些人认为用电脑来完成求职信的书写，既工整，又能同时印出很多份。但是，要知道求职信不是给自己看的，是给用人单位看的，这就需要考虑对方的感觉。亲笔书写会让对方觉得你是专门为他所写，他就会觉得你很尊重他，从而增加成功的希望。

7. 尽量用全称

在求职信上不要用简称，比如，将就读学校写成"师大"。地址、学校、专业及学科等内容要详细写清楚，不要给对方留下偷懒图省事的印象。

8. 关注职位，回避薪酬

在求职信中，要用较多的文字表达对工作的热爱，表达择业意向的坚定，表达自己的各方面素质和能力。对于工作待遇、福利待遇、工资问题等，可以在面试时进行商议。

9. 开头与结尾注意礼貌

求职信可以反映出求职者的个人修养，反映个人修养的重要方面是语言问题。注意称呼对方要有礼貌，要送上友好的问候，提出问题要用商量的口气，在结尾处不要忘记向对方致谢。

10. 求职信的形式设计

不要忽略与求职信有关的其他形式细节。比如：信封的选择，收信人的邮编、地址和名称书写得工整漂亮、流畅有力，则能在众多求职信中脱颖而出。

11. 英文求职信

在写求职信时，不论你所应聘的职务是否有外语水平的要求，都不要忘记附上一份英文求职信，因为外语水平是衡量一个人综合素质高低的一个方面。

三、面试前的准备

面试的前一天要到招聘现场做一下考察，搞清前往的线路，估计出路上所需要的时间，以免面试当天出现不必要的麻烦。

在准备好个人简历的同时，还要准备自荐书；各种证书（毕业文凭、奖励证书、英语水平证书、培训证书、技能证书、身份证等）；科研成果证明、专利证书；出版过的著作、学术论文等；各种聘书；有社会影响力的专家的推荐信。准备好与面试场合相宜的服饰。带好擦鞋器、纸巾，女生要带化妆盒、备用丝袜，带上笔和记事本。准备足够的费用。准备比较正规的包袋。

以上所带物品要整齐有序地放在包袋中，避免在招聘人员面前，在包袋中翻来翻去，给人做事没有章法的印象。

形象准备很重要。要展示出自己最精神、最爽心悦目的形象。服装要符合用人单位对求职者素质的要求。

四、面试心态准备

应尽量展示自己的优势。在面试官面前拘谨畏缩，注定要失败。所以在面试前尽可能的事先计划一个随和的、自信的方式。比如说，要面带微笑，说一声您好的时候，眼神注视着对方，握手的时候让对方感觉到坚定而温和。放松心情，将应聘失败看成人生财富。有些人在择业前就惶惶不可终日。这是造成面试中紧张和被动的主要原因。如果我们理解了人生，就会同意拿破仑说的："人生的光荣不在于永不失败，而在于能屡败屡战"，就会不怕择业的失败。失败是人生必须付出的代价。失败转换成为成功的条件是：不要轻易认输，这是许多成功者的重要性格。要把希望寄托在创业上，懦夫懒汉才把希望寄托在梦幻中。要对失败实事求是地总结原因。失败后应该主要寻找自己的主观原因，因为要改变客观条件，主要还要靠人去做。成功者不会总是埋怨客观条件，但是客观条件的原因也不能不分析。如果是客观条件不允许也不要一味蛮干。如果在一个领域里没有找到工作，不妨换一种思路，在另一个领域里尝试一下。

【技能训练】

讨论面试官比较容易会提出的问题，分享彼此的答案，商量最佳回答方式。

（1）请你用一分钟的时间自我介绍一下。
（2）你为什么要从事这个工作？
（3）你有什么长处？
（4）你的老师、同学和朋友怎么评价你？
（5）哪种类型的领导你喜欢？
（6）你要求的薪酬是多少？
（7）你何时可以上班？
（8）你认为业界的发展如何？
（9）你没有工作经验，恐怕不适合我们这个职位。
（10）你的专业与所申请的职位不太相符。
（11）介绍一下你的实习经历。
（12）请你用英语自我介绍一下。
（13）你还有什么问题吗？

【案例分析】

> 张同学大学求职意向首选是国际四大会计师事务所，经过层层筛选，他如愿进入普华永道和安永华明的最后一轮面试，也就是要去见事务所的合伙人。能在数千大军中杀到见合伙人已经实属不易。然而，在见合伙人的时候，他特别紧张。在见普华的合伙人时，他叫错了合伙人的名字，并且临走时把包忘在了合伙人的办公室里；在见安永的合伙人时，由于是英文面试，他重复一个英文单词数遍，唯恐对方听不清楚，直至那位合伙人亲自打断并说明他已经明白了张同学的意思，他才明白该适可而止。结果是两家国际一流的会计公司都在最后面试时将他拒之门外。
>
> 李同学面试中信集团总部时，面试官问他对中信了解多少。他想了半分钟然后说道：我接到面试时还没来得及查看中信的资料，所以不太了解。面试官对他说："我们招人自然希望他能了解中信。你还是回去再多了解了解吧。"
>
> 赵同学在面试人民银行时，面试官问他为什么想来人行。赵同学心里想到：还不是因为你人行权力大。但是碍于不方便直白地说这样的话，他一时没了主意。犹豫中，和人行说了再见。
>
> 请分析以上同学面试失败的原因。

面试前准备

任务二　面试注意事项

【任务导入】

假设明天你要参加一个面试活动，怎样看待面试？如何面试才能更加容易成功，面试需要掌握什么样的技巧？

【任务分析】

面试是一种经过精心设计，以交谈和观察为主要手段，以了解被试者素质及有关信息为目的的一种测评方式。求职面试的技巧，即如何能更清楚更优秀地展示自我，从而能成功地推销自己。

【相关知识】

一、求职者的仪态礼仪

（一）求职者站姿的基本要求

站姿是仪态美的起点，又是发展不同动态美的基础。良好的站姿能衬托出求职者良好的气质和风度。

面试礼仪

站姿的基本要求是挺直、舒展，站得直，立得正，线条优美，精神焕发。其具体要求是：头要正，头顶要平，双目平视，微收下颌，面带微笑，动作要平和自然；脖颈挺拔，双肩舒展，保持水平并稍微下沉；两臂自然下垂，手指自然弯曲；身躯直立，身体重心在两脚之间；挺胸，收腹，直腰，臀部肌肉收紧，重心有向上升的感觉；双脚直立，女士双膝和双脚要靠紧，男士两脚间可稍分开点儿距离，但不宜超过肩膀。

（二）求职者坐姿的基本要求

坐姿是仪态的重要内容。良好的坐姿能够传递出求职者自信练达、积极热情的信息，同时也能够展示出求职者高雅庄重、尊重他人的良好风范。

求职者坐姿的基本要求是端庄、文雅、得体、大方。其具体要求如下：入座时要稳要轻，不可猛起猛坐使椅子发出声响。女士入座时，若着裙装，应用手将裙子稍向前拢一下。坐定后，身体重心垂直向下，腰部挺直，上体保持正直，两眼平视，目光柔和，男士双手掌心向下，自然放在膝盖上，两膝距离以一拳左右为宜。女士可将右手搭在左手上，轻放在腿面上。坐时不要将双手夹在腿之间或放在臀下，不要将双臂端在胸前或放在脑后，也不要将双脚分开或将脚放伸得过远。坐于桌前应该将手放在桌子上，或十指交叉后以肘支在桌面上。入座后，尽可能保持正确的坐姿，如果坐的时间长，可适当调整姿态以不影响坐姿的优美为宜。

（三）求职者走姿的基本要求

走姿是站姿的延续动作，是在站姿的基础上展示人的动态美，无论是在日常生活中还是社会场合，走路往往是最吸引人注意的体态语言，最能表现一个人的风度和魅力。

求职者走姿的具体要求是：

行走时，头部要抬起，目光平视对方，双臂自然下垂，手掌心向内，并以身体为中心前后摆动。上身挺拔，腿部伸直，腰部放松，腿幅适度，脚步宜轻且富有弹性和节奏感。

男士应抬头挺胸，收腹直腰，上体平稳，双肩平齐，目光直视前方，步履稳健大方，显示出男性刚强雄健的阳刚之美。

女士应头部端正，目光柔和，平视前方，上体自然挺直，收腹挺腰，两脚靠拢而行，步履匀称自如，轻盈端庄，含蓄恬静，显示女生庄重而文雅的温柔之美。

（四）仪态礼仪注意的六个问题

在面试时，求职者的行为举止十分的重要。一般而言，求职者在行为举止要注意以下六个问题。

1. 应聘时不要结伴而行

无论应聘什么职位，独立性、自信心都是招聘单位对每位应聘者的基本素质要求。

2. 保持一定的距离

面试时，求职者和主考官必须保持一定的距离，不适当的距离会使主考官感到不舒服。如果应聘的人多，招聘单位一般会预先布置好面试室，把应试人的位置固定好。当求职者进入面试室后，不要随意将椅子挪来挪去。有的人喜欢表现亲密，总是把椅子向前挪。殊不知，这是失礼的行为。如果应聘的人少，主考官也许会让你同坐在一张沙发上，求职者这时应界定距离，太近了，容易和主考官产生肌肤接触，这也是失礼的行为。距离类别、距离与人际关系的比较如表 2-4 所示。

表 2-4 距离类别、距离与人际关系的比较

距离类别	距离（cm）	人际关系
亲密距离	<50	亲人
个人距离	50~120	熟人
社交距离	120~360	办公
公众距离	>360	社会

3. 不卑不亢

求职面试的过程实际上一种人际交往过程，求职双方都应用平和的心态去交流。

4. 举止大方

举止大方是指求职者举手投足自然优雅，不拘束，从容不迫，显示良好的风度。

5. 忌不拘小节

有求职者，自恃学历高，或者有经验、有能力，不愁用人单位不用，在求职时傲慢不羁，不拘小节，表现出无所谓的样子，这是不可取的。正是这些不易被人注意的细节，使不少人失去了一些好的工作机会。

6. 勿犹豫不决

一般来说，求职者应聘时举棋不定的态度是不明智的。会让主考官感到你是个信心不足的人，难免怀疑你的工作作风和实际能力，这样容易让招聘的单位有更多的选择机会，而自己却丧失了一次机遇。

二、求职面试中需要注意的其他礼仪

（一）遵时守信

求职者一定要遵时守信，千万不要迟到或毁约。迟到和毁约都是不尊重主考官的一种表现，也是一种不礼貌的行为。如果求职者有客观原因不能如约按时到场应事先打个电话通知主考官，以免对方久等。如果已经迟到，不妨主动陈述原因，宜简洁表达，这是必需的礼仪。

（二）放松心情

许多求职者一到面试点就会产生一种恐惧心理，害怕自己思维紊乱、词不达意、出现差错，以致痛失良机。于是往往会因为紧张而出现心跳加快、面红耳赤等情况。此时，应控制自己的呼吸节奏，努力调节，尽量达到最佳状态后再面对招聘考官。

（三）以礼相待

求职者在等候面试时，不要旁若无人、随心所欲，对接待员熟视无睹，自己想干什么就干什么，这样会给人留下不好的印象。对接待员要礼貌有加，也许接待员就是公司经理的秘书、办公室主任或人事部门的主管。如果你目中无人、没有礼貌，在决定是否录用时，他们可能也有发言权，所以，你要给所有的人留下良好的印象，而并

问好鞠躬

非只是对面试的主考官。面试时，自觉将手机等关掉。

（四）入室敲门

求职者进入面试室的时候，应先敲门，即使面试房间是虚掩的，也应先敲门，千万别冒冒失失地推门就进，给人鲁莽、无礼的感觉。

敲门时要注意声音的大小和敲门的速度。正确的方法是用右手的手指关节轻轻地敲三下，问一声：我可以进来吗？待听到允许后再轻轻地推门进去。

敲门进场

（五）微笑示人

求职者在踏入面试室的时候，应面露微笑，如果有多位考官，应面带微笑的环视一下，以眼神向所有人致意。

一般而言，陌生人在相互认识时，彼此会首先留意对方的面部，然后才是身体的其他部分。面带真诚、自然、由衷的微笑，可以展示一个人的风度、风采，有利于求职者塑造自己的形象，给人留下美好的印象。

求职者与主考官相识之后，便要稍微收敛笑容，集中精神，平静的面容有助于求职者面试成功。

微笑和眼神

（六）莫先伸手

求职者进入面试室，行握手之礼，应是主考官先伸手，然后求职者单手相应，右手热情相握。若求职者拒绝或忽视了主考官的握手，则是失礼。若非主考官主动先伸手，求职者切勿贸然伸手与主考官握手。

（七）请才入座

求职者不要自己坐下，要等主考官请你就座时再入座。主考官叫你入座，求职者应该表示感谢，并坐在主考官指定的椅子上。如果椅子不舒适或正好面对阳光，求职者不得不眯着眼，那么最好提出来。

谨慎入座

（八）递物大方

求职者求职时必须带上个人简历、证件、介绍信或推荐信，面试时一定要保证不用翻找就能迅速取出所有资料。如果送上这些资料，应双手奉上，表现得大方和谦逊。

三、求职后的礼仪

要适时感谢。应聘结束 2 ~ 3 天后，最好通过电话或电子邮件向招聘人员表示感谢。这样做不但能加深考官对你的礼貌印象，还能在最后时刻增加一份由于你的积极性而产生的属于你的竞争力。但注意打电话时间不宜过长，以免影响对方工作。

离开考场

电子邮件的内容也要简洁。可以对考官表示感谢，并重申你对该公司的兴趣和印象，结尾处还可以表示你的应聘信心，表示希望对公司的发展做出贡献。

一般面试结果要在若干天后才能有结论，你可以稍作等待，太性急反而不好。可以在面试时考官承诺的时间左右，写封电子邮件或打个电话询问一下是否已做出了决定。这样做还可以表明你做事的积极主动性，而这正是任何一个用人单位对他的工作人员的素质所有的要求。

要注意调整心情。应聘结束后，不论你对自己应聘中的感觉多么满意，或多么不满意，在没有接到面试结果之前，应聘就不能算是已经完成。应该重新调整心情，及时进行新的竞争选择，以增加更多成功的机会。

面试注意事项

【技能训练】

以恰当的形象设计给自己在求职面试中加分。

【案例分析】

> 有个女大学生去求职，因她条件不错，公司的人事主管表示可以录用。这个女大学生一时兴奋，吃了一块口香糖，顺手将纸皮扔到了桌上，结果她没被录用。听到这话，女大学生哭了，顺手又将擦泪的纸巾扔到了地板上，主管将其捡起放回纸篓。
>
> （1）这个女大学生的行为有什么不妥？
> （2）你怎么看待主管的选择？
> （3）女大学生的行为和求职失败给你什么启示？
>
> 一位先生要雇一个没带任何介绍信的小伙子到他的办公室做事，先生的朋友挺奇怪，先生说："其实，他带来了不止一封介绍信。你看，他在进门前先蹭掉脚上的泥土，进门后又先脱帽，随手关上了门，这说明他很懂礼貌，做事很仔细；当看到那位残疾老人时，他立即起身让座，这表明他心地善良，知道体贴别人；那本书是我故意放在地上的，所有的应试者都不屑一顾，只有他俯身捡起，放在桌上；当我和他交谈时，我发现他衣着整洁，头发梳得整整齐齐，指甲修得干干净净，谈吐温文尔雅，思维十分敏捷。怎么，难道你不认为这些小节是极好的介绍信吗？"
>
> （1）该案例对你有哪些启示？
> （2）你已经拥有哪些"介绍信"了？
> （3）回忆自身一天的言谈举止，看看有哪些忽略的细节，并请注意及时改进。

【自测题】

1. 在商务礼仪中，男士西服如果是两粒扣子，那么扣子的系法应为（　　）。
   A. 两粒都系　　　B. 系上面第一粒　　　C. 系下面一粒　　　D. 全部敞开
2. 从事服务行业的女性也不能留披肩发，其头发最长不应长于（　　）。
   A. 耳部　　　　　B. 颈部　　　　　　　C. 腰部　　　　　　D. 肩部
3. 无论是男士还是女士，出席重要场合，身上哪两种物品的颜色应该一致（　　）。
   A. 包与皮鞋　　　B. 皮鞋与皮带　　　　C. 包与帽子　　　　D. 以上都不对
4. 仪容的自然美包括（　　）。
   A. 体现不同年龄阶段的某些自然特征　　B. 保持个人面容的独特性

C. 男士接待贵客要着西装　　　　　　D. 保持面容的红润、光泽

E. 要适当化妆

5. 仪表对人们形象规划的作用包括（　　）。

A. 自我标识　　　　　　　　　　　　B. 修饰弥补

C. 包装外表形象　　　　　　　　　　D. 表明审美情趣

6. 在正式场合男士穿西服要求（　　）。

A. 要扎领带　　　　　　　　　　　　B. 露出衬衣袖口

C. 钱夹要装在西服上衣内侧的口袋中　D. 穿浅色的袜子

E. 穿西服背心，扣子都要扣上

7. 举止落落大方、动作合乎规范是个人礼仪方面最基本的要求，它包括（　　）。

A. 站立　　　　B. 行走　　　　C. 眼神　　　　D. 就座

E. 手势

8. 西服穿着的三大禁忌包括（　　）。

A. 袖口上的商标没有拆

B. 在正式场合穿着夹克打领带

C. 正式场合穿着西服、套装时袜子出现问题

D. 西装没有熨平

9. 休闲场合忌着（　　）。

A. 制服　　　　B. 运动装　　　C. 礼服　　　　D. 套装

10. 社交场合应着（　　）。

A. 制服　　　　B. 时装　　　　C. 礼服　　　　D. 民族服装

案例分析——
职业形象

商务礼仪小知识
汇总　模块二

模块二——
实训资料

影视剧片段
欣赏——模块二

模块三
商务会议礼仪

商务会议是一类重要的商务活动类型。良好的商务会议礼仪使企业的规范性、严谨性、高标准得以彰显。本模块介绍了公司会议和商务谈判这两种真实完整的商务活动。

【学习重点】公司会议的位次排序；商务谈判的座次安排；出席商务谈判的仪表仪态要求。

项目一 公司会议

公司会议是重要的商务活动，在商务往来中发挥着重要的作用。不同的会议要求商务人员遵循不同的礼仪规范，这不仅是确保各类会议取得成功的关键所在，也是展现公司或企业形象的一面镜子，更是保障公司或企业利益的一种手段。

【知识目标】掌握会议的要素和与会者礼仪，掌握会议中的尊位及位次排序的方法，了解会议的工作流程。

【技能目标】具备基本的安排公司会议和参加公司会议的能力，能够独当一面地为公司会议做好前期安排准备工作，并保证会议工作流程的顺利进行，能够正确地安排会议中的尊位及位次排序，参加公司会议时能够遵守相关的礼仪规范。

【素质目标】能够顺利地完成组织公司会议和参加公司会议的任务，遵守公司会议礼仪规范，组织会议时能够给与会者留下良好的个人印象和企业形象。

【思政园地】

中国的尊卑位次排序

中国的左右与尊卑问题，有其历史沿革、发展演变过程和丰富的文化内涵。若简单的说自古以来以左为尊是片面的，不科学的。

《红楼梦》第三回叙述贾府接待林黛玉席次安排："王夫人遂携黛玉穿过一个东西穿堂……见王夫人来了，方安设桌椅……贾母正面榻上独坐，两边四张空椅，熙凤忙拉了黛玉在左边第一张椅上坐了，黛玉十分推让。贾母笑道：'你舅母你嫂子们不在这里吃饭。你是客原应如此坐的。'黛玉方告了座,坐了。贾母命王夫人坐了。迎春姊妹三个告了座方上来。迎春便坐右手第一,探春左第二,惜春右第二。"

春秋、唐、宋、明、清等代尊左。

《汉书·田叔传》:"上尽召见,与语,汉廷臣无能出其右者"。这就是成语"无出其右"的来源。

殷商、战国、秦、汉、元等代尊右。

《史记·魏公子列传》记载,魏公子无忌(战国时期魏国军事家)驾车去请隐士侯嬴,"坐定,公子从车骑,虚左,自迎夷门侯生"。车上空着左边的尊位,等待侯嬴就坐。这就是成语"虚左以待"的来历。

战国左亦尊,右亦尊。

中国上下几千年,左右尊卑问题随着时间的推移、地域的区别、习俗的不同、社会的发展而有所差别。尊左与尊右,应区别具体情况。现代,礼仪中的左右尊卑排序没有明确、统一的规范。主席台领导为双数时座次排序较为复杂,以十一届三中全会为界分前后两个阶段。可以查看1961年1月中共八届九中全会座次和2012年11月中共十八大闭幕式座次。中央和国家机关的做法,为全国提供了范例。只要掌握这些规则,就能运用自如,礼貌得体。

任务一 会议准备工作

会议是现代管理的一种重要手段,通过总结、商讨、传达、沟通等方式解决工作问题和调节工作进程。会议是一种群体沟通,展现了一个组织运作的事实。恰当的组织、主持和参会礼仪将促进会议目标的达成,进而实现企业商务目的。

【任务导入】

某股份有限公司召开一年一度的股东大会。参加会议的人数为50余人。为了使会议能够顺利召开,公司公关策划部门要为此次股东大会草拟一个会议筹备方案。通常公司会议的要素有哪些?在此次会议中,各与会者应遵守哪些礼仪规范?

【任务分析】

一般来说,会议的要素包括主持人、与会者、议题、名称、时间、地点。主持人是整个会议的中心,要遵守主持人礼仪规范,并在会议的进程中自觉履行职责;发言人在众目睽睽之下要特别注意自己在台上的发言表现和体态礼仪;与会者要遵守基本的着装和行为礼仪。

【相关知识】

一、会议的要素

一般来说，会议的要素包括主持人、与会者、议题、名称、时间、地点。

（一）主持人

主持人是会议过程中的主持者和引导者，往往也是会议的组织者和召集者，对会议的正常开展和取得预期效果起着领导和保证作用。

会议主持人通常由有经验、有能力、懂行的人，或是有相当地位、有威望的人担任。一般有两种情况：一种是固定主持人，是由其职务和地位，也就是由组织的章程或法规决定的。如：单位的工作例会由单位领导人主持，党组织的会议由党的书记主持，董事会由董事长主持。主持人因故不能主持会议时，也可委托副职或其他相应的负责人主持。另一种是临时的主持人，比如，各种代表会议，或几个单位、几个地区的联席会议，则由代表们选举或协商产生。特别重大的会议，则需产生相应人数的主席团，由主席团成员集体或轮流主持会议。除了小型会议之外，大中型会议的主持人主持会议时通常需要秘书长或秘书协助。

（二）与会者

与会者分为会议主体、会议客体和其他人员。会议主体是指主要策划、组织会议的人员。会议客体，即参加会议的对象，包括正式成员、列席成员、特邀成员和旁听成员。其他与会议有关的人员包括主持人、会议秘书人员和会议服务人员等。

（三）议题

议题是会议所要讨论的题目，所要研究的课题，或是所要解决的问题。议题既要具有必要性和重要性，又要具有明确性和可行性。会议围绕这样的议题展开讨论、进行研究，才容易取得共识或最后表决通过。因此每次会议的议题应该尽可能集中、单一，不宜过多、分散，尤其是不宜把许多互不相干的问题放在同一会议上讨论，分散与会者的注意力，不利于解决问题。

议题的产生通常有两种情况：一种是根据需要指定的；另一种是秘书调查研究、综合信息后提出，再经领导审定的。

有些重大的代表会议，先由代表提出"提案"，并由秘书或秘书处汇总，再提交主席团或专门的"提案审查委员会"审议通过，才能成为列入会议议程的正式议题。因此，议题还必须具有合法性。

（四）名称

正式会议必须有一个恰当、确切的名称。会议的名称要求能概括并能显示会议的内容、性质、参加对象、主办单位以及会议的时间、届次、地点、范围、规模等。

会议名称必须用确切、规范的文字表达。它既用于会前的"会议通知"，使与会者心中有数，做好准备；又用于会后的宣传，扩大会议的效果；还用于会议过程中使与会的全体成员产生凝聚力和影响力。

（五）时间

会议时间有三种含义：一是指会议召开的时间；二是指整个会议所需要的时间；

三是指每次会议的时间限度。

会议召开应选择合适的时间。如每周一次的工作例会，通常放在周一的上午或下午，开始一周的工作。一年一度的职工代表会议，宜在年初召开，既利于总结上年的工作、生产成果，又利于讨论、部署新一年的工作、生产计划，通过各种预算等。

整个会议所需时间少则几分钟、几十分钟，多则数小时、几天，甚至十几天。会议组织者应尽可能准确地预计需要的时间，并在会议通知中写明，这样便于与会者有计划地安排。

每次会议的时间限度最好不超过一小时。如果需要更长时间，应该安排中间休息。

（六）地点

会议地点，又称"会址"。它既是指会议召开的地区，又是指举行会议活动的场所。为了使会议取得预期效果，应根据会议的性质和规模，来综合考虑会场的大小、交通情况、环境与设备是否适合等因素。国际性或全国性会议，要考虑政治、经济、文化等大因素，一般在首都北京或其他中心城市如上海、广州、西安等地召开。专业性会议，应选择在富有专业特征的地区召开，以便结合现场考察。小型的、经常性的会议就安排在单位的会议室。

二、会议的分类和作用

（一）会议分类

会议从不同的角度，依据不同的标准，可划分为不同的类别。按照人数、规模，可分为大型会议、中型会议和小型会议；按照阶段，可分为预备会议和正式会议；按照会议召开的规律和日期，可分为定期例会、临时性会议；按照会议的形式，可分为小组会、座谈会、报告会等；按与会人员的成分，可分为党委会、董事会、记者招待会等；按内容、性质，可分为代表大会、工作会议和联席会议等。此外，还有按照会议的范围、地区、时间分类的。

（二）会议作用

无论什么会议，总要围绕中心议题进行讨论，总希望弄清什么问题，或解决什么问题，或得出什么结果。总之，要达到预期的目标，这是就会议的整体作用而言的。比如通过交流，取得了新的信息；经过讨论，集思广益，取长补短，形成了正确的意见；通过表决，多数或一致作出了决定或决议；通过听取别人的报告或发言，受到启发或教育等。

三、与会者礼仪

（一）主持人礼仪

会议的主持人是整个会议的中心。各种会议的主持人，一般由具有一定职位的人来担任，其礼仪表现对会议能否圆满成功有着重要的影响。

1. 主持人基本礼仪规范

主持人的基本礼仪规范如表3-1所示。

表 3-1 主持人的基本礼仪规范

事项	规范细则
仪容	主持人应衣着整洁，大方庄重，精神饱满，切忌不修边幅、邋里邋遢
步伐	走上主席台应步伐稳健有力，行走的速度因会议的性质而定。一般地说，对热烈的会议步频应较慢些
站姿	入席后，如果是站立主持，应双腿并拢、腰背挺直。持稿时，右手应持稿子的底中部，左手五指并拢自然下垂；双手持稿时，应与胸齐高。坐姿主持时，应身体挺直、双臂前伸，双手轻按于桌沿。主持过程中，切忌出现摇头、揉眼等不雅动作
言谈	主持人言谈应口齿清楚，思维敏捷，简明扼要
气氛	主持人应根据会议性质调节会议气氛，或庄重，或幽默，或沉稳，或活泼
闲谈	主持人对会场上的熟人不能打招呼，更不能寒暄闲谈。会议开始前，可点头、微笑致意

2. 会议主持程序

作为主持人应时刻记住自己的职责，并在会议的进程中自觉履行。会议主持的程序如图 3-1 所示。（1）介绍主持人：通常，主持人在很多场合不用介绍自己。但如果觉得在场有很多人不一定认识自己，可以对自己作简单介绍，比如说："请允许我作自我介绍，我是某某；能主持今天的会议我感到十分荣幸。"介绍主持人关键是要向大家介绍主持人的身份和姓名。

（2）致辞：主持人致欢迎词。

（3）宣布事项：主持人宣布会议的目的和注意事项。

（4）发言人发言：如果发言人有很高的知名度，那么主持人不必费时对发言人作特别介绍，只需对发言人作热情邀请。如果发言人的知名度不是很高，就有必要向大家作较为详细的介绍，包括发言人的背景以及邀请他作发言的缘由等。介绍一般不超过两三分钟。

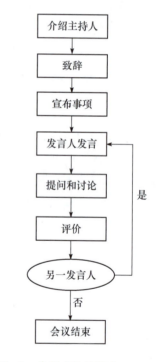

图 3-1 会议主持的程序

（5）提问和讨论：在发言人结束发言时，主持人应对报告人表示感谢，并宣布进行提问和讨论。主持人应尽量让所有人都能自由地提问或发表意见。如果有人偏离了会议的主题，主持人应给予礼貌的提醒。提问或讨论也应控制在规定的时间内。

（6）评价：主持人要对报告内容作恰如其分的评价。对于很有价值的报告应用恭敬、诚恳的语气进行赞美；对于一般性的报告也应给予礼节性的肯定，并对报告人再次表示感谢。如果接下来还有其他发言人，就继续为大家介绍第二位发言人，并请发言人作报告。

（7）会议结束：主持人应在规定的时间内宣布会议的结束。在结束之前，主持人应对会议作简要的总结。如果就某些问题，大家达成了一致的意见，在结束前应予以重申。会议结束时，主持人应对前来出席会议并提供帮助的人表示感谢，另外还要对协助组织会议的工作人员表示感谢。

（二）发言人礼仪

1. 进入会场时的礼仪

发言人进入会场时听众可能已经坐好，如果是几位发言人同时进入会场，不可在门口推托谦让，而应以原有的顺序进入会场；听众如果起立、鼓掌欢迎，发言人应边走边举手表示谢意，不可东张西望，更不要止步与熟人招呼、握手。

如果听众没有完全入场，发言人要寻找靠近讲台的边座坐好，不要在门口观望等待。有人陪同时，要等陪同人指示座位，并应等待与其他演讲者同时落座，如果先坐下会有失礼节。

如果先进入会场，被会议主持人发现时给安排座位，应马上服从，按指定座位坐好，并表示谢意。坐好后不要左顾右盼找熟人，更不要主动与别人打招呼，那样显得轻浮。

2. 介绍时的礼仪

发言前主持人常常要向听众介绍发言人。主持人提到名字，发言人应主动站起来，面向听众，微笑致意。如果主持人介绍词中介绍了发言人的成绩和事迹，听众反响强烈，发言人应再次起身，向听众致谢；如果反响一般就不必再次致意了。

3. 上下讲台时的礼仪

当主持人提到名字，发言人应站起身来，首先向主持人点头致意，然后走向讲台。走上主席台应步态自然，刚劲有力，体现一种胸有成竹、自信自强的风度与气质。走上讲台后要慢步自然转弯，面向听众站好，正面扫视全场，仿佛与听众进行一种目光交流，然后以诚恳、恭敬的态度向听众致鞠躬礼或点头致意礼，稍稍稳定一下之后，再开始发言。

发言完毕，要向听众敬礼，向主持人致意。如果听到掌声，应再次向听众表示谢意，然后回原座位。

4. 站位和目光

站位不但考虑发言时活动方便，还要考虑听众观察发言人的方便。听众不论在什么地方都能看清发言人，方便情感的双向交流。目光要照顾到全场，仿佛与每位听众都进行过目光的交流。

如果有会议参加者对发言人提问，应礼貌作答；对不能回答的问题，应机智而礼貌地说明理由；对提问人的批评和意见应认真听取，即使提问者的批评是不恰当的，也不应失态。

（三）参会者礼仪

1. 着装礼仪

（1）大多数会议，特别是参加大型会议，在着装上，男士一般穿西装，女士除了可以穿套裙，还可以穿裤装和长裙，发型、发饰应整齐美观。

（2）禁忌：会场应避免使用过于浓重的香水；与会人员应尽量避免休闲服饰；女士应避免穿着紧身（毛）衣参会。

2. 行为礼仪

遵守会议纪律是每个与会者应做到的，这既是对会议组织者的尊重，也是对其他与会者的尊重。

与会者应按时到会和离会，中途不随意进出。保持会场安静，不大声喧哗、交头接耳，不打瞌睡，不翻阅无关资料，注意控制打哈欠、伸懒腰、挖耳、挖鼻、搔头、打嗝、咳嗽等动作和体声。认真听讲，可以准备纸笔记录下与自己工作相关的内容。

会中尽量不要离开会场，如果必须离开，要轻手轻脚、弯腰侧身，尽量不影响发言人和其他与会者。如果长时间离开或提前退场，应与会议组织者打招呼，说明理由，征得同意后再离开。

与会者应服从会议组织者的安排，对主持人的提议做出积极的回应，发言人发言时应尽量减少饮水次数，以示对发言人的尊重。发言结束后，与会者应报以热烈的掌声，以此向发言人表示赞赏和感谢。

知识链接：

茶话会礼仪

所谓茶话会，在商界主要是指意在联络老朋友、结交新朋友的具有对外联络和进行招待性质的社交性集会。因其以参加者不拘形式地自由发言为主，并且因之备有茶点，故此称为茶话会。有的时候，也有人将其简称为茶会。从表面上来看，茶话会主要是以茶待客、以茶会友，但是实际上，它往往是重点不在"茶"，而在于"话"，即意在借此机会与社会各界沟通信息、交流观点、听取批评、增进联络、为本单位实现"内求团结、外求发展"这一公关目标，创造良好的外部环境。从这个意义上来讲，茶话会在所有的商务性会议中并不是无足轻重的。

1. 茶话会的主题

茶话会的主题，特指茶话会的中心议题。在一般情况下，商界所召开的茶话会，其主题大致可分为以下三类。

（1）以联谊为主题。以联谊为主题的茶话会，是平日所见最多的茶话会。它的主题，是为了联络主办单位同应邀与会的社会各界人士的友谊。在这类茶话会上，宾主通过叙旧与答谢，往往可以增进相互之间的了解，密切彼此之间的关系。除此之外，它还为与会的社会各界人士提供了一个扩大社交圈的良好契机。

（2）以娱乐为主题。以娱乐为主题的茶话会，主要是指在茶话会上安排了一些文娱节目或文娱活动，并且以此作为茶话会的主要内容。这一主题的茶话会,主要是为了活跃现场的局面,增加热烈而喜庆的气氛,调动与会者人人参与的积极性。与以联谊为主题的茶话会不同的是,以娱乐为主题的茶话会安排的文娱节目或文娱活动,往往不需要事前进行专门的安排与排练,而是以现场的自由参加与即兴表演为主。它不必刻意追求表演水平的一鸣惊人,而是强调重在参与、尽兴而已。

(3) 以专题为主题。所谓以专题为主题的茶话会,是指在某一特定的时刻,或为了某些专门的问题而召开的茶话会。它的主要内容,是主办单位就某一专门问题收集反映,听取某些专业人士的见解,或者是同某些与本单位存在特定关系的人士进行对话。召开此类茶话会时,尽管主题既定,仍须倡导与会者畅所欲言,并且不拘情面。为了促使会议进行得轻松而活跃,有些时候,茶话会的专题允许宽泛一些,并且允许与会者的发言稍许有所脱题。

2. 茶话会的来宾

茶话会的与会者,除主办单位的会务人员之外,即为来宾。邀请哪些方面的人士参加茶话会,往往与其主题存在着直接的因果关系。因此,主办单位在筹办茶话会时,必须围绕其主题,来邀请来宾,尤其是确定好主要的与会者。

(1) 本单位的人士。具体来讲,以本单位人士为主要与会者的茶话会,主要是邀请本单位的各方面代表参加,意在沟通信息、通报情况、听取建议、嘉勉先进、总结工作。有时,这类茶话会亦可邀请本单位的全体员工或某一部门、某一阶层的人士参加。有时,它也叫作内部茶话会。

(2) 本单位的顾问。以本单位的顾问为主要与会者的茶话会,意在表达对有助于本单位的各位专家、学者、教授的敬意。他们受聘为本单位的顾问,自然对本单位贡献良多。同时,特意邀请他们与会,既表示了对他们的尊敬与重视,也可以进一步地直接向其咨询,并听取建议。

(3) 社会上的贤达。所谓社会贤达,通常是指在社会上拥有一定的才能、德行与声望的各界人士。作为知名人士,他们不仅在社会上具有一定的影响力、号召力和社会威望,而且还往往是某一方面的代言人。以社会上的贤达为主要与会者的茶话会,可使本单位与社会贤达直接进行交流,加深对方对本单位的了解与好感,并且倾听社会各界对本单位的直言不讳的意见或反映。

(4) 合作中的伙伴。合作中的伙伴,在此特指在商务往来中与本单位存在着一定联系的单位或个人。除了自己的协作者之外,还应包括与本单位存在着供、产、销等其他关系者。以合作中的伙伴为主要与会者的茶话会,重在向与会者表达谢意,加深彼此之间的理解与信任。这种茶话会,有时亦称联谊会。

(5) 各方面的人士。有些茶话会,往往会邀请各行各业、各个方面的人士参加。这种茶话会,通常叫做综合茶话会。以各方面的人士为主要与会者的茶话会,除了可供主办单位传递必要的信息外,主要是为与会者创造出一个扩大个人交际面的社交机会。

茶话会的与会者名单一经确定，应立即以请柬的形式向对方提出正式邀请。按惯例，茶话会的请柬应在半个月之前被送达或寄达被邀请者之手，但对方对此可以不必答复。

3. 茶话会的时间与地点

一次茶话会要取得成功，其时间、地点的具体选择，都是主办单位必须认真对待的事情。

（1）举行茶话会的时间问题，又可以分成三个具体的、相互影响的小问题，即举行的时机、举行的时间、时间的长度。

①茶话会举行的时机。在举行茶话会的时间问题上，举行的时机问题是头等重要的。唯有时机选择得当，茶话会才会产生应有的效果。通常认为，辞旧迎新之时、周年庆典之际、重大决策前后、遭遇危险挫折之时等，都是商界单位酌情召开茶话会的良机。

②茶话会举行的时间。举行的时间，在此是指茶话会具体应于何时举行。根据国际惯例，举行茶话会的最佳时间是下午四点钟左右。有些时候，亦可将其安排在上午十点左右。需要说明的是，在具体进行操作时，可不必墨守成规，而主要应以与会者尤其是主要与会者的方便与否以及当地人的生活习惯为准。

③茶话会时间的长度。对于一次茶话会到底举行多久的问题，可由主持人在会上随机应变，灵活掌握。也就是说，茶话会往往是可长可短的，关键是要看现场有多少人发言，发言是否踊跃。不过在一般情况下，一次成功的茶话会，大都讲究适可而止。若是将其限定在一个小时至两个小时之内，它的效果往往会更好一些。

（2）举行茶话会的地点问题，指的是茶话会兴办地点、场所的选择。按照惯例，适宜举行茶话会的大致场地主要有：主办单位的会议厅；宾馆的多功能厅；主办单位负责人的私家客厅；主办单位负责人的私家庭院或露天花园；包场高档的营业性茶楼或茶室等。餐厅、歌厅、酒吧等处，均不宜用来举办茶话会。

在选择举行茶话会的具体场地时，还需同时兼顾与会人数、支出费用预算、周边环境、交通安全、服务质量、档次名声等诸多问题。

【技能训练】

做一个情景模拟。请学生分组进行讨论，2人一组，分别扮演主持人和发言人。小组自行设置主持人和发言人的台词内容，在座位上进行口头演练，并论述自己表演过程中的表情、言谈、举止礼仪，多次练习，为上台表演做准备。

步骤：

（1）学生分组讨论，2人一组，讨论公司会议的要素包括哪些内容；

（2）讨论时间结束后，教师抽取学生，上台阐述公司会议的要素；

（3）请台下同学进行点评，补充遗漏知识点，纠正错误知识点；

（4）小组的两名同学分别扮演主持人和发言人，自行设置主持人和发言人的台词内容，在座位上进行口头演练，并论述自己在表演过程中应该遵守的礼仪规范；

（5）教师抽取一组同学上台表演主持人礼仪和发言人礼仪，台下同学代表参会人员仔细观看倾听；

（6）表演结束后，请台下同学进行点评，主持人和发言人在哪些方面较好地遵守了礼仪规范，哪些方面还有欠缺；

（7）教师再抽取几组同学上台表演；

（8）多次演练后，同学们对主持人礼仪和发言人礼仪都有了较为深刻的理解和掌握，小组再讨论一下参会者礼仪；

（9）讨论时间结束后，教师抽取学生，上台阐述参会者礼仪；

（10）请台下同学进行点评，补充遗漏知识点，纠正错误知识点；

（11）教师总结评论，商务会议中，与会人员应依照自己的与会身份遵守相应的礼仪规范，文明自己，方便他人，不但能够展现良好的个人形象，还能够保障会议的顺利进行。

【案例分析】

早上小王迷迷糊糊睁开眼，一看表，不好——已经9:20了！9点钟公司要开会的！可恶的闹钟，坏了，没有响铃。小王一边抱怨一边飞速地穿衣服，匆忙之下忘了系领带。

终于下了车，小王飞也似的向公司大楼跑去，再跑进大厅，一路上擦蹭他人，不住地说着对不起，跌跌撞撞地钻进了电梯。小王大口地喘着气，哎呀，没带笔记本电脑，也没带纸和笔……算了，来不及了，先赶过去再说吧。

咣当——小王撞开了会议室的大门，紧急刹住步伐，大家都抬起头来看向他。只见他头发向上直立（跑得太久太快所致），脸没洗，胡子未刮，喘着粗气，敞开着衬衫衣领，两手空空地来开会了。

小王感到自己就像一件赝品一样被大家审视，实在是无地自容，真想找个地缝钻进去躲在里头。他慌乱地溜到自己的座位上，把头深深地低了下去。发言人打破了尴尬气氛，继续刚才的话题。一切似乎都恢复了平静。

突然，一阵高亢的歌声响起："我是一只小小小小鸟，想要飞呀飞却飞也飞不高……"原来是小王的手机响了，他一直沉浸在慌乱自责中，忘记了开会时是要把手机静音的。小王自己也被吓了一跳，几秒钟的愣神后，他手忙脚乱地把手机从兜里翻出来，挂断了电话。他再次感到众多责备的目光齐刷刷地射向自己，仿佛芒刺在背，如坐针毡，热汗未消，又出了一身的冷汗……

请思考以下问题：

（1）小王在哪些方面做得不好？

（2）应该如何遵守与会者礼仪？

任务二　会议工作流程

无论何种规模的公司会议，往往都具有鲜明的会议议题和目的。因此，掌握并有效地贯彻会议工作流程，能够清晰思路，防止遗漏，有利于保障公司会议的顺利进行及预期效果的达成。

【任务导入】

某股份有限公司召开一年一度的股东大会。参加会议的人数为50余人，为了使会议能够顺利召开，公司公关策划部门要为此次股东大会草拟一个会议筹备方案。若公司安排你来负责筹划此项任务，你要从哪些方面入手，该做哪些工作呢？

【任务分析】

首先要制定准确清晰的会前、会中、会后工作流程。会前工作流程包括：确定会议主题与议题、确定会议名称、确定会议规模与规格、确定会议时间与会期、明确会议所需的设备和工具、明确会议组织机构、确定与会者名单、选择会议地点、安排会议议程和日程、制发会议通知、制作会议证件、准备会议文件材料、安排食宿行、制定会议经费预算方案、布置会场、会场检查；会中工作流程包括：报到及接待工作、组织签到、做好会议记录、会议信息工作、编写会议简报或快报、做好会议值班保卫工作、做好会议保密工作、做好后勤保障工作；会后工作流程包括：安排与会人员离会、撰写会议纪要、会议的宣传报道、会议总结、催办与反馈工作、会议文书的立卷归档。

【相关知识】

一、会议前工作

召开会议之前要做许多准备工作。认真负责地做好会议的准备工作，是开好会议的基本保证。

会前工作流程如图3-2所示。

(一) 确定会议主题与议题

(1) 会议主题要有切实的依据，必须要结合本单位的实际，要有明确的目的。

(2) 议题是会议所要讨论的题目，所要研究的课题，或是所要解决的问题。议题既要具有必要性和重要性，又要具有明确性和可行性。会议围绕这样的议题展开讨论、进行研究，才容易取得共识或最后表决通过。

(二) 确定会议名称

会议名称要拟得妥当，名实相符。一般会名不宜太长，但也不能随便简化。会议名称必须用正确、规范的文字表达。会议名称一般由"单位+内容+类型"构成，应根据会议的议题或主题来确定。大型的会议名称被制作成横幅大标语，置于会议主席台的上方或后方，作为会议的标志，简称"会标"。会标必须用全称，不能随意省略。

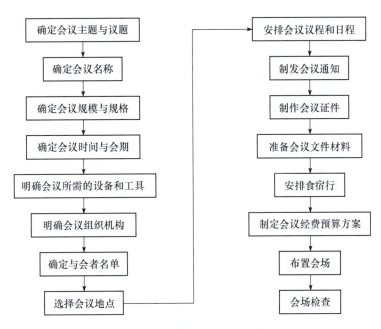

图 3-2 会前工作流程图

（三）确定会议规模与规格

根据会议的内容、性质、议题和任务来确定出席会议和列席会议的有关人员，从而确定会议的规模和规格，本着精简效能的原则。会议的规模有大型、中型和小型。会议的规格有高档次、中档次和低档次。

（四）确定会议时间与会期

会议时间的确定应考虑主要参会者最适宜的参会时间；会期的确定应与会议内容紧密联系，确定会期的长短。

（五）明确会议所需的设备和工具

（1）必备用品是指各类会议都需要的用品和设备，包括文具、桌椅、茶具、扩音设备、照明设备、空调设备、投影和音响设备等。

（2）特殊用品是指一些特殊类型的会议，例如谈判会议、庆典会议、展览会议等所需的特殊用品和设备。

（六）明确会议组织机构

会议组织机构主要包括会务组、宣传组、秘书组、文件组、接待组、保卫组等。

（七）确定与会者名单

应根据会议的性质、议题、任务来确定与会人员。会议并不是参加的人越多越好。出席会议的人数越多，这个会就越复杂，时间也越长，费用就越高。有研究表明，当4个人的会议增加到5个人时，其复杂的程度将增加127%。3M公司会议管理研究所在宾夕法尼亚大学沃顿商学院和明尼苏达大学进行的研究表明，不同类型会议的理想与会人数如表3-2所示。

表 3-2　不同类型会议的理想与会人数表

会议类型	与会人数
解决问题型	小于等于 5 人
调查问题型	小于等于 10 人
工作回顾或展示型	小于等于 30 人
动员型	越多越好

（八）选择会议地点

要根据会议的规模、规格和内容等要求来确定会议地点。有时也考虑政治、经济、环境等因素。

（九）安排会议议程与日程

（1）会议议程是对会议所要通过的文件、所要解决的问题的概略安排，并冠以序号将其清晰地表达出来。拟定会议议程是秘书人员的任务，通常由秘书拟写议程草稿，交上司批准后，在会前复印后分发给所有与会者。会议议程是会议内容的概略安排，它通过会议日程具体地显示出来。

（2）会议日程是指会议在一定时间内的具体安排。会议日程需在会前发给与会者。会议日程是根据议程逐日作出的具体安排，它以天为单位，包括会议全程的各项活动，是与会者安排个人时间的依据。会议日程表的制定要明确具体、准确无误。

会议日程一般采用简短文字或表格形式，将会议时间分别固定在每天上午、下午、晚上三个单元中，使人一目了然，如表 3-3 所示。先安排关键人物的时间，要保证重要人物能够出席会议。根据多数人意见安排日程，保证尽可能多的人员都有时间参与会议。如遇几个议题，应按其重要程度排列，最重要的安排在最前面。

表 3-3　某经济工作会议日程表

时间		内容	主持人	地点
3月18日上午	8:00—8:15	签到	刘波	2楼报告厅
	8:15—8:30	致辞　王磊		
	8:30—9:20	主题演讲：经济、腐败与发展　滕林		
	9:20—9:30	评论		
	9:30—10:20	主题演讲：防治腐败能力、现状与展望　李文		
	10:20—10:30	评论		
	10:30—10:45	茶歇（Coffee Break）		
	10:45—11:30	学术报告：经济发展中的腐败是沙子？　李增		
	11:30—11:40	评论		
3月18日下午	14:00—14:50	演讲：应对经济发展中腐败现象的策略　张明	王刚	3楼1号会议室
	14:50—15:30	分组讨论		
	15:30—15:40	评论		
	15:40—15:55	茶歇（Coffee Break）		
	15:55—16:40	演讲：行政垄断已成为中国经济转型中最严重的腐败形式之一		
	16:40—17:10	分组讨论		
	17:10—17:20	评论		

尽量保证在最佳时间开会。上午 8:00—11:30，下午 3:00—5:30 是人们精力最旺盛、思维能力及记忆力最佳的时机。所以，安排会议议程和日程要注意将全体会议安排在上午，分组讨论可安排在下午，晚上则安排一些文娱活动。

（十）制发会议通知

会议通知的拟发由秘书处负责。会议通知的内容包括：会议的主题（或名称）、召开会议的目的、与会人员、会议的日程及期限、地点、报到时间、路线、与会要求（如服装要求、应准备什么）、携带的材料和个人支付的费用、主办单位、联系人姓名和电话等，如图 3-3 所示。

××股份有限公司召开股东大会通知

一、召开会议基本情况
1. 会议召集人：公司董事会
2. 会议时间：2015年6月14日上午9:30
3. 股权登记日：2015年6月11日
4. 现场会议召开地点：公司会议中心
5. 会议召开方式：现场投票方式，同一表决权出现重复表决的以第一次投票结果为准
6. 会议审议事项：审议《关于修订〈公司章程〉的议案》
7. 出席对象：
　（1）截至 2015 年 6 月 11 日下午收市时在中国证券登记结算有限责任公司深圳分公司登记在册的本公司全体股东。上述公司全体股东均有权出席股东大会，并可以以书面形式委托代理人出席会议和参加表决，该股东代理人不必是本公司股东。
　（2）公司董事、监事和高级管理人员。
　（3）公司聘请的见证律师。

二、会议登记方法
1. 登记方式：现场登记、通过信函或传真方式登记
2. 登记时间：2015年6月13日9:00—11:00、13:30—15:30
3. 登记地点：南京市江宁区秦淮路13号公司证券部
4. 登记方式：
　（1）法人股东应持股东账户卡、加盖公章的营业执照复印件、法人代表证明书及身份证办理登记手续；法人股东委托代理人的，应持代理人本人身份证、加盖公章的营业执照复印件、授权委托书、委托人股东账户卡办理登记手续；
　（2）自然人股东应持本人身份证、股东账户卡办理登记手续；自然人股东委托代理人的，应持代理人身份证、授权委托书、委托人股东账户卡、身份证办理登记手续；
　（3）异地股东可采用信函或传真的方式登记，不接受电话登记。股东请仔细填写《股东参会登记表》（附件一），以便登记确认。传真及信函应在 2015年6月13日15:30 前送达或传真至公司，不接受电话登记。

三、其他事项
1. 会议联系人：王鹏、刘丽
联系电话：025-52167873
传真：025-52167876
通讯地址：南京市江宁区秦淮路13号
邮编：211100
2. 出席会议的股东或股东代表交通及食宿费用自理，会期半天。

　　　　　　　　　　　　　　　　　　　　　　××股份有限公司董事会
　　　　　　　　　　　　　　　　　　　　　　　　　　2015年5月29日

图 3-3　某公司会议通知

会议通知的种类有书信式和柬帖式。会议通知的发送形式有正式通知和非正式通知。会议通知的方式有书面、口头、电话、邮件等。

(十一) 制作会议证件

会议证件的分类表如表3-4所示。

表3-4　会议证件分类表

会议证件	会议正式证件	代表证
		出席证
		列席证
		来宾证
		旁听证
	会议工作证件	工作证
		记者证
		出入证

会议证件的内容有会议名称、与会者单位、姓名、职务、证件号码等。有些重要证件还贴上本人照片，加盖印章。

(十二) 准备会议文件资料

会议文件资料主要有议程表和日程表、会场座位分区表和主席台及会场座次表、主题报告、领导讲话稿、其他发言材料、开幕词和闭幕词、其他会议材料等。

(十三) 安排食宿行

通常主办单位会对会议伙食补贴一部分，由与会者自己承担一部分。住宿费有主办单位全部承担的情况，也有与会人员全部自理的情况。交通费是参会人员交通往返的费用，有主办单位全部承担的情况，也有与会人员全部自理的情况，也有各承担一部分的情况。可以细分为出发地至会务地的交通费用、会议期间交通费用以及欢送交通和返程交通费用。

(十四) 制定会议经费预算方案

公司会议经费预算表如表3-5所示。

表3-5　某公司会议预算表

会议名称	
会议时间	
会议地点	
会议主题	
主办单位	

续表

预算费用	会议室租金	
	设备租金	
	车辆租金	
	餐饮费	
	劳务费	
	其他杂费	
	总计	
主办单位经办人		
主办单位负责人		
财务部门负责人意见		
单位负责人意见		

（十五）布置会场

1. 会场的设备准备

桌椅家具、通风设备、照明设备、空调设备、投影和音响设备等，要尽量齐全。同时应该根据会议的需要检查有无需要租用的特殊设备，如演示板、放映设备、录音机、投影仪、计算机、麦克风等。

2. 会议用品的准备

纸张、本册、笔具、文件夹、姓名卡、座位签、黑白板、万能笔、粉笔、板擦、签到簿、名册、圆珠笔以及饮料、纸杯等会议用品根据会议需要进行采购和准备。

（十六）会场检查

会议工作人员要提前到达会场，对同会场有关的会议准备工作进行检查，包括会场布置是否合乎要求，座位是否够用、舒适，座签摆放是否正确，文具用品如铅笔、纸张是否备齐，扩音、录音、录像等设备是否完好，工作人员是否已就位，后勤服务、安全保卫等是否已准备妥当。如果发现问题，应立即采取措施补救。

会议准备工作的时限性很强，而且事情繁杂。会前一切准备工作，都要限定在会前全部圆满地完成。有一项准备不足，都会影响会议的正常进行，不可随意抽调会前准备工作人员。因此，工作人员必须集中力量、集中精力，确保在会议限定的时间内把各项会前准备工作做好。

二、会议中工作

各项会前准备工作就绪以后，秘书工作人员在会议进行中，有一系列不可缺少的工作要做，如签到、引座、安排发言、会议记录、编印和分发文件资料、进行有效的信息联系、各方面的关系协调、处理临时交办的事情以及会议的值班等，均属会议中工作的内容。会议秘书工作人员的服务质量，集中地反映在会议进行中。会议中服务工作的好坏，直接影响着会议秩序和会议效果，甚至关系到会议的成败。

会中工作流程如图3-4所示。

(一) 报到及接待工作

报到,是指与会人员到达与会地点,并告知会议秘书部门。

报到与报名是两步手续,已报名的与会人员因故不一定报到,来报到的与会人员也可能事先没有报名,会议秘书人员应掌握这种情况。报到方式,一般应是本人持会议通知亲自报到,特殊情况也可允许其他人员代劳。报到时,会议秘书人员应将事先准备好的文件袋(包括文件、证件、餐券和会议用品等)发给本人,同时注意登记到达的时间和随员人数情况。

要随时掌握报到人数,发现该报到而未及时报到的,应抓紧催促,保证其按时参加会议,一般有外埠代表参加的会议,报到的手续是必需的。

应安排专人在会场内外负责迎送、引导、陪同与会人员。对与会的贵宾还需重点接待。对于与会人员的正当要求,应有求必应。

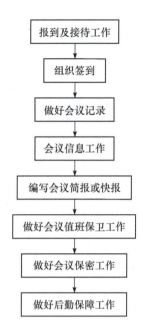

图3-4 会中工作流程图

(二) 组织签到

签到是指与会人员进入会场前,在签到处签名或交签到证,是与会人员到会时的第一件事。会议签到是为了及时、准确地统计到会人数,便于安排会议工作。有些会议只有达到一定人数才能召开,否则会议通过的决议无效。因此,会议签到是一项重要的会中工作。会议签到有多种方式,其中电子签到是先进的签到手段,目前一些大型会议都是采用电子签到的方式。

知识链接:

> **常用的会议签到方式**
>
> 1. 簿式签到
>
> 会议工作人员预先要准备好签到簿,与会人员到会时让其在簿上签署自己的姓名,有的还需注明自己的职务、所代表的单位和团体名称,表示到会。这种簿子利于保存,便于查找关系,有纪念性意义。但只适用于小型会议或与会人员到会时间较为分散的会议,如较长时间的会议,要求与会人员提前一天或几天到会。一些大型会议,或与会人员到会时间集中,不宜采用这种办法。否则将会在签到处形成拥挤现象,造成秩序混乱,影响会议按时进行。
>
> 2. 签到证卡签到
>
> 就是将印制好的卡片预先发给与会人员,与会人员入场时交出一张卡片就行了。卡片签到也有两种办法:一种是签名的卡片,与会人员要在卡片上签上

自己的姓名才能入场；一种是由卡片上的固定号码代表出席人的姓名。重要会议使用的多是签名卡片，上面也印有证件号码或座次号码，这种方法可避免簿式签到易造成人员拥挤的弊端。

3. 会议工作人员代签

这种办法适用于小型会议。会议工作人员持有本次会议的与会人员名单，来一人签一名，随时可以知道到会情况，这种办法较为简单，完全不用麻烦与会人员，而且统计迅速。采用这种方法，会议工作人员必须认识本次会议的全部或绝大部分与会人员，根本不认识或大部分不认识与会人员，就无法采用这种办法。如果是富有纪念性意义的会议，为了保存与会人员亲笔签到的笔迹，小型会议也可以不使用这种办法，可让与会人员直接签名。

4. 座次表签到

事先印制好座次表，上面印有与会人员姓名和排座号，进行签到。即一边接受签到，一边在座次表上标号，这样做，随时可以知道到会人数与缺席人数及其姓名。

5. 电子签到

只要与会人员进入会场时把签到卡片进行扫描，电脑就会将姓名、号码传到信息处理中心，入场完毕，签到情况就会在电脑显示屏上显示出来。电子签到具有快速、准确、简便的特点，目前一些大型会议都是采用电子签到的方式。

（三）做好会议记录

不论规模大小会议都应做好会议记录，真实地记录会议的情况，客观地反映会议的内容和进程，可以为日后分析研究会议内容提供依据。因此，会议记录是重要的文书档案材料，也是会议快报、简报、纪要的原始根据和重要题材。

会议记录方式有笔记、打印、录入、录音、录像等。可单用某一种，也可交叉使用。手写笔记会议记录时，对会议名称、出席人数、时间、地点、发言内容、讨论事项、临时决议、表决选举等基本内容都要力求做到完整、准确、清晰。

（四）会议信息工作

会议文件一般应在会前发到与会者手中，但是有些文件，如重要发言、会议快报、简报及其他会议资料，需要在会中分发，所发文件或资料如果需要回收的，应当在文件右上角写上收文人姓名，收文时要登记，为回收工作创造便利条件。在会中发文，除直接对与会者发文外，一般性的文件资料，还可在会场每个座位上摆放一份，也可在入场时，由会议秘书工作人员在入口处依次将文件资料发到每位与会者手中。

（五）编写会议简报或快报

1. 来源

会议简报内容的来源主要依靠会议记录，因此，在大会的每一单元会议结束后，会议秘书应及时整理好会议记录，为编写简报准备材料。

2. 内容

会议内容可以是某个代表的个人发言，也可以按问题分类，综合各个代表的发言摘要。不论采用哪种形式，其内容都应有创见、有新意，做到言之有物，不要把一般性的情况都写进简报之中。

3. 特点

简报的文字要做到简明扼要，内容要鲜明突出，体现简报的特点。

4. 时间

会议文件资料、简报快报的撰写印制与日常文字工作要求不同，主要是时限性要求较高，会中每天的新情况往往限定秘书工作人员必须在当天夜间编印出来，第二天早晨分发到与会者手中。

5. 方法

会中收集资料必须准确、快速、全面。通常采用的方法，一是把秘书工作人员分派到各小组，将有关情况随时加以收集整理；二是请与会者将新建议、新思想及新情况整理成书面材料，送交有关资料收集人员。由于文件资料的印制常常集中在夜间，因此，对于较长时间的会议，往往需要组织专门的校印人员，为了保证质量和时限，校对人员一般应做到"一校一读"；重要文件资料应坚持"两校一读"；特别重要的还应坚持"两校两读"。同时应确保校印人员与主校人员的联系，以便及时解决校印中出现的问题。

6. 范围

简报的印制数量和发送范围应视具体情形而定。有的只发大会主席团，有的发到各团组负责人，而有的则要发至全体与会人员。

（六）做好会议值班保卫工作

会议值班，是会中服务的一项重要工作，是大中型会议和小型重要会议不可缺少的重要环节。值班室实行昼夜值班，在会议秘书处或秘书组领导下，负责会议承上启下、左右联系、互相沟通、平衡协调、保障安全、查处隐患等工作。

（七）做好会议保密工作

会议保密工作的内容很多，如文件的印发、回收、保管和销毁、技术保密、正确划密、保密范围的确定、保密教育、保密制度、措施和纪律的制定、会议的宣传报道等。这些工作一环紧扣一环，每一细节都必须慎之又慎地认真做好，决不能因疏忽而造成损失。

会议保密工作要根据会议的内容和有关文件的规定，对会议准确的划密，制定出细致、周到的保密计划、保密措施和严格的保密制度、保密纪律，对有特殊保密要求的会议，要设立会议保密机构，选配优秀的保密工作人员，以高度负责和严肃认真的态度，善始善终地把会议的保密工作做好。

（八）做好后勤保障工作

举行较长时间的会议，一般会为与会者安排会间的工作餐。与此同时，还应为与会者提供卫生可口的饮料。会上所提供的饮料，最好便于与会者自助饮用，不提倡为其频频斟茶续水。那样做往往既不卫生、安全，又有可能妨碍对方，还不利于会议保密。如果必要，还应为外来的与会者在住宿、交通方面提供力所能及、符合规定的方便条件。

三、会议后工作

在会议的组织与服务工作中，除了会前准备和会中服务工作以外，会后工作也是一个十分重要的内容。有人认为：会前的准备工作头绪繁多，漏掉一项就可能出现失误，而会后工作就等于打扫战场，除了零星收拾以外，没有多少事情可做了。这种认识是非常片面的。应该说，任何一个会议，特别是大型会议，其组织工作与服务工作，自始至终都是十分重要的，会前不准备，临时"抱佛脚"，会议肯定开不好；会议开始，如不尽快步入正轨，保证会议有良好的开端，便于与会人员迅速进入"角色"，也难以使会议顺利进行；同样，做不好会后工作，不能善始善终，就必然影响会议的预期效果。因此，精彩的会议结尾，是保证会议全面成功的重要一笔，必须全力以赴，精心安排，争取最好的结果。

会后工作流程如图3-5所示。

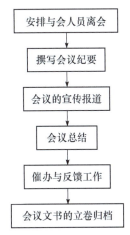

图3-5 会后工作流程图

（一）安排与会人员离会

安排与会人员离会，明显的特点就是零碎、烦琐。但是，如果这一工作做不好，同样会影响整个会议的组织与服务工作，就会使与会人员觉得会议松松垮垮、虎头蛇尾。因此，一定要周密安排，热情服务，使与会人员心情舒畅、高高兴兴地返回。

1. 礼品馈赠

会议结束后，可根据需要为与会者准备富有主办单位特色或本次会议纪念意义的礼品。会议礼品要选择体积小、重量轻、便于携带、实用、有特色的物品，不宜赠送过于贵重的礼物。

2. 协助返程

大型会议结束后，主办单位一般应为外来的与会者提供一切返程的便利。若有必要，应主动为对方联络、提供交通工具，或是替对方订购、确认返程的机票、船票、车票。

（二）撰写会议纪要

撰写和印发会议纪要，不仅便于有关部门贯彻执行会议精神，同时也避免日后查找时，动不动就翻原始会议记录，可以提高工作效率。

会议纪要是根据会议的宗旨，用准确而精练的语言阐明会议的基本精神，综合记叙会议的目的、议程、活动经过以及议事要点和决定事项。它是在会议原始记录的基础上进一步分析、综合、提炼而成的。

（三）会议的宣传报道

会议的宣传报道，有多种多样的形式。可以在会议进行中间，邀请记者旁听，及时编发会议新闻；也可以由大会秘书处起草，经有关领导审定后，由报纸、电台、电视台等以会议公报的形式发布。

（四）会议总结

一个会议能否开好，是否达到了预期的目的，与会议组织和服务工作的水平有着直接的关系。会议结束以后，公司应该及时召集全体会务工作人员，一般是以开总结会的形式进行，对整个会议的组织与服务工作进行全面总结，积累经验，找出不足。特别是对会议组织与服务工作的整个过程中出现的漏洞与差错，作出总结和检查，避免今后再次发生类似事情。

（五）催办与反馈工作

对会议议定事项进行检查催办是会后工作中不可缺少的一个重要内容。抓紧检查催办工作，有助于会议决定事项的尽快落实。同时，还可以防止有的部门或单位将会议交办的事项无期限地拖延，甚至忘记。

会后工作的检查催办的具体方法要灵活多样，比如发催办通知、发催办单、电话催办、直接查办等。

会议决策不是目的，通过实施取得效益才是目的。在贯彻落实中如果出现了影响进程和效益的因素，没有及时反馈，求得上级指示和帮助解决，将会造成一定损失，甚至前功尽弃。因此反馈的重点主要是妨碍会议决策落实活动的各种信息。

会议反馈工作应做到迅速及时、真实准确。

（六）会议文书的立卷归档

（1）把具有保存价值的全部会议文件资料，按照它们之间的相互联系，进行分类整理，有秩序、有系统地加以编排，完整地保存下来，这就叫会议文件资料的立卷。会议文件立卷具有重要作用，它不仅可以保持会议文件之间的历史联系，便于查找和利用，而且还可以保护会议文件的完整与安全，便于保管。

会议文件立卷的范围大体包括：会议的正式文件，如决议、决定、指示、开幕词、闭幕词等；会议的参考文件；会议上的各种发言稿；会议正式文件的历次修改稿；会议各种简报；会议纪要；选举材料；各种证件；记事本；其他有关材料等。

为了会后利用方便，对所保存的会议文件应该按问题分类编出卡片，作为索引。

（2）秘书部门在按照文书立卷的原则和方法将会议文件资料立成案卷以后，应该按照公司归档制度的具体管理要求，办理好存档工作。这样，整个会议文件资料的立卷归档工作即告结束。

一般来说，会后服务工作的内容比较多，时间要求急。会议已经结束，工作人员还要辛苦一阵子，因此，各位会务工作人员一定要坚守岗位、善始善终，圆满完成整个会议组织与服务工作的各项任务，给所有与会人员留下良好的企业形象和个人印象。

【技能训练】

请学生分组进行讨论，公司会议的会前、会中、会后工作流程，4人一组。讨论过程时，学生们以自己为负责安排工作流程的人员就一次具体的公司会议进行操作，包括会议名称、主题、规模、时间、地点等所有内容由小组自行设置，小组成员进行不断的补充和修正，最后将提交一份本小组制定的会议工作流程报告。

步骤：

（1）学生分组讨论，4人一组，讨论公司会议的会前、会中、会后工作流程；

（2）讨论时间结束后，教师抽取学生，上台阐述公司会议的会前、会中、会后工作流程；

（3）请台下同学进行点评，补充遗漏知识点，纠正错误知识点；

（4）分组讨论过程中，教师对学生的疑问和困惑进行帮助、引导和解答；

（5）以小组为单位讨论一次具体的公司会议的工作流程的制定，包括会议名称、主题、规模、时间、地点等所有内容由小组自行设置，小组成员进行不断的补充和修正；

（6）讨论时间结束后，教师抽取小组，小组出一名学生作为代表，上台阐述本小组成员共同制定的公司会议的会前、会中、会后工作流程，特别是会议日程、会议通知、会议简报、会议总结等内容较多的环节一定要详细制定出来；

（7）请台下同学进行点评，补充遗漏知识点，纠正错误知识点；

（8）教师再抽取几个小组，上台阐述成果；

（9）教师总结评论，会议的会前、会中、会后工作流程的每一个环节都要仔细推敲，不能出错，最后将各个小组制定的会议工作流程报告提交上来。

【案例分析】

> 某公司定于某月某日在单位礼堂召开总结表彰大会，发了请柬邀请有关部门的领导光临，在请柬上把开会的时间、地点写得一清二楚。
>
> 接到请柬的几位部门领导很积极，提前来到礼堂开会。一看会场布置不像是开表彰会的样子，经询问礼堂负责人才知道，今天上午礼堂开报告会，某公司的总结表彰会改换地点了。几位领导同志感到莫名其妙，个个都很生气，改地点了为什么不重新通知？一气之下，都回家去了。
>
> 事后，会议主办公司的领导才解释说，因秘书人员工作粗心，在发请柬之前还没有与礼堂负责人取得联系，一厢情愿地认为不会有问题，便把会议地点写在请柬上，等开会的前一天下午去联系，才得知礼堂早已租给别的单位用了，只好临时改换会议地点。
>
> 但由于邀请单位和人员较多，来不及一一通知，结果造成了上述失误。尽管领导登门道歉，但造成的不良影响也难以消除。
>
> 请思考以下问题：
> 秘书在会议准备时应注意什么问题呢？

任务三　会议中的尊位及位次排序

会议的席次和座位有其既定的安排礼节，举行正式会议时，通常应事先排定与会者，尤其是其中重要身份者的具体座次。越是重要的会议，它的座次排定往往就越受

会议座次序言

到社会各界的关注。因此，无论是会议的组织者还是与会者，都应谨慎对待，会议组织者可以在必要的情况下摆置席卡，为与会者提供便利服务；在没有席卡的情况下，与会者一定要选择符合自己职务的位置入座，以免贻笑大方。

【任务导入】

某股份有限公司召开一年一度的股东大会。参加会议的人数为 50 余人，为了使会议能够顺利召开，公司公关策划部门要为此次股东大会草拟一个会议筹备方案。若负责人安排你来做会议尊位及位次排序的工作，你应该怎么做呢？

【任务分析】

此次股东大会是大型会议，有主席台，具体又分为主席团排座、主持人座席、发言者席位，目前国内排定主席团位次的基本规则是：前排高于后排，中央高于两侧，左侧高于右侧。大会结束后可能董事会要在会议室召开小型会议，则可以根据会议室的布局安排尊位。最后一定要确保所有座椅的舒适安全。

【相关知识】

大多数会议需要与会人员按照会前安排好的座位或区域就座。召开大中型会议，为了方便与会者尽快就座和保持会场秩序安静，都需要采取某种方式引导座位，可以设立指坐标或是由会议秘书工作人员引座。有的小型会议也需要与会者有固定的座次，应在出席证和签到证上注明座号，如果证件上不注明座号或不发证件，可在每个会议桌上摆置名签，并同时印制"座次表"发给与会人员。与会者第一次入场的时候，会议工作人员应做必要的引导，以便与会人员找到座次。

中国自古以来都是以左为上的吗

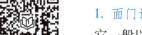
小型会议

一、小型会议座次安排

（一）小型公司会议的座次安排

小型会议，可以把会场布置成圆桌型或者方桌型，领导和会议成员可以互相看得见，大家可以无拘无束地自由交谈，这种形式适合于召开 15～20 人的小型会议，如工作周例会、月例会、技术会议、董事会。它的主要特征是全体与会者均应排座，不设立专用的主席台。小型会议的排座，主要有以下三种形式。

小型会议之面门设座

1. 面门设座

它一般以面对会议室正门之位为会议主席之座，即尊位。通常会议主席坐在离会议门口最远的桌子末端。主席两边是为参加公司会议的客人和拜访者的座位，或是给高级管理人员、助理坐的，以便能帮助主席分发有关材料、接受指示或完成主席在会议中需要做的事情。

面门设座如图 3-6 所示。

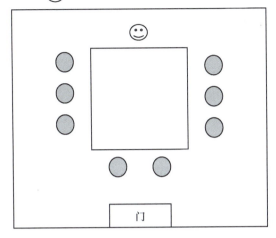

图 3-6　面门设座

2. 依景设座

所谓依景设座，是指会议主席的具体位置，不必面对会议室正门，而是应当背依会议室之内的主要景致之所在，如字画、讲台等。

依景设座如图 3-7 所示。

小型会议之
依景设座

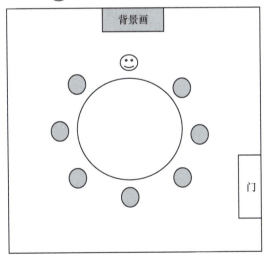

图 3-7　依景设座

3. 自由择座

自由择座是指不排定固定的具体座次，而由全体与会者完全自由地选择座位就座。

（二）会见与会谈的座次安排

一般情况下，会见客人时的座次安排有如下五种方式。

洽谈会

洽谈会之
相对式

1. 相对式

具体做法是主宾双方面对面而坐。这种方式显得主次分明，往往易于使主宾双方公事公办，保持距离。这种方式多用于公务性会客，根据会议室的布置分为以下两种情况。

（1）面门为上。双方就座后，一方是面对正门，另一方背对正门。此时应按照"面门为上"，即面对正门为上座，应该请客方坐；背对正门为下座，应该主方坐，如图3-8所示。

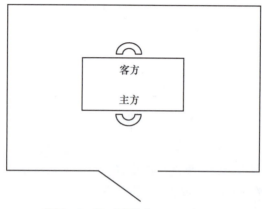

图3-8 相对式就座（面门为上）

（2）以右为上。双方座位在正门的左侧和右侧，此时应按照"以右为上"，即以入门方向为准，右侧为上座，应该请客方坐；左侧为下座，应该主方坐，如图3-9所示。

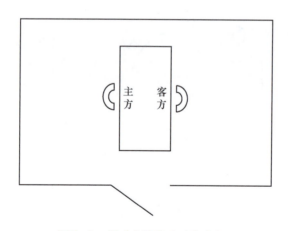

图3-9 相对式就座（以右为上）

2. 并列式

基本做法是主宾双方并排就座，以暗示双方平起平坐、地位相仿、关系密切。具体分为以下两种情况。

（1）以右为上。主宾双方一同面门而坐。此时应按照"以右为上"，请客方坐在右侧；左侧为下座，应该主方坐，如图3-10所示。

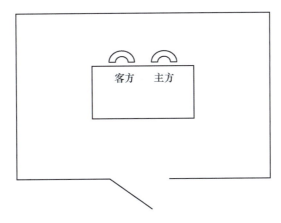

图 3-10　并列式就座（以右为上）

（2）以远为上。主宾双方一同在室内的右侧或左侧就座。此时应按照"以远为上"，即距离正门较远的座位为上座，应该请客方坐；距离正门较近的座位为下座，应该主方坐，如图 3-11 所示。

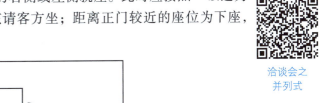

洽谈会之
并列式

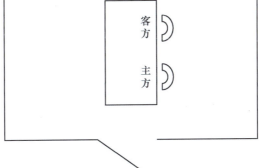

图 3-11　并列式就座（以远为上）

3. 居中式

居中式排位，实际上是并列式排位的一种特殊情况。它是指当多人并排就座时，讲究"居中为上"，即以居于中央的位置为上座，应该请客人坐。

4. 主席式

主席式排位主要适用于正式场合，由主人一方同时会见两方或两方以上的客人时采用。此时，一般由主人面对正门而坐，其他各方来宾应在其对面背门而坐。这种安排犹如主人在主持会议，故称为主席式。有时，主人也可以坐在长桌或椭圆桌的一端，而请各方客人坐在他的两侧。

5. 自由式

自由式的座次排列，即会见时有关各方均不分主次、不讲位次，而是一律自由择座。自由式通常用在客人较多，座次无法排列，或者大家关系比较熟悉，没有必要排列座次时。进行多方会面时，此法常常采用。

知识链接：

会见与会谈

在涉外商务活动中，为了融洽双边或多边的关系，促进彼此之间的了解与合作，或为达成某种合作意向或协议，商务人员经常需要在公司或主客双方约定的地点，与自己的业务伙伴及其他来往的客商进行会见和会谈，这是一种比较正式的商务活动，应认真准备，妥善安排，周密组织，不失礼仪。

会见是指人们在某些正式场合的见面。按照国际惯例，凡身份高的人士会见身份低的人士，或是主人会见客人，一般称为接见或召见。凡身份低的人士会见身份高的人士，或是客人会见主人，一般称为拜会或拜见。国内不作上述区分，一律统称会见。接见和拜会后的回访，称回拜。

会见就其内容来说，有礼节性的和事务性的，或兼而有之。

礼节性的会见时间较短，话题较为广泛，一般不涉及具体实质性问题，重在沟通信息，联络感情。

事务性会见指一般业务商谈，时间较长，也较严肃。

会谈是双方或多方就实质性的问题交换意见、进行讨论、阐述各自的立场，或为求得某些具体问题的解决而进行的严肃而正式的商谈，如各国贸易代表、各国企业及公司之间关于商务、经济合作等方面的会谈。会谈一般内容较为正式，专业性较强。会谈也可按照不同的类型进行分类。

按照会谈首席代表的身份、地位，可分为最高层次会谈、专业人员会谈。

按照会谈内容性质，可分为实质性会谈、技术性会谈。

按照会谈程序又可分为预备性会谈、正式会谈和善后性会谈。

大型会议

二、大型会议座次安排

大型会议，一般是指与会者众多、规模较大的会议，如企业职工代表大会、报告会、经验交流会、新闻发布会、庆祝会。它的最大特点，是会场上应分设主席台与群众席。主席台上必须认真排座，群众席的座次则可排可不排。

（一）主席台排座

大型会场的主席台，一般应面对会场主入口。在主席台上的就座之人，通常应当与在群众席上的就座之人呈面对面之势。在其每一名成员面前的桌上，均应放置双向的桌签。主席台排座，具体又可分作主席团排座、主持人座席、发言者席位三个不同方面的问题。

1. 主席团排座

主席团，在此是指在主席台上正式就座的全体人员。

（1）按照国际惯例，排定主席团位次的基本规则有三：一是前排高于后排，二是中央高于两侧，三是右侧高于左侧。判断左右的基准是顺着主席台上就座的视线，而不是观众视线。

①国际主席团每排人数为单数时的排座，如图 3－12 所示。

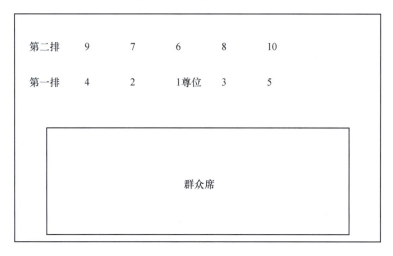

图 3－12　国际主席团每排人数为单数时的排座

②国际主席团每排人数为双数时的排座，如图 3－13 所示。

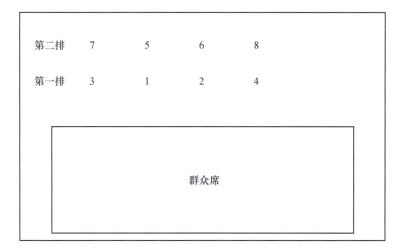

国际大型会议主席台排序原则

图 3－13　国际主席团每排人数为双数时的排座

（2）值得注意的是，国内目前排定主席团位次的基本规则有三：一是前排高于后排，二是中央高于两侧，三是左侧高于右侧。判断左右的基准是顺着主席台上就座的视线，而不是观众视线。

①国内主席团每排人数为单数时的排座，如图 3－14 所示。

②国内主席团每排人数为双数时的排座，如图 3－15 所示。

国内大型会议主席台排序原则

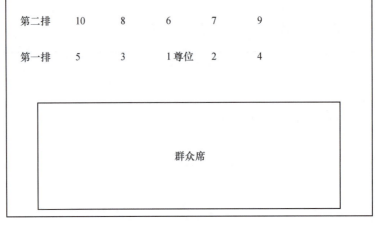

图 3-14　国内主席团每排人数为单数时的排座

国内大型会议主席台单数时排序方法

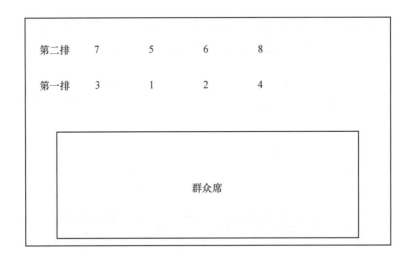

国内大型会议主席台双数时排序方法

图 3-15　国内主席团每排人数为双数时的排座

国际与国内排定主席团位次规则对比，如表 3-6 所示。

表 3-6　国际与国内排定主席团位次规则对比

国际主席团位次排定规则	国内主席团位次排定规则
前排高于后排	前排高于后排
中央高于两侧	中央高于两侧
右侧高于左侧	左侧高于右侧

2. 主持人座席

会议主持人，又称大会主席。其具体位置有三种方式可供选择：一是居于前排正中央；二是居于前排的两侧；三是按其具体身份排座，但不宜令其就座于后排。

3. 发言者席位

发言者席位，又叫做发言席。在正式会议上，发言者发言时不宜就座于原处发言。发言席的常规位置有两种：一是主席团的正前方，如图 3-16 所示；二是主席台的右前方，如图 3-17 所示。

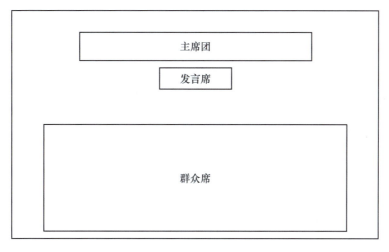

图 3-16　发言席位置（一）

支持人发言人席位

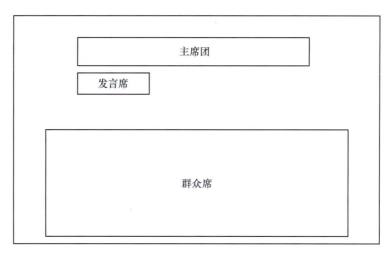

图 3-17　发言席位置（二）

（二）群众席排座

在大型会议上，主席台之下的一切座席均称为群众席。群众席的具体排座方式有两种。

1. 自由式择座

自由式择座即不进行统一安排，而由大家各自择位而坐。

2. 按单位就座

按单位就座是指与会者在群众席上按单位、部门或者地位、行业就座。具体依据，可以按与会单位、部门的汉字笔画的多少进行排座，也可以按汉语拼音字母的前后进行排座，还可以是其平时约定俗成的序列。按单位就座时，若分为前排后排，一般以前排为高，以后排为低；若分为不同楼层，则楼层越高，排序便越低。

在同一楼层排座时，又有两种普遍通行的方式。

（1）横排，是以面对主席台为基准，自前往后进行横排，如图3-18所示。

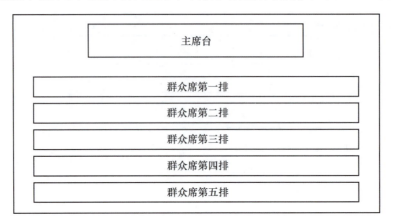

图3-18　群众席横排

（2）竖排，是以面对主席台为基准，自左而右进行竖排，如图3-19所示。

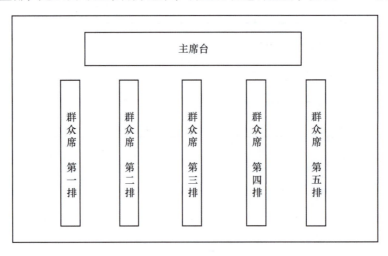

图3-19　群众席竖排

知识链接：

客人坐在哪里，哪里就是上座

礼宾次序

所谓礼宾次序是指重要的礼仪场合的参加团体或个体的位次按照一定的规则和惯例进行排列的先后次序。礼宾次序体现了主人对宾客应给与的礼遇以及这种礼遇带给宾客的平等地位。因此，涉及公众团体中有多边关系的公关活动自然要求公关人员能够按照礼宾次序予以安排。很显然，这对公关组织和公众都是至关重要的，否则可能引起不必要的争执和误会，给组织形象和公众心理蒙上阴影。

1. 按身份和职务的高低排列

这是礼宾次序排列的主要依据，但不能教条化。至于参加者的真实身份和职务，一般以得到确认的材料或对方提供的正式通知为依据，不能凭主观印象或单凭参加者自己的"申报"，否则可能出现差错造成不良影响。

2. 按字母或笔画顺序排列

多边活动的各方或参加者不便按身份与职务的高低排列的，可采用按字母顺序或笔画顺序排列的方法，这是一种给予各方和个人最平等机会的方法，现在在公关活动的排次中也被广泛运用。

3. 按通知和抵达时间的先后排列

这种排列方法多见于对团体的排次。常有按派遣方通知代表团组成的日期先后排列，按代表团抵达活动地点的时间先后排列，按派遣方决定应邀派遣代表团参加活动的答复时间的先后排列这三种排法。

礼宾次序的排列往往不能用一种方法，有时要多种方法综合使用。

【技能训练】

请学生分组进行讨论，如何安排会议室的尊位及位次排序，4人一组。首先，小组成员设计出小型公司会议室的布局及桌椅摆放，把平面图画到黑板上，讨论结束后，教师抽取一组上台标出尊位位置。然后，小组成员设计出会见会谈会议室的布局及桌椅摆放，把平面图画到黑板上，讨论结束后，教师抽取一组上台标出主、客双方位置。最后，小组成员设计出大型会议的主席团桌椅，把平面图画到黑板上，讨论结束后，教师抽取一组上台标注主席团座次、发言席、群众席。

步骤：

(1) 学生分组讨论，4人一组，如何安排会议室的尊位及位次排序；

(2) 以小组为单位设计出多种小型公司会议室的布局及桌椅摆放；

(3) 教师抽取一组（出个代表），把平面图画到黑板上；

(4) 小组开始讨论，该情形下尊位应该在哪里；

(5) 讨论时间结束后，教师抽取一组（出个代表）上台标出尊位位置；

(6) 以小组为单位设计出多种会见与会谈会议室的布局及桌椅摆放；

(7) 教师抽取一组（出个代表），把平面图画到黑板上；

(8) 小组开始讨论，该情形下主、客双方位置应该在哪里；

(9) 讨论时间结束后，教师抽取一组（出个代表）上台标出主、客双方位置；

(10) 以小组为单位设计出多种大型会议的主席团桌椅；

(11) 教师抽取一组（出个代表），把平面图画到黑板上；

(12) 小组开始讨论，该情形下主席团座次、发言席、群众席应如何排列；

(13) 讨论时间结束后，教师抽取一组（出个代表）上台标注主席团座次、发言席、群众席；

（14）教师总结评论，无论是小型公司会议、会见与会谈，还是大型会议，座次安排一定不能出错。

参差多态乃是
幸福之本源

【案例分析】

> 1995年3月在丹麦哥本哈根召开联合国社会发展世界首脑会议，出席会议的有近百位国家元首和政府首脑。3月11日，与会的各国元首与政府首脑合影。照常规，应该按礼宾次序名单安排好每位元首、政府首脑所站的位置。首先，这个名单怎么排，究竟根据什么原则排列？哪位元首、政府首脑排在最前？哪位元首、政府首脑排在最后？这项工作实际上很难做。丹麦和联合国的礼宾官员只好把丹麦首脑（东道国主人）、联合国秘书长、法国总统以及中国、德国总理等安排在第一排，而对其他国家领导人，就任其自便了。好事者事后向联合国礼宾官员"请教"，答道："这是丹麦礼宾官员安排的。"向丹麦礼宾官员核对，回答说："根据丹麦、联合国双方协议，该项活动由联合国礼宾官员负责。"
>
> 请思考以下问题：
> 会议中位次排序有哪些方法？

项目二　商 务 谈 判

商务谈判是当事人之间为实现一定的经济目的，明确相互的权利义务关系而进行协商的行为。其中的礼仪规范是谈判双方在谈判过程中营造和谐气氛并显现自身素质的必不可少的要素。

【知识目标】掌握商务谈判的座次安排，掌握出席商务谈判的仪表仪态要求，了解商务谈判的基本原则和部分国家的商务谈判风格。

【技能目标】具备基本的安排商务谈判和参加商务谈判的能力，能够独当一面地为商务谈判做好前期安排准备工作，参加商务谈判时不紧张不出错。

【素质目标】能够顺利地完成安排商务谈判和参加商务谈判的任务，遵守商务谈判礼仪规范，并能够给对方留下良好的个人印象和企业形象。

【思政园地】

梅汝璈据理力争

1946年5月，远东国际军事法庭审判以东条英机为首的28名日本甲级战犯，10个参与国的法官们因排定座次而展开了异常激烈的争论。中国法官理应排在庭长左边的第二把椅子，可是由于中国国力不强，而被各强权国否定。在这种情况下，唯一出庭的中国法官梅汝璈，与列强展开一场机智的舌战。他首先从正面阐明：排座位应按日本投降时各受降国的签字顺序排列，这是唯一正确的原则。接着他微微一笑说："当然，如果各位同仁不赞成这一方法，我们不妨找个体重器来，依体重的大小排座，体重者居中，体轻者居旁。"各国法官听了，忍俊不禁。庭长笑着说："您的建议很好，但它只适用于拳击比赛。"梅法官接着回答说："若不以受降国签字顺序排座，那就按体重排座。这样纵使我置末座而心安理得，并且对我的国家也有所交代，一旦他们认为我坐在边上不合适，可以换另一名比我胖的来。"这一回答引得法官们大笑起来，梅法官终于坐到了应坐的位子上。

任务一　谈判室的布置与座次安排

商务谈判的重要程度不言而喻。在各类商务谈判中，作为商务礼仪中很重要的一部分，座次安排是非常有讲究的。一定要在谈判室的布置和座次安排方面做好精心的准备。

【任务导入】

某进出口贸易公司与某大型服装生产企业进行有关服装出口的业务洽谈，双方的谈判准备在贸易公司召开。主客双方主要参与谈判的人员各8人，为此主方贸易公司要为此次谈判作一个周密的安排。若公司安排你来做谈判室的准备工作，你该做哪些工作呢？

【任务分析】

首先要选择合适的谈判场所，选择符合该次谈判规模的大小适中的会议室作为谈判室。然后对谈判室进行合理的布置，使之整洁卫生、光线明亮、温度适宜、环境安静。最后要熟知主客双方的座次安排并确保座椅的舒适。

【相关知识】

一、谈判室的布置

（一）谈判场所的选择

（1）谈判场所可以在主方会议室或客方下榻的宾馆租用会议室。小规模谈判还可在会客室，有条件的话最好安排两三个房间，一间作为主要谈判室，另一间作为双方进行内部协商的密谈室，再配一个休息室。若出差在外，则宾馆的咖啡厅、商务套房的会客室都可以作为谈判场所，甚至旅行途中、参观现场等实际上都可以作为谈判场所。但是要注意不同的场合要用不同的谈判方式，比如在参观现场等场合较适宜交流、沟通，而在会议室则更适合相互讨价还价。

（2）若外方来到中方所在城市，则一定要尽量安排在中方单位举行至少一次谈判。对合作伙伴来说，这是对合作方的一次综合性感受。虽然这种感受是表面的，但同样可以通过诸多细节使对方初步了解中方的管理水平和员工素质。这时候，中方安排活动就不能仅仅以安排谈判本身为唯一重点。

（二）谈判现场的布置

在绝大多数正式场合，布置谈判场所应遵循实用、多用的原则，一定要使之和外方的身份、谈判规格以及谈判项目的重要性相一致。

1. 正式场合布置

正式谈判场所的布置要以庄重、严肃为基本原则，必要时可以制作一些简单大方的横幅或标语，准备好各种会议设备和文具，如：白板、笔、幻灯机或多媒体投影仪以及记录用的纸张、签字笔或铅笔，有时候还要配置录像、影碟播放设备。可以为客人准备中国茶，但最好同时也准备矿泉水。如果接待单位的条件比较差，就更不要将谈判场所安排得过分豪华，以免和简单的办公与生产环境形成巨大的反差，给人一种华而不实的印象；但保持整洁、布置得有条理仍然是十分重要的。正式谈判场所的布置如图3-20所示。

图3-20　正式谈判场所布置图

2. 非正式场合布置

非正式谈判场所显然不需要有任何布置，而只能利用现有的环境进行。只要谈判场所能做到整洁卫生、光线明亮、温度适宜、环境安静就基本可以满足要求。非正式谈判场所的布置如图3-21所示。

二、商务谈判的座次安排

谈判时的座次位序是一个比较突出敏感的问题。谈判中的座次位序包含两层含义：一是谈判双方的座次位置；二是谈判一方内部的座次位置。

图 3-21　非正式谈判场所布置图

(一) 谈判桌长方形或椭圆形

1. 横式

若谈判桌横放，则正面对门为上座，应属于客方，背面对门为下座，属于主方。双方主谈人（首席代表）各在己方一边的中间就座，其余人员则遵循右高左低的原则，依照职位高低自近而远地分别在主谈人两侧就座。若有翻译，译员应安排在主谈人右侧（"2"号位置）。谈判横式如图 3-22 所示。

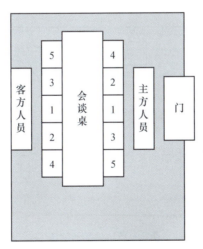

图 3-22　谈判横式

2. 竖式

若谈判桌竖放，则应以进门方向为准，右侧为上座，属于客方，左侧为下座，属于主方。双方主谈人（首席代表）各在己方一边的中间就座，其余人员则遵循右高左低的原则，依照职位高低自近而远地分别在主谈人两侧就座。若有翻译，译员应安排在主谈人右侧（"2"号位置）。谈判竖式如图 3-23 所示。

(二) 谈判桌圆形

多边谈判一般采用圆形谈判桌，国际惯例上称为"圆桌会议"，如图 3-24 所示。

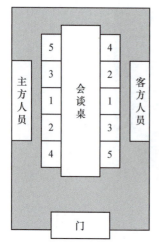

图 3-23 谈判竖式

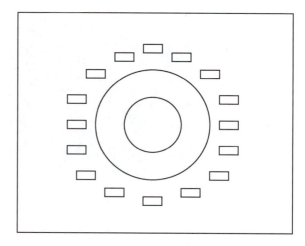

图 3-24 圆桌会议

(三) 马蹄形

小型的谈判，也可不设谈判桌，直接在会客室沙发上进行，双方主谈人在中间长沙发就座，主左客右，译员在主谈人后面，双方其余人员分坐两边，如图 3-25 所示。

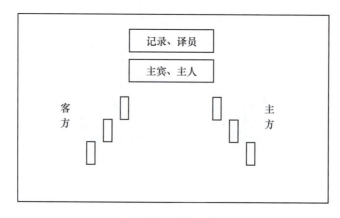

图 3-25 马蹄形就座

在非正式场合或条件不具备时，只要遵循"以右为尊"这个基本原则就可以了。一般是等主人或主宾就座后，其他人就座于主人或主宾两旁。

【技能训练】

请学生分组进行讨论，如何布置谈判室和安排座次，8 人一组。讨论布置谈判室时，学生们以自己为工作人员就谈判室的选择和布置分别进行阐述，小组其他成员进行补充和修正。讨论座次安排时，学生们在座位上分角色进行演练，主、客双方各 4 人，每人代表主方或客方的一员，手中拿着写有自己职务的桌牌，看看自己应该坐在哪里。小组展开充分讨论，统一意见，多次练习，为上台表演做准备。

步骤：

（1）学生分组讨论，8人一组，分角色扮演相关职位，在座位上进行情景模拟；

（2）讨论时间结束后，教师抽取学生，上台阐述如何选择和布置谈判室；

（3）请台下的同学进行点评，补充遗漏知识点，纠正错误知识点；

（4）教师抽取一组同学上台表演谈判座次安排，主、客双方各4人，在台上摆放好桌椅，请小组同学表演入座；

（5）主、客双方入座后，举起自己的职务桌牌；

（6）请台下同学进行点评，主、客双方的方向是否正确，主方、客方内部座次谁对谁错，并纠正错误座次；

（7）教师再抽取几组同学上台表演；

（8）教师总结评论，商务谈判中，座次安排一定不能出错，且统一左边入座，右边离座更整齐规范。

【案例分析】

> 日本的钢铁和煤炭资源短缺，而澳大利亚盛产铁和煤。按理说，日本人的谈判地位低，澳大利亚一方在谈判桌上占据主动。可是，日本人却把澳大利亚的谈判者请到日本谈生意。澳大利亚人一旦到了日本，一般都比较谨慎，讲究礼仪，不过分侵犯东道主的权益，因而日本方面和澳大利亚方面在谈判中的相对地位就发生了显著的变化。澳大利亚人过惯了富裕的舒畅生活，他们的谈判代表到了日本之后不过几天，就急于想回到故乡别墅的游泳池、海滨和妻子儿女身边去，所以在谈判桌上常常表现出急躁的情绪。但是日本谈判代表却不慌不忙地讨价还价，掌握了谈判中的主动权。结果日本方面仅花费了少量款待做"诱饵"就钓到了"大鱼"，取得了大量谈判桌上难以获得的东西。
>
> 请思考以下问题：
> 日本人为什么能够取得谈判的有利地位？

任务二　商务谈判的礼仪规范

遵守商务谈判礼仪，可以展现良好的个人修养和企业形象，更好地表达对谈判对象的友好和尊重，有利于商务谈判的顺利进行。

【任务导入】

某进出口贸易公司与某大型服装生产企业进行有关服装出口的业务洽谈，双方的谈判准备在贸易公司召开。你既要负责接待工作，又是贸易公司谈判代表之一，在接待时要安排哪些工作，在谈判中又应注意哪些礼仪规范呢？

【任务分析】

在接待时，首先要成立接待小组，了解客方基本情况，收集有关信息，确保谈判职位对等；然后拟订接待方案，给客方确认；准确掌握客方抵达时间，提前到达指定地点迎候。在谈判中，仪容要干净整齐，端庄大方，穿着得体，言谈举止要文明礼貌。还应熟知谈判基本原则，了解部分国家的商务谈判风格。

【相关知识】

一、谈判迎送工作

（一）主座"主随客便，主应客求"

作为东道主一方出面安排各项谈判事宜时，一定要在各方面精心周密准备，以获得客方的理解、信赖和尊重。

1. 成立接待小组

成员由后勤保障（食宿方面）、交通、通信、医疗等各环节的负责人员组成，涉外谈判还应备有翻译。

2. 了解客方基本情况，收集有关信息

可向客方索要谈判代表团成员的名单，了解其性别、职务、级别及一行人数，应确定与客方谈判代表团的身份、职位对等，并做好食宿安排。准确掌握客方抵达和离开的具体时间、地点、交通方式，以安排迎送的车辆和人员及预订、预购返程车船票或飞机票，且所有迎送人员都应先于客方15分钟到达指定地点迎候。对于客方身份特殊或是尊贵的领导，还可以安排献花。迎接的客人较多的时候，主方迎接人员可以按身份职位的高低顺序列队迎接，双方人员互相握手致意，问候寒暄。如果主方主要领导陪同乘车，应该请客方主要领导坐在其右侧。最好客人从右侧门上车，主人从左侧门上车，避免从客人座前穿过。

3. 拟订接待方案

根据客方的意图、情况和主方的实际，拟订出接待计划和日程安排表。日程安排还要注意时间上紧凑。日程安排表拟出后，可传真给客方征询意见，待客方无异议确定以后，才可打印。如涉外谈判，则要将日程安排表译成客方文字，日程安排表可在客方抵达后交由客方副领队分发，亦可将其放在客方成员住房的桌上。

（二）客座"入乡随俗、客随主便"

1. 适时表示感谢

到主方公司做公务拜访或有私人访问要先预约；对主方的接待，在适当的时间以适当的方式表示感谢；对一些非原则性问题采取宽容的态度，以保证谈判的顺利进行。

2. 适当提出要求

客方可明确告诉主方自己代表团的来意目的、成员人数、成员组成、抵离的具体时间和航班车次、食宿标准等，以方便主方的接待安排。可与主方协商提出自己的参

观访问、游览观光等活动要求，但应尊重主方安排。谈判期间，对主方安排的各项活动要准时参加，通常应在约定时间的 5 分钟之前到达约定地点。客座谈判有时也可视双方的情况，除谈判的日程外，自行安排食宿、交通、访问、游览等活动。

二、出席商务谈判的仪表仪态要求

（一）整洁的仪容

仪容是指一个人的身体不着装的部位，主要是头发、面部和手部。商界人士仪容的整体要求是干净整齐，端庄大方。

1. 男性

（1）头发。发型简单大方，长短适当，干净整齐，不准留新潮、怪异的发型，不准蓬头乱发，亦不准染发，最好也不要烫发。

（2）面部。保持面部干净清爽，养成每天上班前必剃须的习惯，不准留胡子，也不能留大鬓角。且谈判前，不要进食大蒜、葱、韭菜、洋葱、腐乳之类的食物，保持牙齿清洁，没有食品残留物，也没有异味。

（3）手部。谈判时，握手问候、交换名片和递送文件等都会将手展示于人，因此，及时修剪指甲，保持手的干净整齐也是必要的。

2. 女性

（1）头发。出席商务谈判的女性，应选择端庄大方的发型，修剪得体的短发最好，过肩的长发应该盘成发髻。过于时髦、怪异的发型，染发和不加以固定的长发，都不适合出现在这种场合，选用的发卡、发箍以朴实素雅为佳。

（2）面部。脸部应化淡雅的日妆，保持妆容的和谐清爽，一般不宜文眉、文眼线，唇膏和眼影也不要过于浓艳，要与服饰协调。可适当使用清新的淡香水，但香气不可过于浓烈。

（3）手部。女性手部除保持干净整齐外，可适当使用指甲油美饰一下指甲，但要选用无色透明或浅色系的指甲油，不宜涂抹彩色指甲油。

（二）规范的服饰

1. 男性

（1）正装。应穿深色（蓝、黑、灰、棕）的三件套或两件套西装，白色（或与西装同色系）衬衣、打素色或条纹领带，配深色袜子和黑色皮鞋。不应穿着夹克衫、牛仔裤、T恤衫、旅游鞋、凉鞋等休闲服装出席。

（2）配饰。除结婚戒指外，一般不戴其他首饰，最好能戴上一只有品位的手表，既能掌握时间，又是最好的装饰品。

2. 女性

（1）正装。端庄、典雅的套裙是商界女性出席谈判场合的最佳选择。为体现着装者的稳重、端庄，配上肉色的长筒或连裤丝袜和黑色的高（中）跟鞋。出席商务谈判的女性，切忌穿太紧、太透、太花、太露、太短的休闲装或牛仔装、运动装。

（2）配饰。与服饰配搭，适当点缀一两件首饰或胸针（花）、丝巾等。不要佩戴太多的首饰，否则既显得没有教养，也显得没有品位。

（三）文明得体的言谈举止

1. 言谈文明

商务谈判人员要求说话表达准确、口齿清晰、言辞有礼，要多用敬语和谦语，尽量采用委婉的表达方式。商务谈判时，还要善于倾听对方的意见、要求，准确把握对方的意图。说话速度不宜太快，涉外谈判时，更应照顾到翻译的方便。说话的态度要友好、和善，面带微笑，以助于促使问题的解决。

交谈时应使用礼貌用语，如你好、请、谢谢、对不起等。交谈中不应出现伤害对方的言辞，否则会激怒对方。应避免的词语，如"你总是……""你需要明白的是……""冷静下来！不用说……""显然……""听着……"，等等。

2. 举止得体

我方发言之后，应留出一定的时间供对方发表意见，切忌喋喋不休，以自我为中心。对方发言时，应认真听取，不要表现出心不在焉的样子，如注视别处、伸懒腰、玩东西等漫不经心的动作都是应该避免的。要善于聆听对方谈话，不要轻易打断别人的发言，即使有不同的观点和看法，也应等对方讲完后再表达。打断别人的谈话是不礼貌的行为。

入座时应左边入座，右边离席。

坐下后，身体应尽量保持端正。在谈判中，不同的坐姿传递着不同的信息：挺着腰笔直的坐姿，表示对对方或对谈话有兴趣，同时也是一种对人尊敬的表示；弯腰曲背的坐姿，是对谈话不感兴趣或感到厌烦的表示；斜着身体坐，表示心情愉快或自感优越；双手放在跷起的腿上，是一种等待、试探的表示；一边坐着一边双手摆弄手中的东西，表示一种漫不经心的心理状态。

双方人员入座后谈判正式开始，这时非谈判人员应全部离开谈判室；在谈判进行中，双方要关闭所有的通信工具（或调到静音），人员也不要随便进出。谈判中，主方应提供茶水、咖啡等饮料，服务人员添茶续水要小心动作，可在休会或某一方密谈时进行。

谈判结束后，主方人员应将客方人员送至电梯口或送到大楼门口上车，握手告别，目送客人汽车开动后再离开。如果安排了与谈判内容密切相关的参观考察活动，则应在参观点安排专门的接待人员，并悬挂欢迎性的标语横幅。

三、商务谈判的基本原则

谈判 SOFTEN 原则

专家、学者们从不同的角度对商务谈判原则进行归纳，有的体现谈判的本质，有的倾向于谈判的策略。一般认为，商务谈判至少应遵循以下六个原则。

（一）平等原则

平等是指谈判中双方地位平等。因为谈判是人们为了满足各自的需要而进行的洽谈和协商，目的在于达成协议，解决各自所需。因此，平等是谈判的重要基础。平等互利是指在商务谈判中无论各方的经济实力强弱、企业或公司规模大小，其地位都是平等的。在商务谈判中，交易的各方拥有相等的权利，任何一方提出的方案，都需要得到他方的认可，或经过各方的协商取得一致方可成立和有效。

（二）互惠互利原则

互惠互利原则是要求谈判双方在适应对方需要的情况下，互通有无，使双方各有所得。也就是说，在考虑己方利益的同时，要照顾双方的利益，使谈判结果实现互惠互利。寻求共同利益是谈判成功的基础，双方都应意识到谈判的成功将会实现共同利益，谈判破裂会带来共同损失，因此应寻求共同利益，实现互惠互利。

（三）坚持使用客观标准原则

"没有分歧就没有谈判"，说明谈判双方利益的冲突和分歧是客观存在、无法避免的。消除或调和双方的分歧有多种方法，一般是通过双方的让步或妥协来实现的。而这种让步通常是经过讨价还价，即愿意接受什么、不愿意接受什么来作出的。这样，调和或消除双方的分歧就变得十分困难，需要付出的代价也比较大，更谈不上创造性地解决问题。因此，在商务谈判中，使用客观标准原则，能够很好地解决因谈判人员主观意愿所带来的问题，有利于谈判人员达成一个公正和公认的协议。

所谓客观标准，是指在谈判中所采用的独立于谈判各方主观意愿之外，评判各方利益得失的准则。它可能是市场惯例、市场价格，也可能是行业标准、科学鉴定、同等待遇或过去的案例等。由于谈判时提出的标准、条件比较客观、公正，所以调和双方的利益也变得可能和可行。

（四）灵活机动原则

在商务谈判中，需要灵活运用多种谈判技巧，以使谈判获得成功。在任何谈判中，双方都是（或代表着）某一独立的经济实体，都希望在谈判中实现自己的经济目标或满足自己的愿望。但是，如果谈判参与者都把自己的意愿或目标绝对化，恐怕很少有人能见到成功的谈判。

所谓的灵活机动原则，就是在谈判过程中，双方在总体、原则一致的前提下，根据不同的谈判对象、不同的意愿、不同的市场竞争，采取灵活的谈判技巧，促使谈判成功。

（五）诚信原则

在商务谈判中，谈判者保持诚信非常重要。在商界，商务人员聚集在一起时，常常以诚信作为衡量"圈内"朋友或评判对方的一个重要标准。诚信在经济范畴内是一种稀缺资源。诚信中的诚，就是真诚、诚实、不虚假；信就是恪守承诺、讲信用。诚信，简单讲就是守信誉、践承诺、无欺诈。在商务谈判中，坚守诚信并不意味着把自己的谈判底线毫无保留地告诉对方，有些属于商业秘密的数据是不能让对方知道的。明智的谈判者总是努力保持一贯的诚实态度，使对方对自己保持信任。

（六）合法原则

合法原则是指在商务谈判及签订合同的过程中，要遵守国家的法律、法规，符合国家政策的要求，涉外谈判则要求既符合国际法则，又尊重双方国家的有关法律法规。

四、部分国家的商务谈判风格

商务谈判风格是指商务谈判人员在商务谈判过程中，通过言谈举止表现出来，建立在其文化积淀基础之上的，与对方商务谈判人员明显不同的关于谈判的思想、策略和行为方式等。由于来自不同国家或地区的商人有着迥然不同的历史传统和政治、经济制度，其文化背景和价值观念也存在着明显的差异。因此，他们在商务谈判中的风格也各不相同。在商务谈判中，如果不了解这些不同的谈判风格，就可能既失礼于人，又可能因此而失去许多谈判成功的契机。如果想在商务谈判中稳操胜券，就必须熟悉不同国家的商务谈判风格，采取灵活的谈判方式。

（一）日本人的商务谈判风格

许多外国商人认为，与日本人做生意最大的困难就是，在商务谈判中通行的所谓"国际惯例"，往往在日本人身上难以适用。例如，一般而言，商务谈判的基本目标是购买或销售某种产品，需要或提供某种服务。为了达到这一基本目标，应明确阐述自己的观点，以便对方表示可否。但是，对于日本商人而言，这种做法未必能行得通。因为在日本人看来，保持和睦是至高无上的，因此，日本人倾向于说"是"而不说"不"。同时，日本人在谈判中喜欢闪烁其词，制造一种含含糊糊的气氛。

日本人深受中国传统文化的影响，儒家思想道德意识已深深地沉淀于日本人内心深处，并在行为方式上处处体现出来。日本是一个十分注重礼节的国家，日本的商务谈判人员表面上都是彬彬有礼的。然而，在这种礼节的背后，隐藏着他们真正的谈判目标——赢得谈判的胜利。

1. 日本商人最基本的谈判风格

日本商人多是谈判老手，他们善于随机应变，花招迭出，令人防不胜防。日本人最基本的谈判风格主要有下述四点。

（1）喜欢"投石问路"。在正式谈判之前，日本人会举行一种带有社交性质的聚会，以试探对方的意图、个性和可靠程度。在这种场合，日本人会"毫不经意"地问这问那，显得异常热情和真诚。这种"醉翁之意不在酒"的聚会，既是一种礼节，又是一种策略。

（2）"拖延战术"是日本商人惯用的手段。日本人经常导演这样一种局面，即成交或不成交往往在谈判结束前不久敲定。为此，他们往往千方百计地探听对方的行期和日程安排。之所以采取这种战术，是因为他们懂得"任何成交比不成交好"属于商人的一种普遍心态。他们想利用这种心理，尽可能使最终的谈判结果对自己有利。

（3）虚假的"巨大牺牲"是日本人经常做出的策略。美国的日本问题专家迈克尔·布莱克在研究了日本人的谈判风格后指出，日本人作出让步具有形式主义色彩。他们会将自己不断变换的新的立场称为最大限度的让步。实际上，这种类似于"最后通牒"的声明可以在同一次谈判中不止一次听到，因而也就没有当真的必要，尽管他们的最终意愿是真诚的。

（4）"以多胜少"是日本人的一种谈判习惯。一般而言，日本人都希望在谈判中己方的人数超过对方，这主要出于两方面的原因：一方面是日本人强调集体主义，并且只有在集体中，他们才会有一种心理上的安全感；另一方面是日本公司的决策需要各个部门、各个层次的雇员参加，参加谈判的人越多，越容易在最后的决策中达成一致意见。

2. 与日本商人进行商务谈判，要注意的问题

（1）切忌轻视日本人的开场白。日本商人在洽谈生意之前，往往花费大量时间作

开场白。这种开场白虽然实质上不过是一种客套话，却往往起到非常关键的作用。日本商人为了这种开场白，往往不惜花费大半天时间，尽管日本人很注意时间和效率。对这类客套话，不可表示出丝毫的不耐烦，而应一边听，一边微笑着不停地向日本商人点头。

（2）不宜以一人"舌战群儒"。日本人的群体意识十分浓厚，他们讨厌个人主义和以自我为中心的人。在商务谈判过程中，切不可将自己扮演成"孤胆英雄"，应率团参加谈判，至少与对方的人数相同。不然，日方会怀疑你的能力及代表性，而且还会认为你的孤军奋战是因为在公司内部个人关系不好，孤立无援，甚至会认为你蔑视群体，热衷于表现自我，把对方不放在眼里，随意应付。

（3）打开日本市场，切忌急于求成。日本人谈生意不太喜欢速战速决，他们乐于慢慢协商，因此，在洽谈过程中，很容易有意无意地岔开话题或者言不及义。遇到这种情况，切忌松动泄气。加上日本人参加谈判的人多，自然人多意见杂，内部统一也需要长时间的协商，一下子拍不了板。这必然使他们在谈判中保持缄默的时间较多，因而一般很难经过一两次谈判就成交。

此外，日本商人与外国商人初次接触时往往存有戒心和疑虑，在没有去掉戒心和疑虑的情况下，要想谈成生意是不现实的，而要去掉戒心和疑虑，需要有一个过程，这就决定了与日本人做生意不能期望速战速决。

要消除日本商人的戒心和疑虑，唯一的办法就是创造一种信任的气氛，也就是对日方提出的谈判速度和进度持比较温和宽容的态度。必要时，要经常向他们保证，我方是关心他们利益的。

（4）与日本人谈判，不要轻易说"不"。和日本人谈判时，语气要尽量平和委婉，切忌妄下最后通牒，否则只会妨碍协议的达成。日本人不愿对任何事情说"不"，因为他们认为直接说"不"会惹怒对方或使对方难堪，是粗鲁无礼的。因此，有时只是说一声"不"，就很有可能令日本人无法接受，以致谈判失败。

（5）与日本人谈判时不要忽略细节。日本人注重细节，每次谈判，他们总是几个人同时记录，除非你也具有较强的详细记录的能力，否则便很可能陷入被动。因此，每一次谈判会议结束之前，必须核对双方的备忘录，明确双方已同意之处。同时还应注意，每个协议初步达成之后，日本人都会主动承担整理任务。谈判中的方案如果发生变化，日本人也可以夜以继日地迅速形成文字，使对方能充分理解，以便为成功创造机会。这一方面体现了日本商人的刻苦精神，另一方面也说明他们力图通过整理文字，使谈判的主动权掌握在他们手中。面对日本人的勤勉，我们既应持赞扬态度，又应对日本人提交的任何文字性的东西仔细阅读，否则就可能产生误会，甚至吃亏。

（二）韩国人的商务谈判风格

与日本人一样，韩国人也深受儒家思想的影响，并在行为方式上处处体现出来。

韩国商人在长期的商务谈判实践中积累了许多经验。他们在参照国际惯例的基础上，根据本国的国情采取了一些独特的做法，常在于己不利的商务谈判中战胜对手，被西方发达国家称为"谈判强手"。

韩国商人十分重视商务谈判。谈判之前，他们通常都要通过海外咨询机构了解对方底细，以及有关商品行情等，做好准备后才会与对方坐到谈判桌前。韩国商人喜欢将谈判内容条理化。所以,谈判开始后,他们往往先与对方商谈谈判的主要议题。谈判主要议题虽然每次各有不同,但一般包括各自阐明意图、叫价、讨价还价、协商、签订合同五个方面的内容。

一般来说,韩国商人很注意选择谈判场所,他们喜欢在较有名气的酒店会面。如果是韩方选择谈判地点,他们会按时到达。相反,如果是对方选择地点,他们绝不会提前半分钟到达,而总是准时或略迟一点。职位高的人一定走在前面,该人也是谈判中的拍板者。

韩国人很讲礼节,见面后一定要先握手寒暄几句才落座。当被问及喜欢喝哪种饮料时,他们一般总是选择对方喜欢的饮料,以示对主人的了解和尊重。韩国人认为用餐时不可边吃边谈。若对方不遵守这一进餐的礼节,极可能引起他们的反感。

韩国商人重视谈判的初始阶段,一见面就会全力创造良好的谈判气氛。他们认为没有好的开头就没有好的结尾。其通常的做法是:同对方一见面先热情地打招呼,向对方介绍自己的姓名和职位;落座后,再谈几句与谈判内容无关的话题,如天气、旅游、喜好、体育、新闻等,以此消除紧张气氛,并利用这一短暂时间察言观色,选择谈判策略。之后,才开始正式谈判。

商务谈判中,韩国人远比日本人爽快,他们会较快地讲出自己的想法和意见,并想方设法说服对方接受。韩国商人特别善于讨价还价,一些常与韩国商人打交道的人说,即便在准备签约的最后时刻,韩国人仍会提出"价格再降一点"的要求,如对方不允许,本来成功在望的交易也可能告吹。

双方在完成谈判、签订合同时,韩国商人喜欢使用合作对象国语、英语和韩语三种文字拟订合同,三种文本具有同等效力。

(三) 美国人的商务谈判风格

美国是世界上经济、技术最发达的国家,经济实力也最为雄厚,因此,美国人对自己的国家深感自豪,对自己的民族具有强烈的自尊心与荣誉感。这种心理充分表现在他们的商务活动中。他们在谈判中,自信心和自尊心都比较强,加上他们所信奉的自我奋斗的信条,常使与他们打交道的外国谈判者感到美国人有自我优越感。

美国人的自信还表现在他们坚持公平合理的原则上。他们认为两方进行交易,双方都要有利可图。在这一原则下,他们会提出一个"合理"的方案,并认为这是十分公平合理的。他们的谈判方式是喜欢在双方接触的开始就阐明自己的立场、观点,推出自己的方案,以争取主动。在双方的洽谈中,他们充满自信,语言明确肯定,计算也科学准确。如果双方出现分歧,他们只会怀疑对方的分析、计算,而坚持自己的看法。

美国人的自信,还表现在对本国产品品质优越、技术先进毫不掩饰的称赞上。他们认为,如果你有十分能力,就要表现出十分来,千万不要遮掩、谦虚,否则很可能被看做是无能。如果你的产品质量过硬、性能优越,就要让购买你产品的人认识到,那种在实践中才得到检验的想法,美国人认为是不妥的。

美国人的自信有时还表现在他们喜欢批评别人、指责别人。当谈判不能按照他们的意愿进展时,他们常常直率地批评或抱怨。这是因为,他们往往认为自己做的一切都是合理的。

美国人在谈判时说话声音大、频率快，办事讲究效率，而且很少讲对不起。他们喜欢别人按他们的意愿行事，喜欢以自我为中心。总之，美国人的自信让他们赢得了许多生意，但也让东方人感到他们咄咄逼人，甚至有些傲慢自大。

美国作为一个高度发达的国家，生活节奏比较快。这使得美国人特别重视、珍惜时间，注重活动的效率。所以，在商务谈判中，美国人常抱怨其他国家的谈判对手拖延、缺乏工作效率，而这些国家的人也埋怨美国人缺少耐心。

美国人的企业，各级部门职责分明，分工具体。因此，谈判的信息收集、决策都比较迅速，效率也高。美国人谈判的一般特点是开门见山，报价及提出的具体条件也比较客观，水分较少，他们也喜欢对方这样做。几经磋商后，两方意见很快趋于一致。但如果对方的谈判特点与他们不一致或正好相反，他们就会感到十分不适应，而且常常把他们的不满直接表示出来，这就更显得他们缺乏耐心。人们也就常常利用美国人夸夸其谈、准备不够充分、缺乏必要的耐心等弱点，谋取己方的最大利益。当然，美国人干脆利落，如果谈判对手也是这种风格，确实很有工作效率。

美国商人重视时间，还表现在做事井然有序，有一定的计划性。美国人不喜欢事先没安排妥当的不速之客来访，此外，与美国人约会，早到或迟到都是不礼貌的。

美国人属于性格外向的民族，他们的喜怒哀乐大多通过他们的言行举止表现出来。在谈判中，他们精力充沛，感情洋溢，不论是陈述己方观点，还是表明对对方立场的态度，都比较直接、坦率。如果对方提出的建议他们不能接受，也毫不隐讳地直言相告，甚至唯恐对方误会。所以，他们对日本人和中国人的表达方式会表示明显的异议。美国人常对中国人在谈判中迂回曲折、兜圈子感到莫名其妙，对于中国人在谈判中用微妙的暗示来提出实质性的要求，美国人感到十分不习惯。不少美国商人因不善于品味中国人的暗示，失去了不少极好的交易机会。

美国人办事比较干净利落，喜欢很快进入谈判主题，并且不断发表自己的见解。他们由于自信而善于施展策略，同时又十分欣赏那些精于讨价还价、为取得经济利益而施展手段的人，尤其是"棋逢对手"时，反而易于洽谈。

美国人做生意，往往以获取经济利益作为最终目标。所以，他们有时对日本人、中国人在谈判中要考虑其他方面的因素，如由政治关系所形成的利益共同体等表示不可理解。尽管他们注重实际利益，但他们一般不漫天要价，也不喜欢别人漫天要价。他们认为，做生意要双方都获利，不管哪一方提出的方案都要公平合理。所以，美国人对于日本人、中国人习惯地注重友情和看老朋友面子随意通融的做法很不适应。

美国人做生意时，更多考虑的是做生意所能带来的实际利益，而不是生意人之间的私人交情。所以亚洲国家和拉美国家的人都有这种感觉：美国人谈生意就是直接谈生意，不注意在谈判中培养双方的友好感情，而且还力图把生意和友谊清楚地分开，显得比较生硬。

美国人注重实际利益，还表现在他们一旦签订了合同，就非常重视合同的法律效力，合同履约率较高。在他们看来，如果签订合同不能履约，那么就要严格按照合同的违约条款支付赔偿金和违约金，没有再协商的余地。所以，美国人在商务谈判中对于合同的讨论特别详细、具体，也关心合同适用的法律，以便在执行合同时能顺利地解决各种问题。同时，他们也十分注重违约条款的洽商与执行。

（四）英国人的商务谈判风格

英国是最早的工业化国家，早在17世纪，它的贸易就遍及世界各地，但英国人的民族性格具有岛国民族的特征，偏于保守、内向和谨慎。因此，英国人不轻易与对方建立个人关系，即使是本国人，人们个人之间的交往也比较谨慎，很难一见如故。他们不轻易相信别人、依靠别人。这种保守、传统的个性，在某种程度上反映了英国人的优越感。但是，一旦与英国人建立了友谊，他们会十分珍惜，并会长期信任对方，在做生意时，关系也会十分融洽。所以，如果己方没有与英国人长期打交道的历史，没有赢得他们的信任，没有最优秀的中间人作介绍，就不要期望与他们做大生意。

在英国人的观念中，等级制度依然存在。在社交场合中，"平民"与"贵族"仍然是不同的。例如，在英国上流社会，人们喜欢阅读的是《时报》《金融时报》；中产阶层的人阅读《每日电讯报》；而下层人则读《太阳报》或《每日镜报》。在对外交往中，英国人比较注重对方的身份、经历、业绩，而不是像美国人那样更看重对手在谈判中的表现。所以，在必要的情况下，与英国人进行商务谈判，派有较高身份、地位的人，能够起到一定的积极作用。

英国人对商务谈判本身不如日本人、美国人那样看重。相应地，他们对谈判的准备也不充分，不够详细周密。他们善于简明扼要地阐述立场、陈述观点。在谈判中，表现更多的是沉默、平静、自信、谨慎，而不是激动、冒险和夸夸其谈。他们对于物质利益的追求，不如日本人表现得那样强烈，也不如美国人表现得那样直接。他们宁愿做风险小、利润也少的买卖，不喜欢为赚大钱冒大风险。

英国人在谈判中缺乏灵活性，他们通常采取一种非此即彼、不允许讨价还价的态度。因此，在谈判的关键阶段，表现得既固执又不愿花费很多精力，不像日本人那样，为取得一笔大买卖竭尽全力。

英国人家庭生活比较优裕，喜爱旅行，节假日往往一家人出去旅行。每年的冬夏两季共有3~4周的假期，所以英国人往往刚过完圣诞节，马上就作夏季假期计划，过了夏天就又要忙着作冬季的假期计划。因此，每年7月初到8月底以及从圣诞节到元旦这段时间，英国的贸易活动不太多。因此，与英国人进行商务谈判，最好避开对方的节假日。

（五）德国人的商务谈判风格

德国人的民族特点是倔强、自信，他们办事谨慎，富有计划性。他们敬业精神很强，工作重视效率、追求完美。德国是世界上经济实力最强的国家之一，他们的工业极其发达，生产率高，产品质量堪称世界一流。这主要是由于企业的技术标准十分精确具体，对这一点德国人一直引以为豪。因此，他们购买其他国家的产品时，往往把本国产品作为选择标准。如果与德国人谈生意，务必要使他们相信己方公司的产品可以满足德国人要求的标准。当然，他们也不会盲目轻信对方的承诺。但如果对方不能信守诺言，那么就没有希望取得大笔买卖的订单。从某种角度说，德国人在谈判中给予对方的评价取决于对方能否令人信服地说明自己将信守诺言。

德国人在谈判之前的准备比较充分。他们不仅要研究购买的对方产品的问题，而且还要研究销售产品的公司，公司所处的大环境，公司的信誉、资金状况、管理状况、生产能力等。他们不同于那种只要有利可图就与之做生意的赚钱公司，也不喜欢与声誉不好的公司打交道。

德国商人重合同、守信用。德国人很善于商务谈判，他们的讨价还价与其说是为了争取更多的利益，不如说是工作认真、一丝不苟。他们严守合同信用，会认真研究和推敲合同中的每一句话和各项具体条款。一旦达成协议，很少出现毁约行为，所以合同的履约率很高，在世界贸易中有着良好的信誉。

总之，德国人的谈判风格是审慎、稳重。他们重视并强调自己提出的方案的可行性，不轻易向对手作较大的让步，让步的幅度一般在20%以内，因为他们坚信自己的报价是科学合理的。此外，德国人个人之间的交往也十分严肃、正统。

（六）法国人的商务谈判风格

法国人乐观、开朗、热情、幽默，注重生活情趣，富有浓郁的人情味、爱国热情和浪漫情怀，非常重视相互信任的朋友关系，并以此影响生意。法国商人大多十分健谈，富有感情，话题广泛，而且口若悬河，出口成章。在谈判开始时，他们喜欢聊一些社会新闻及文化方面的话题，以创造一种轻松友好的气氛。但是，在谈论时不要粗声大气，口吻要亲切，不可咄咄逼人。在商务交往上，法国人往往凭借信赖和人际关系进行，在成为朋友之前，他们不会同对方进行大宗交易，而是习惯于先用小生意试探，建立信誉和友谊之后，大生意便接踵而至。因此，要努力与法国人建立起良好关系。热情的法国人将家庭宴会作为最隆重的款待，但决不能将家庭宴会上的交往视为交易谈判的延伸。一旦将谈判桌上的话题带到餐桌上来，法国人会极为不满。

法国商人在边聊边谈中慢慢转入正题，在最后作决定阶段才一丝不苟地谈生意。法国人非常尊重自己的传统文化和语言，在商务谈判中应多用法语。如果能讲几句法语，将有助于谈判形成良好的气氛。

法国人进行商务谈判时，大多由一人担当，而且这一人还负责作出决定，这就要求对方能派出对等的人员与之谈判。一般情况下，法国公司的组织结构单纯，自上而下的层次不多，比较重视个人力量，很少集体决策。从事谈判也大多由个人承担责任，决策迅速。法国商人大多专业性强，熟悉产品，知识面广。即使是专业性很强的专业谈判，他们也能独当一面。

法国人的商业交易作风比较随意，对别人要求严格，对自己比较随便是法国人时间观念的一大特点。如果对方迟到，不论出于何种原因都会受到冷遇，但他们自己却会很自然地找个借口了事。在法国社交场合有个非正式的习惯，主宾越重要越到得迟。

法国人不喜欢为谈判制定严格的日程安排，但喜欢看到成果，所以在各个谈判阶段，都有"备忘录""协议书"之类的文件，为后面的正式签约奠定基础。

法国人比较注重信用，一旦签约，会比较好地执行协议。在合同条款中，他们非常重视交货期和质量条款。在合同的文字方面，法国人往往坚持使用法语，以示其爱国热情。为此，与法国商人签订协议不得不使用两种文字，并且要商定两种文字的合同具有同等效力。

知识链接：

商务谈判技巧

1. 确定谈判态度

在商业活动中面对的谈判对象多种多样，不能拿出同样的态度对待所有谈判。需要根据谈判对象与谈判结果的重要程度来决定谈判时所要采取的态度。

如果谈判对象对企业很重要，比如长期合作的大客户，而此次谈判的内容与结果对公司并非很重要，那么就可以抱有让步的心态进行谈判，即在企业没有太大损失与影响的情况下满足对方，这样对于以后的合作会更加有利。

如果谈判对象对企业很重要，而谈判的结果对企业同样重要，那么就保持一种友好合作的心态，尽可能达到双赢，将双方的矛盾转向第三方，比如市场区域的划分出现矛盾，那么可以建议双方一起或协助对方去开发新的市场，扩大区域面积，将谈判的对立竞争转化为携手竞合。

如果谈判对象对企业不重要，谈判结果对企业也是无足轻重，可有可无，那么就可以轻松上阵，不要把太多精力消耗在这样的谈判上，甚至可以取消这样的谈判。

如果谈判对象对企业不重要，但谈判结果对企业非常重要，那么就以积极竞争的态度参与谈判，不用考虑谈判对手，完全以最佳谈判结果为导向。

2. 充分了解谈判对手

正所谓，知己知彼，百战不殆。在商务谈判中这一点尤为重要，对对手的了解越多，越能把握谈判的主动权，就好像如果能够预先知道了招标的底价，自然成本最低，成功的概率最高。

了解对手时不仅要了解对方的谈判目的、心理底线等，还要了解对方公司经营情况、行业情况、谈判人员的性格、对方公司的文化、谈判对手的习惯与禁忌等。这样便可以避免很多因文化、生活习惯等方面的矛盾对谈判产生额外的障碍。还有一个非常重要的因素需要了解并掌握，那就是其他竞争对手的情况。比如，一场采购谈判，我们作为供货商，要了解其他可能和我们谈判的采购商进行合作的供货商的情况，还有其他可能和自己合作的其他采购商的情况，这样就可以适时给出相较其他供货商略微优惠一点的合作方式，那么将很容易达成协议。如果对手提出更加苛刻的要求，我们也就可以把其他采购商的信息拿出来，让对手知道，我们是知道底细的，同时暗示，我们有很多合作的选择。反之，我们作为采购商，也可以采用同样的反向策略。

3. 准备多套谈判方案

谈判双方最初各自拿出的方案都是对自己非常有利的，而双方又都希望通过谈判获得更多的利益，因此，谈判结果肯定不会是双方最初拿出的那套方案，而是经过双方协商、妥协、变通后的结果。

在双方谈判的过程中常常容易迷失了最初的意愿，或被对方带入误区，此时最好的办法就是多准备几套谈判方案，先拿出最有利的方案，没达成协议就拿出其次的方案，还没有达成协议就拿出再次一等的方案，即使我们不主动拿出这些方案，但是心中可以做到有数，知道向对方的妥协是否偏移最初自己设定的框架，这样就不会在谈判结束后，仔细思考才发现，自己的让步已经超过了预计承受的范围。

4. 建立融洽的谈判气氛

在谈判之初，最好先找到一些双方观点一致的地方并表述出来，给对方留下一种彼此更像合作伙伴的潜意识。这样接下来的谈判就容易朝着一个达成共识的方向进展，而不是剑拔弩张的对抗。当遇到僵持时也可以拿出双方的共识来增强彼此的信心，化解分歧。

也可以向对方提供一些其感兴趣的商业信息，或对一些不是很重要的问题进行简单的探讨，达成共识后双方的心理就会发生奇妙的改变。

5. 设定好谈判的禁区

谈判是一种很敏感的交流，所以语言要简练，避免出现不该说的话，但是在艰难的长时间谈判过程中也难免出错。最好的方法就是提前设定好哪些是谈判中的禁语，哪些话题是危险的，哪些行为是不能做的，谈判的心理底线等。这样就可以最大限度地避免在谈判中落入对方设下的陷阱或误区。

6. 语言表述简练

在商务谈判中忌讳语言松散或像拉家常一样的语言方式，尽可能让自己的语言变得简练，否则，你的关键词语很可能会被淹没在拖沓冗长，毫无意义的语言中。一颗珍珠放在地上，我们可以轻松的发现它，但是如果倒一袋碎石子在上面，再找起珍珠就会很费劲。同样的道理，人们接收外来声音或视觉信息的特点是：一开始专注，注意力随着接受信息的增加，会越来越分散，如果是一些无关痛痒的信息，更将被忽略。

因此，谈判时语言要做到简练，针对性强，争取让对方大脑处在最佳接收信息状态时表述清楚自己的信息，如果要表达的是内容很多的信息，比如合同书、计划书等，那么适合在讲述或者诵读时语气进行高、低、轻、重的变化。比如，重要的地方提高声音，放慢速度，也可以穿插一些问句，引起对方的主动思考，增加注意力。在重要的谈判前应该进行一下模拟演练，训练语言的表述、突发问题的应对等。在谈判中切忌模糊、啰唆的语言，这样不仅无法有效表达自己的意图，更可能使对方产生疑惑、反感情绪。在这里要明确一点，区分清楚沉稳与拖沓的区别，前者是语言表述虽然缓慢，但字字经过推敲，没有废话，而这样的语速也有利于对方理解与消化信息内容，这样的表达方式在谈判中是备受推崇的。在谈判中想靠伶牙俐齿，咄咄逼人的气势压住对方，往往事与愿违，多数结果不会很理想。

7. 做一颗柔软的钉子

商务谈判虽然不比政治与军事谈判，但是谈判的本质就是一种博弈、一种对抗，充满了火药味。这个时候双方都很敏感，如果语言过于直率或强势，很容易引起对方本能的对抗意识或招致反感。因此，商务谈判时要在双方遇到分歧时面带笑容，语言委婉的与对手针锋相对，这样对方就不会启动头脑中本能的敌意，使接下来的谈判不容易陷入僵局。

商务谈判中并非张牙舞爪，气势夺人就会占据主动，反倒是喜怒不形于色、情绪不被对方所引导、心思不被对方所洞悉的方式更能克制对手。至柔者长存，至刚者易损。想成为商务谈判的高手，就要做一颗柔软的钉子。

8. 曲线进攻

孙子曰"以迂为直"，克劳塞维斯将军也说过"到达目标的捷径就是那条最曲折的路"，由此可以看出，想达到目的就要迂回前行，否则直接奔向目标，只会引起对方的警觉与对抗。应该通过引导对方的思想，把对方的思维引导到自己的包围圈中，比如，通过提问的方式，让对方主动替你说出你想听到的答案。反之，越是急切想达到目的，越是可能暴露了自己的意图，被对方所利用。

9. 谈判是用耳朵取胜，而不是嘴巴

在谈判中我们往往容易陷入一个误区，那就是一种主动进攻的思维意识，总是在不停地说，总想把对方的话压下去，总想多灌输给对方一些自己的思想，以为这样就可以占据谈判主动。其实不然，在这种竞争性环境中，你说的话越多，对方会越排斥，能入耳的越少，能入心的更少，而且，你的话多了就挤占了总的谈话时间，对方也有一肚子话想说，被压抑下的结果则是很难妥协或达成协议。反之，让对方把想说的都说出来，当其把压抑心底的话都说出来后，就会像一个泄了气的皮球一样，锐气会减退，接下来你再反击，对手已经没有后招了。更为关键的是，善于倾听可以从对方的话语中发现对方的真正意图，甚至是破绽。

10. 控制谈判局势

谈判活动表面看来没有主持人，实则有一个隐形的主持人存在着，不是你就是你的对手。因此，要主动争取把握谈判节奏、方向，甚至是趋势。主持人所应该具备的特质是：语言虽不多，但是招招中的，直击要害，气势虽不凌人，但运筹帷幄，从容不迫，不是用语言把对手逼到悬崖边，而是用语言把对手引领到悬崖边。并且，想做谈判桌上的主持人就要体现出你的公平，即客观地面对问题，尤其在谈判开始时尤为重要，慢慢对手会本能地被你潜移默化地引导，局势将向对你有利的一边倾斜。

当双方在某个重要问题上僵持的时候，一方退后一步，抛出其他小利，作为补偿，把僵局打破，并用小利换来大利，或把整个方案调换一下顺序，蒙蔽了另一方的思维。乍听起来觉得不可思议，但在实际谈判中经常会出现这样的

情况，所以，首先要能跳出像脑筋急转弯一样的思维陷阱，而后要善于施小利、博大利，学会以退为进。在谈判中一个最大的学问就是学会适时地让步，只有这样才可能使谈判顺利进行，毕竟谈判的结果是以双赢为最终目的。

11. 让步式进攻

在谈判中可以适时提出一两个很高的要求，对方必然无法同意，我们在经历一番讨价还价后可以进行让步，把要求降低或改为其他要求。这些高要求我们本来就没打算会达成协议，即使让步也没损失，但是却可以让对方有一种成就感，觉得自己占得了便宜。这时我们其他的、相较起这种高要求要低的要求就很容易被对方接受，但切忌提出太离谱、过分的要求，否则对方可能觉得我们没有诚意，甚至激怒对方。先抛出高要求也可以有效降低对手对于谈判利益的预期，挫伤对手的锐气。

【技能训练】

请学生分组进行讨论，在商务谈判接待时要安排哪些工作，在谈判中又应注意哪些礼仪规范，4人一组。讨论接待时，学生们以自己为负责接待的工作人员就接待的注意事项进行阐述，小组其他成员进行补充和修正。讨论谈判礼仪规范时，学生们以自己为参与谈判的代表人员就谈判需要遵守的礼仪规范进行阐述，小组其他成员进行补充和修正，并共同探讨谈判的基本原则、部分国家的商务谈判风格、谈判技巧等，各抒己见。

步骤：

（1）学生分组讨论，4人一组，讨论在商务谈判接待时要安排哪些工作，有哪些注意事项；

（2）讨论时间结束后，教师抽取学生，上台论述若自己负责商务谈判接待要怎样做；

（3）请台下的同学进行点评，补充遗漏知识点，纠正错误知识点；

（4）小组继续讨论，在谈判过程中，要注意遵守哪些礼仪规范；

（5）讨论时间结束后，教师抽取学生，上台论述若自己是谈判代表在谈判过程中应注意哪些礼仪规范；

（6）请台下的同学进行点评，补充遗漏知识点，纠正错误知识点；

（7）以小组为单位，同学们探讨谈判的基本原则、谈判风格、谈判技巧等在真实商务谈判中的体现，各抒己见；

（8）教师抛出一个谈判主题，把所有小组分成两部分，一部分代表主方，另一部分代表客方，讨论谈判策略和方案，注意谈判基本原则、谈判风格、谈判技巧的使用；

（9）分别从主方和客方阵营中抽取一个小组，代表谈判的主方和客方上台表演，尽量使谈判成功；

（10）台下的同学边观看表演边思考，有哪些是做得非常对的，有哪些好的点子是自己没有想到的，有哪些表现是不恰当的，表演结束后请台下的同学进行点评；

（11）教师总结评论，商务谈判中，接待工作能够整体良好地展现企业形象，个人遵守礼仪规范和谈判基本原则并采用恰当的谈判风格和谈判技巧，不但能够提高团队整体素质，还能彰显个人魅力。

【案例分析】

美国人科肯受雇于一家国际性公司，担任很重要的管理职务，不久后他向上司请求见识一下大场面，出国谈判业务，使自己成为一个真正的谈判者。

机会终于来了，上司派他去日本。他高兴得不得了，认为这是命运之神赐给他的好机会。他决心要使日本人全军覆没，然后再进攻其他的国际团体。在出发之前，他做了大量准备工作，包括看了一大堆关于日本人的精神、心理、文化传统方面的书。

一踏上日本，两位日本朋友即迎了上来，护送他上了一辆大型轿车。他舒服地靠在轿车后座的丝绒椅背上，日本人则僵硬地坐在前座的两张折叠椅上。

——"为什么你们不和我坐在一起？后面很宽敞。"

——"不，你是一位重要人物。你显然需要休息。"

——"对了，你会说日语吗？在日本我们都说日语。"

——"我不会，但我希望能学几句。我带了一本日语字典。"

——"你是不是定好了回国的时间？我们到时可以安排轿车送你回机场。"

——"定好了，你们想得真周到。"

说着他把回程机票交给日本人，好让轿车知道何时去接他。当时他并没有在意，可是日本人就已经知道了他的谈判期限了。

日本人没有立即安排谈判，而是让这位美国朋友花了一个星期时间浏览了整个国家，从日本天皇的皇宫到东京的神社。他们向他介绍日本的文化，甚至让他了解日本的宗教。每天晚上花四个半小时，让他跪在硬板上，接受日本传统的晚餐款待。当他问及何时开始谈判时，日本人总是说，时间还很多，第一次来日本，先好好了解一下日本。

到了第十二天，他们开始谈判，并且提早完成去打高尔夫球。第十三天，又为了欢迎晚会而提前结束。第十四天早上，正式重新开始谈判，就在谈判到了紧要关头时，时间已不多了，要送他去机场的轿车开来了。他们全部上车继续商谈。就在轿车抵达终点的一刹那，他们完成了这笔交易。结果这次谈判科肯被迫向日本人作出了较大的让步，自己则惨败而归。

请思考以下问题：

（1）美国和日本之间的文化差异对谈判有无影响？

（2）美国人科肯这次谈判失败的原因是什么？

（3）日本人在这次谈判中使用了哪些策略？

【自测题】

项目一　公司会议

1. 会议的要素包括：（　　）（　　）（　　）（　　）（　　）（　　）。
2. （　　）是会议过程中的主持者和引导者。
3. （　　）是会议所要讨论的题目，所要研究的课题，或是所要解决的问题。
4. 会议的（　　）要求能概括并能显示会议的内容、性质、参加对象、主办单位以及会议的时间、届次、地点、范围、规模等。
5. （　　）是对会议所要通过的文件、所要解决的问题的概略安排，并冠以序号将其清晰地表达出来。
6. （　　）是指会议在一定时间内的具体安排。
7. 会议通知的方式有（　　）（　　）（　　）（　　）。
8. （　　）是指与会人员到达与会地点，并告知会议秘书部门。
9. 下列属于主持人基本礼仪规范的有（　　）。
   A. 应衣着整洁、大方庄重，精神饱满，切忌不修边幅，邋里邋遢
   B. 走上主席台应步伐稳健有力，行走的速度因会议的性质而定
   C. 主持过程中，切忌出现搔头、揉眼等不雅动作
   D. 言谈应口齿清楚，思维敏捷，简明扼要
10. 下列属于参会者礼仪规范的有（　　）。
    A. 应避免使用过于浓重的香水
    B. 应按时到会和离会，中途不随意进出
    C. 保持会场安静，不大声喧哗、交头接耳，不打瞌睡
    D. 认真听讲，可以准备纸笔记录下与自己工作相关的内容
11. 确定会议主题与议题属于（　　）工作流程。
    A. 会前　　　　B. 会中　　　　C. 会后　　　　D. 以上全不对
12. 安排与会人员离会时选择礼品要选择（　　）。
    A. 印有公司标志及宣传语的物品
    B. 价格非常昂贵的礼物，比如珠宝首饰和现金
    C. 体积小、重量轻、便于携带、实用、有特色的物品
    D. 洗发露、沐浴露、香皂、洗衣液等家庭实用日用品
13. 所谓（　　），是指会议主席的具体位置，不必面对会议室正门，而是应当背依会议室之内的主要景致之所在。
    A. 面门设座　　B. 依景设座　　C. 以右为上　　D. 以远为上
14. 主席台排座，具体又可分作（　　）三个不同方面的问题。
    A. 主席团排座　B. 主持人座席　C. 发言者席位　D. 群众席
15. 按照国际惯例，排定主席团位次的基本规则有（　　）。
    A. 前排高于后排　B. 中央高于两侧　C. 左侧高于右侧　D. 右侧高于左侧
16. 按照目前国内惯例，排定主席团位次的基本规则有（　　）。

A. 前排高于后排　　B. 中央高于两侧　　C. 左侧高于右侧　　D. 右侧高于左侧

项目二　商务谈判

1. 正式谈判场所的布置要以（　　）、（　　）为基本原则。

2. 商务谈判的基本原则包括（　　）（　　）（　　）（　　）（　　）（　　）。

3. 商务谈判时，若谈判桌横放，则正面对门为（　　），应属于（　　），背面对门为（　　），属于（　　）。

　　A. 上座　　　　　　B. 下座　　　　　　C. 主方　　　　　　D. 客方

4. 商务谈判时，若谈判桌竖放，则应以进门方向为准，右侧为（　　），属于（　　），左侧为（　　），属于（　　）。

　　A. 上座　　　　　　B. 下座　　　　　　C. 主方　　　　　　D. 客方

5. 商务谈判时，双方主谈人（首席代表）各在己方一边的中间就座，其余人员则遵循（　　）的原则，依照职位高低自近而远地分别在主谈人两侧就座。

　　A. 左高右低　　　　B. 右高左低　　　　C. 男士居右　　　　D. 女士居右

6. 商务谈判时，若有翻译，译员应安排在主谈人（　　）右侧。

　　A. 左侧　　　　　　B. 右侧　　　　　　C. 后侧　　　　　　D. 右后侧

7. 商务谈判时，入座时应（　　）入座，（　　）离席。

　　A. 左边　　　　　　B. 右边　　　　　　C. 左、右均可　　　D. 以上全不对

8. 出席商务谈判的男士要遵守相应的礼仪规范，下面正确的有（　　）。

　　A. 发型简单大方，长短适当，干净整齐

　　B. 不准留新潮、怪异的发型，不准蓬头乱发

　　C. 及时修剪指甲，保持手的干净整齐

　　D. 谈判前，不要进食大蒜、葱、韭菜、洋葱、腐乳之类的食物，保持牙齿清洁，没有食品残留物，也没有异味

9. 商务谈判过程中，下列哪些是商务谈判人员的正确的表现（　　）。

　　A. 说话要表达准确，口齿清晰，言辞有礼，要多用敬语和谦语，尽量采用委婉的表达方式

　　B. 商务谈判时，还要善于倾听对方的意见，要求准确把握对方的意图

　　C. 说话速度不宜太快，涉外谈判时，更应照顾到翻译的方便，说话的态度要友好、和善，面带微笑

　　D. 不要轻易打断别人的发言，即使有不同的观点和看法，也应等对方讲完后再表达

10. 所谓的（　　），就是在谈判过程中，双方在总体、原则一致的前提下，根据不同的谈判对象、不同的意愿、不同的市场竞争，采取灵活的谈判技巧，促使谈判成功。

　　A. 互惠互利原则　　　　　　　　　　B. 诚信原则

　　C. 灵活机动原则　　　　　　　　　　D. 坚持使用客观标准原则

11. "拖延战术"是（　　）惯用的手段。

　　A. 美国商人　　　　B. 英国商人　　　　C. 韩国商人　　　　D. 日本商人

12. （　　）谈生意就是直接谈生意，不会在谈判中培养双方的友好感情，而且

还力图把生意和友谊清楚地分开，显得比较生硬。

A. 美国商人　　B. 英国商人　　C. 韩国商人　　D. 日本商人

13. 如果己方没有与（　　）长期打交道的历史，没有赢得他们的信任，没有最优秀的中间人作介绍，就不要期望与他们做大生意。

A. 美国商人　　B. 英国商人　　C. 韩国商人　　D. 日本商人

14. 在谈判中可以适时提出一两个很高的要求，对方必然无法同意，我们在经历一番讨价还价后可以进行让步，把要求降低或改为其他要求。这属于（　　）商务谈判技巧。

A. 控制谈判局势　　　　　　　B. 做一颗柔软的钉子
C. 让步式进攻　　　　　　　　D. 准备多套谈判方案
E. 曲线进攻

案例分析——
商务会议

商务礼仪小知识
汇总　模块三

模块三——
实训资料

影视剧片段
欣赏——模块三

模块四

商务活动礼仪

> 耳听为虚，眼见为实。通过签字仪式、开业典礼、剪彩仪式、展览会、组织开放参观等商务专题活动，满足了公众眼见为实的心理需求，有较强的直观性、真实感，从而促进和加深了公众对企业、产品的了解与印象，提高了企业、产品的认知度和美誉度。开展各类商务活动是现代社会企业传达和交流信息的重要手段之一。

【学习重点】签字厅的布置和座次安排；开业典礼流程；剪彩仪式位次排序和礼仪规范。

项目一 签 字 仪 式

签字仪式是为了体现合同的严肃性，在签署合同时郑重举行的仪式。严格地遵守签字仪式的程序及礼节规范，不仅能显示出签字仪式的正式、庄重、严肃，同时也能表明双方对缔结条约的重视及对对方的尊重。

【知识目标】掌握签字仪式中签字文本的准备内容和签字厅的布置，掌握签字仪式的座次安排，了解签字仪式的整体流程。

【技能目标】具备基本的安排签字仪式准备工作的能力，保证签字仪式的顺利进行，能够正确地安排签字仪式的位次排序。

【素质目标】能够顺利地完成组织签字仪式的任务，能详细周全地完成各项事宜，能够给合作者留下良好的个人印象和企业形象。

【思政园地】

小 问 题

在我们酒店正在进行一场签字仪式，我作为服务人员有幸目睹全过程。签字厅布置得庄重、整洁，地上铺满地毯，无论什么样的鞋子走在上面都没有声音。签字桌上铺设深绿色台布，给人一种沉稳、考究的感觉。我不自觉地就放低了声音，放缓了脚步。

一切就绪，签字仪式开始了。我和经理坐在最后面，时刻准备着为客人服

> 务，处理各种突发事件。签字仪式有条不紊地进行着，主客双方各自有助签人，穿着优雅的套裙，为主签人翻揭文本。其中一位助签人直起身来，拿着签好的文本等待着，结果另一位助签人过了好久才签完。我觉得很别扭，但是又说不出具体的缘由。经理见状，小声对我解释说："确实有问题，训练有素的助签人会用余光瞥见对方的签字速度，尽量做到步调一致，几乎同时签完。"我恍然大悟，原来如此。

任务一　准备工作

签字仪式，通常是指订立合同、协议的各方在合同、协议正式签署时所正式举行的仪式。举行签字仪式，不仅是对谈判成果的公开化、固定化，而且也是有关各方对自己履行合同、协议所做出的一种正式承诺。在商务交往中，签字仪式非常受到商界人士的重视。

【任务导入】

北京合贻餐饮与济南国际食品有限公司谈判成功，两家企业开始寻求合作和共同发展，决定在济南合作，进军山东餐饮市场。签字仪式在济南国际食品有限公司举行。要准备哪些工作呢？

【任务分析】

要准备好签字文本，要布置好签字厅。

【相关知识】

一、签字文本的准备

依照商务习惯，在正式签署合约之前，应由举行签字仪式的主办方负责准备好待签合同的正式文本。签约中的"约"至关重要，一旦签订即具有法律效力，所以对待签文本的准备工作要慎重严肃、不可马虎。

（一）文本定稿

一般谈判的过程，就是定稿的过程。谈判结束后，双方应指定专人按达成的协议共同做好文本的定稿、翻译、校对、印刷、装订、盖印等工作。除了核对谈判的内容与文本的一致性以外，还要核对各种附件、批件及证明等是否完整、准确、真实有效，如有争议或处理不当，应在正式签约之前，通知各方再进行谈判，以达成一致。

（二）使用的文字的确定

涉外的双方缔约，依照国际惯例，待签的合同文本应同时使用有关各方法定的官方语言，必要时还可以使用第三种文字，如国际上通行的英语。使用外文撰写的时候应反复推敲、字斟句酌，不要望文生义或乱用词汇。

（三）正本和副本的确定

按常规，会谈的正式文本分正本（即签约文本）与副本，正本由各方各自保存，或由专门的机构保存。副本不用签字、盖章，或者只盖章、不签字。

（四）文本盖章

为了保证文本在签字之后立即生效，一般在举行签字仪式前，先要在签字文本上盖上双方的公章，外交方面的签字文本须事先加盖火漆印。

（五）文本装订

待签文本应用高档精美的纸张印刷，按大八开的规格装订成册，并以真皮、仿皮或其他高档质量的材料作为封皮，以示郑重。

二、签字厅的布置

举行签字仪式的场地，一般视参加签字仪式的人员规格、人数以及协议中商务内容的重要程度来确定。一般要选择较有影响的、结构庄严的、宽敞明亮的、适宜签字的大厅。多数是选择在客人所住的宾馆、饭店或主办方的会客厅、洽谈室。签字场所的选择应由有关各方共同协商，任何一方自行决定后再通知其他各方，都属于失礼行为。

布置签字厅总的原则就是要庄重、整洁、清净。

标准的签约厅应该在室内铺满地毯，除了必要的签字用桌椅外，不需要其他的陈设。正规的签字桌应该为长桌，且面对正门摆放，其上最好铺设深色的台布（注意要考虑的对方的习惯和禁忌）。在其上方应悬挂"××××项目签字仪式"字样的横幅。在它的后面，可根据签署协议的不同摆放适量的座椅。签署双边性合同时，可放置两张座椅供签字人就座。签署多边合同时，可以仅放一张座椅，供各方签字人签字时轮流就座；也可以为每位签字人都各自提供一张座椅。签字人在就座时，一般应当面对正门。

在签字桌上，应事先安放好待签文本，以及签字笔、吸墨器等签字时所用的文具。签字桌上可放置各方签字人的席卡，如是涉外签约仪式，应当用中英文两种文字标示，并在签字桌上插放有关各方的国旗。插放国旗时，在其位置与顺序上，必须按照礼宾序列而行。如签署双边涉外商务合同时，国旗须插放在该方签字人座椅的正前方。

有时在签字仪式结束后，各方举行小型酒会，举杯共庆会谈成功。工作人员应事先准备好香槟酒、酒杯等。

【技能训练】

请学生分组进行讨论，如何准备签字文本和布置签字厅，4人一组。小组展开充分讨论，不断进行补充和修正。

步骤：

（1）学生分组讨论，4人一组；

（2）讨论时间结束后，教师抽取学生，上台阐述如何准备签字文本和布置签字厅；

（3）请台下的同学进行点评，补充遗漏知识点，纠正错误知识点；

（4）教师再抽取几位同学上台阐述；

（5）教师总结评论。

签字仪式之位次排序

任务二 座次安排

从礼仪上来讲，举行签字仪式时，在力所能及的条件下，一定要郑重其事，认认真真。其中最为引人注目的，当属举行签字仪式时座次的排列方式问题。

【任务导入】

北京合贻餐饮与济南国际食品有限公司谈判成功，两家企业开始寻求合作和共同发展，决定在济南合作，进军山东餐饮市场。签字仪式在济南国际食品有限公司举行。签字文本已准备好，签字厅也已布置完毕，签字时的座次应怎样安排呢？

【任务分析】

排位方式遵循以右为贵。

【相关知识】

签字场所的桌台设置和人员位次应符合礼宾礼仪的要求。通常有以下四种设置和排位方式。

（1）在签字厅内设置一张长条桌作为签字桌，桌后为签字人员准备的两把或多把座椅，注意按照国际惯例，排位方式为以右为贵，主左客右。如果是涉外签字仪式，还应在签字桌中央摆放一旗架，上面悬挂或叉摆签字双方的小国旗。其余的参加签字仪式的主客方代表依身份高低从中央向两侧分站于自己一方签字人的座位后面，如图4-1所示。在我国的签字仪式多采用这种形式。

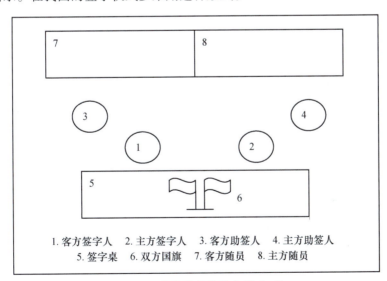

图4-1 签字仪式排位方式（一）

（2）在签字厅内设置一张长条桌作为签字桌，桌后为签字人员准备两把或多把座椅，注意按照国际惯例，排位方式为主左客右。与第一种方式不同的是双方的国旗分别悬挂在各自的签字人员座位后面,其余参加签字仪式的人员依身份顺序分别坐在自己一方签字人的对面,如图4-2所示。

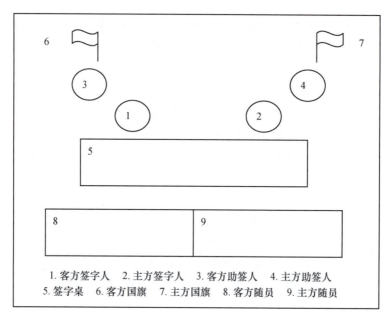

图4-2 签字仪式排位方式(二)

(3)签字厅内设两张或多张桌子为签字桌,按照国际惯例,主左客右,双方签字人各坐一桌,小国旗分别悬挂在各自的签字桌上,参加签字仪式的人员按主客各一方并依顺序分别坐在自己一方签字人的对面,如图4-3所示。

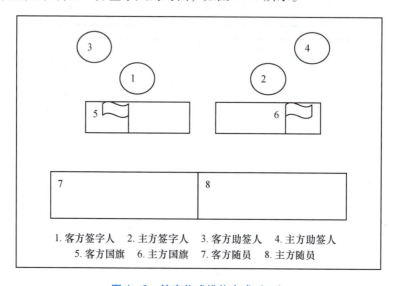

图4-3 签字仪式排位方式(三)

(4)多边签字时,只签1份正本。签字人员座次按国家英文名称当头字母顺序排列。排列最前的国家居中,以下按顺序先右后左向两边排开。参加人员按身份高低从前向后就座。

【技能训练】

请学生分组进行讨论，如何安排签字仪式座次，8人一组。1人代表客方签字人，1人代表主方签字人，1人代表客方助签人，1人代表主方助签人，2人代表客方随员，2人代表主方随员。先在座位上讨论演练，再上台表演。

步骤：

（1）学生分组讨论，8人一组，分角色扮演相关职位，在座位上进行情景模拟；

（2）讨论时间结束后，教师抽取学生，上台表演签字仪式座次安排；

（3）请台下的同学进行点评；

（4）教师再抽取几组同学上台表演；

（5）教师总结评论，签字仪式中，座次安排一定不能出错。

任务三　整体流程

签字仪式是由双方正式代表在有关协议或合同上签字并产生法律效力，体现双方诚意和共祝合作成功的庄严而隆重的仪式。要保证签字仪式的顺利进行和圆满成功，就一定要掌握签字仪式的整体流程，每个环节都要仔细周全，不可出错。

【任务导入】

北京合贻餐饮与济南国际食品有限公司谈判成功，两家企业开始寻求合作和共同发展，决定在济南合作，进军山东餐饮市场。签字仪式在济南国际食品有限公司举行。签字仪式的整体流程是怎样的呢？

主签人

【任务分析】

开始入座→签署文本→交换文本→举杯庆贺→合影留念→退场。

主签人法定资格

【相关知识】

一、开始入座

有关各方人员进入签约厅，签字人在既定的位次上坐好，其他人员按主客身份排列入座。

双方助签人分别站在己方签字者的外侧，协助翻揭文本，指明签字处，并为已签署的文件吸墨。

签字之助签人礼仪

二、签署文本

一般来讲，签字人签署文本通常的做法是先签署己方要保存的合同文本，再签署对方要保存的合同文本。按礼仪惯例，每个签字人在由己方保留的合同文本上签字时，应当名列首位。这一做法在礼仪上称为"轮换制"，即在位次排列上，通过轮流，使有关各方有机会居于首位一次，以显示各方平等。

签字仪式之轮换制

三、交换文本

交换文本

双方签字人签字完毕，应交换正式签署的文本，均保留本方首签的文本。交换后，各方签字人应热烈握手，互致祝贺，而且可以相互交换各自方才使用过的签字笔，作为纪念。这时全场人员应该鼓掌，表示祝贺。

四、举杯庆贺

举杯庆贺

交换已签订的合同文本后，礼宾小姐会用托盘端上香槟酒，有关人员，尤其是签字人当场干上一杯香槟酒，这是国际上通用的旨在增添喜庆色彩的做法。同时也可接受新闻媒体的采访，并就签约事宜回答其提问。

五、合影留念

合影留念

签约仪式接近尾声时，一般应邀请各方人员一起进行拍照留念。一般是由客方人员按其身份自左至右居于右侧，主方人员按其身份自右至左居于左侧。若一行站不开时，则可参照"前高后低"的规则，排成两行或三行，位次原则是中央高于两侧，前排高于后排，就座的人高于站立的人。

六、退场

签字仪式完毕后，先请双方最高领导退场，然后请客方人员退场，最后是主方人员退场。整个签字仪式的时间以半小时为宜。

【技能训练】

请学生分组进行讨论，签字仪式的流程是怎样的，8人一组。1人代表客方签字人，1人代表主方签字人，1人代表客方助签人，1人代表主方助签人，2人代表客方随员，2人代表主方随员。先在座位上讨论演练，再上台表演。

步骤：

（1）学生分组讨论，8人一组，分角色扮演相关职位，在座位上进行情景模拟；
（2）讨论时间结束后，教师抽取学生，上台表演签字仪式的流程；
（3）请台下的同学进行点评；
（4）教师再抽取几组同学上台表演；
（5）教师总结评论。

【案例分析】

中国的一家企业前往日本寻求合作伙伴。到了日本之后，经过多方努力，找到了一家很有声誉的日本大公司，经过长时间的讨价还价，双方决定草签一个协议。正式签约那天，由于有点事耽误了几分钟，结果到达签字厅的时候，日方人员正在恭候他们的到来。他们个个衣着整齐，但是，当见到他们进来之后，日方人员毕恭毕敬的鞠了一个大躬，随后集体退出大厅，合作功亏一篑。

请思考以下问题：

该企业的失礼之处在哪里？

项目二 开业典礼

开业典礼，是指在单位创建、开业，项目完工、落成，某一建筑物正式启用，或是某项工程正式开始之际，为了表示庆贺或纪念，而专门按照一定的程序所隆重举行的庆典。有时，开业仪式亦称作开业典礼。

【知识目标】掌握开业典礼的基本知识，了解不同场合下的开业典礼流程。

【技能目标】具备基本的组织开业典礼的能力，能够做出开业典礼的策划方案。

【素质目标】能够顺利地完成安排开业典礼的任务，并能够给来宾留下良好的个人印象和企业形象。

【思政园地】

隆重的开业庆典

大一的王杰同学放寒假回家了。和朋友逛街时，他们被一阵欢快喜庆的音乐吸引住了。抬头望去，只见远处一片人山人海，十几个大红色的空飘气球漂亮极了。他们也忍不住跑上前观看。离得近了，他们方看到还有硕大的彩虹门，醒目的数量庞大的花篮和墙面竖幅，原来是一家商场开业。现场人头攒动，堵得简直水泄不通。王杰喊了一声："快看，竟然还有碉堡气球和皇家礼炮！"正在进行的是歌舞表演，嘹亮的歌声，动感的节拍，大家都开心地笑起来，歌声、掌声响彻广场。后来还有舞狮表演，王杰看到嘉宾拿着毛笔在狮子的眼睛上点上朱砂，同时主持人说："一点开业大吉，二点生意兴隆……"王杰兴奋极了，说："太有意思了！咱们就在这看吧，过会也进这个商场逛逛！"

任务一 筹备工作

开业典礼在商界一直颇受人们的青睐。因为开业典礼对于商家自身事业的发展裨益良多。从来宾出席情况到庆典氛围的营造，再到庆典活动的整体效果，都会给人留下深刻的印象。

【任务导入】

公司在新市区的新址建成，要举行隆重的开业典礼。若公司安排你来做开业典礼的筹备工作，你该做哪些工作呢？

【任务分析】

制定出详细的策划方案。从时间、地点的确定，现场的布置，到来宾的邀请，舆论的宣传，礼品的准备，要面面俱到，不可有任何疏忽。

【相关知识】

一、开业典礼的概念及作用

（一）开业典礼的概念

开业典礼，是指各类企业在开始成立或正式运营时，为表示祝贺，按照一定程序专门隆重举行的一种热闹庆典。它是企业第一次公开向社会公众"亮相"，所以为企业扩大影响，树立良好的企业形象，必须经过周密的策划和精心的安排。开业典礼礼仪，一般是指在开业典礼的准备和运作具体过程中所应当遵守的礼仪惯例。

（二）开业典礼的作用

（1）有助于向社会公众树立良好的企业形象，提高企业的知名度与美誉度。

（2）有助于扩大企业的社会影响力，吸引社会各界的关注。

（3）有助于企业的对外宣传，为企业招揽顾客。

（4）有助于让支持过企业的社会各界与企业一同分享成功的喜悦，进而为今后的进一步合作奠定良好的基础。

（5）有助于增强企业全体员工的自豪感与责任心，从而为企业创造出一个良好的开端。

二、开业典礼应遵循的原则

开业典礼基本的要求就是要"热烈、欢快、隆重"，但要在极短的时间里营造出如此气氛，取得成功也绝非易事。筹备开业典礼，在思想上应遵循"热烈、缜密、节俭"三项原则。

（一）热烈原则

即在开业典礼整个过程中的气氛应达到"热烈、欢快、隆重"的标准，不能过于沉闷乏味，不能平平淡淡、走走过场。

（二）缜密原则

即开业典礼的主办单位在典礼过程中既要遵循礼仪惯例，又要具体情况具体分析，认真策划，分工到位；注重细节，一丝不苟；力求周密，严防临场出错；做好预案，以防出现意外情况时能及时采取补救措施。

（三）节俭原则

即在典礼的整个过程中，要提倡节俭，反对铺张浪费，在典礼的经费支出方面要量力而行。

三、开业典礼的筹备

（一）成立筹备小组

开业典礼一经决定举行，首先应成立筹备小组，对开业典礼全程全权负责。筹备小组成员通常由各方有关人士组成，应该具有较强的组织能力及协调能力。在筹备小组内部，应根据具体工作的需要设若干专项小组，分别负责公关、会务、接待、财务等方面的事宜，并各负其责。

开业典礼
紧急预案

（二）开业典礼的时间及举行地点的确定

1. 时间的确定

（1）关注天气预报。提前向气象部门咨询最近天气情况，开业典礼最好是在阳光明媚的日子里举行。

（2）考虑企业场所的建设、施工情况。

（3）考虑主要嘉宾及领导的时间。

（4）考虑民众的心理和习惯。在我国，数字6、8、9比较被民众看好。

（5）考虑居民的生活时间。开业典礼不能扰民，一般安排在上午9点到10点之间最为恰当。

2. 举行地点的确定

在选择具体地点的时候，应结合庆典的规模、影响力以及本单位的实际情况来决定。开业典礼举行的场地要有足够空间，场内空间和场外空间比例要合适，同时也要考虑交通是否便利及停车位是否充足，一般设在企业的经营场所或租用大型会议场所。

（三）活动方案的制定

为使开业典礼顺利举行，在进行准备工作时，必须制定典礼活动方案。活动方案应包括开业典礼的主题名称、规格、邀请范围、典礼的基本程序、主持人和致辞人的选定、经费的安排、开幕词、宣传材料及新闻通讯材料的撰写等。

（四）做好来宾邀请工作

开业典礼一般要邀请有关领导、社会知名人士、同行合作者以及新闻记者的参加，在力所能及的条件下，要力争多邀请。为表示尊重，应认真书写邀请函，并装入精美的信封由专人提前送达对方手中，以方便对方早作安排。此外，还要随时掌握来宾情况，庆祝前一天应再电话联系落实。

开业典礼嘉宾
邀请

（五）做好舆论宣传工作

1. 舆论宣传的途径

举办开业典礼的主要目的在于塑造企业的良好形象，所以必须做好舆论宣传，力争引起公众的注意，争取公众的认可和接受。舆论宣传的主要途径有：

（1）报纸、杂志及网络等媒介传播。

（2）自制广告，向公众散发传播。

（3）运用电台、电视台等大众媒体进行传播。

（4）在企业建筑物周围设置醒目的条幅、广告、宣传画进行传播。

2. 舆论宣传的内容

宣传的内容一般包括开业典礼举行的日期、举行的地点、企业经营的范围及特色、开业的优惠情况等。开业典礼的宣传广告在开业前 3～5 天发布。

（六）活动现场布置

1. 现场布置的重要性

开业典礼现场布置

举行庆祝仪式的现场，是庆典活动的中心地点。活动现场的安排、布置是否恰如其分，往往直接关系到全体出席者对庆典印象的好坏。

2. 现场布置的内容

依据仪式礼仪的有关规范，商务人员在布置庆典现场时，需要注意的两点是：按开业典礼惯例，举行开业典礼时宾主一律站立，故一般不布置主席台或座椅；为显示隆重与敬客，可在来宾尤其是贵宾站立之处铺设红地毯，还应在醒目位置放置来宾赠送的花篮。

开业典礼功能区域

3. 现场环境的美化

在反对铺张浪费的同时，应量力而行，着力美化庆典现场环境。为了烘托出热烈、隆重、喜庆的气氛，可在主席台悬挂横幅，在现场四周悬挂气球、彩带及彩灯，并适当张贴宣传标语。如果有能力，还可以请由本单位员工组成的乐队演奏音乐，营造热闹氛围，但应当适度。

（七）做好各种物质准备工作

1. 设备准备

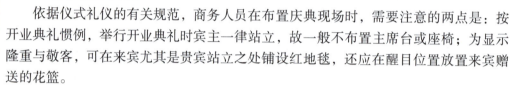

开业典礼物料

在举行庆典之前，务必要把音响设备准备好，尤其是供来宾讲话时使用的麦克风和传声设备，在关键时刻，绝不允许临阵"罢工"，而让主持人手忙脚乱、大出洋相。同时，也要准备好一些经过审查的喜庆、欢快的乐曲，供庆典举行前后播放。特别要注意照明设备的检查和调试，最好备有小型发电机，以应付临时停电。开业典礼所需的其他各种用具、设备，也要准备并调试好。

2. 礼品准备

赠予来宾的礼品，一般属于宣传性范畴之内的物品，如能选择得当，必定会产生良好的效果。所赠礼品应突出其宣传性、荣誉性、价值性和实用性等特点。一般来说，选用本企业的产品，或购买礼品，并在其外表或外包装上印刷本企业的标志、产品图案及广告用语等作为礼品的居多。

3. 交通工具准备

要准备用于接送宾客和运送货物等的交通工具。

4. 就餐准备

统计好到会的人数，安排好就餐的座次，准备好就餐用具及食物等。一般可由本企业食堂负责或在酒店包场。

（八）宾客的接待安排

在举行开业仪式的现场，一定要有专人负责来宾的接待服务工作。负责礼宾工作的接待小组，原则上应由年轻、精干、身材与形象较好、口头表达能力和应变能力较强的男女青年组成。接待小组的成员必须以主人翁的身份热情迎客。在接待贵宾时，需有本企业主要负责人亲自出面。

要设置专门的接待室，以便正式开始之前让来宾休息、交谈；要有专门的人员负责引导入场、签到、留言，以及后勤保障工作，包括：茶水供应、纪念品发放、现场秩序维护和安保工作。

四、开业典礼的程序

开业典礼流程

（一）签到

宾客到场后，有专人请他们签到。签到簿以红色封面、内部纸张以装饰美观的宣纸为宜。若此时企业有关于产品经营项目及公司全方位的说明的资料，均可发给到场的宾客，以扩大企业的知名度。

（二）接待

宾客签名后，由接待人员引到备有茶水、饮料的接待室，让他们稍事休息并相互认识。本公司人员应在此陪同宾客进行交流，可以谈一些本公司的事情，或者说些对宾客表示感谢的话语。

（三）剪彩

如果是大型工程破土动工奠基仪式、工程竣工仪式、公司成立、商场开业等庆典活动，活动开始时都要进行剪彩。这时，礼仪小姐手持托盘，将用彩带扎成的花朵相互连着放在托盘上，可以放置红色方口布，口布上面放花朵及剪刀，同时配以热烈的音乐。当主持人出场时，音乐停止，主持人进行简单致辞，宣读到会来宾，并表示谢意。

剪彩开始，由主持人宣布剪彩人员的单位、职务、人名，主席台上的人员一般要位于剪彩者身后1~2米外。剪彩者穿着端庄整齐的服饰，并保持稳重的姿态，走向彩带，步履稳健，全神贯注，不能和别人打招呼。拿剪刀时应微笑向服务人员礼仪小姐表示谢意，待剪彩完毕时，应向四周观礼者鼓掌致意。

（四）致辞

由主客双方领导或者代表致辞。无论是开幕词、开业贺词、答谢词、开业庆典主持词均应言简意赅、热烈庄重，切忌长篇大论。

（五）节目

典礼完毕，宜安排些气氛热烈的节目，如敲锣打鼓、舞狮子、播放喜庆音乐等。在允许燃放鞭炮的地区，还可以燃放鞭炮、礼花、礼炮等，制造喜庆气氛。此外，还可以请乐队演奏。

（六）参观、座谈或聚会

主持人宣布仪式结束，即可引导客人参观工程、组织、公司、商店。可介绍主要设施或特色商品，以融洽与同行的关系，也可以举行短时间的座谈或请来宾在留言簿上签字。之后，还可以安排舞会、宴会等来答谢来宾。

（七）赠送纪念品

如果是企业、公司或商场"某某周年庆典"活动，可以准备纪念品赠送自己的员工和来宾，使员工感到主人翁的优越意识，使来宾们有受到尊重的感觉，以此达到感情交流的目的；还可以进行职工文艺表演，以示庆祝；也可以举行大型促销活动。

五、开业典礼的基本礼仪

（一）主办方的基本礼仪

1. 仪容整洁，着装规范

所有出席和参加开业典礼的人员，都应注意适当的修饰，女士要适当化妆，男士应理发剃须。有条件的企业最好统一着装，显示企业特色。

2. 遵守时间，准备充分

出席本企业开业典礼的人员应严格遵守时间，不得迟到、无故缺席或者中途退场。开业典礼应准时结束，以向社会证明企业的信用。典礼所有的设备及相关物品应准备充分，不能丢三落四。

3. 举止文明，态度友好

出席典礼的所有人都应该注意自己的言行举止，不可在典礼的进行中打瞌睡或做其他与典礼无关的事情，不能嬉戏打闹、东张西望，不能垂头丧气、心不在焉。遇到来宾应主动热情，对来宾的提问应积极友善的答复。来宾发表贺词后，应主动鼓掌表示感谢，不能随意打断来宾的讲话或向其提出具有挑衅性质的问题等。

4. 时间宜短，程序宜简

时间宜短不宜太长，通常来说，应以一个小时为其极限。这既为了确保其效果良好，也是为了尊重全体出席者，尤其是为了尊重来宾。程序宜简不宜繁，程序过繁杂，不仅会加长时间，而且还会分散出席者的注意力，并给人以庆典内容过于凌乱之感。

（二）宾客的基本礼仪

1. 准时到场

对于应邀参加开业典礼的宾客来说，为表示对主办方的尊重，应准时到场，不要迟到。一般情况下可以提前10～30分钟到场。如果有特殊情况不能到场，应尽早通知主办方，不要辜负主办方的一番好意。

2. 赠送贺礼

应邀参加开业典礼者，一般应送主办方诸如花篮、牌匾之类的贺礼，以表祝贺，并在贺礼上写明庆祝对象、庆祝缘由、贺词及祝贺单位。

3. 举止得体

进行典礼时，参加典礼人员要面带微笑，要温和、谦恭、庄重。当遇到主办方人员伸手来握手时，应热情相握，不可迟缓或回绝。对方招手示意，也应含笑点头作答，不要给人以清高冷淡感。

4. 礼貌告辞

当典礼结束时，宾客在离开前应主动与主办方负责人、典礼主持人及相关服务人员等握手告别，并致谢意。切不可迫不及待地匆匆离去，或不辞而别。如有特殊情况必须离开，应向主办方负责人说明原因，并致歉意。

【技能训练】

请学生分组进行讨论，如何制作开业典礼的策划方案，4人一组。小组成员要对开业典礼的筹备工作的具体内容进行罗列，热烈讨论，不断进行补充和修正。

步骤：

（1）学生分组讨论，4人一组，讨论如何制作开业典礼的策划方案；

（2）讨论时间结束后，教师抽取学生，上台展示本小组制作的方案；

（3）请台下的同学进行点评，补充遗漏知识点，纠正错误知识点；

（4）教师再抽取几组同学上台展示；

（5）所有小组上交策划方案，教师进行总结评论。

【案例分析】

> 某酒店为庆祝开业，在酒店门口举行隆重而盛大的开业典礼。邀请到了全市的重要领导及知名人士，同时还预约到了电视台对现场进行记录和报道。典礼开始时，尽管主持人热情洋溢地念着祝词，但是话筒却产生不断的啸叫，令现场人员直捂耳朵。主持人话还没有讲完，话筒就突然掉到地上摔坏了。等换好了话筒之后，天又下起了大雨，只好中途暂停。待到将活动移到酒店大厅，人员就绪时，又突然停电。整个现场一片混乱，该酒店总经理只好将典礼延后举行。
>
> 请思考以下问题：
>
> 该酒店在开业典礼筹备工作中有哪些工作做得不好？

任务二　类型与流程

开业典礼其实是一个统称。在不同的适用场合，它往往会采用其他一些名称，例如开幕典礼、开工典礼、奠基典礼、破土典礼、竣工典礼、下水典礼、通车典礼、通航典礼等。它们的共性，都是要以热烈而隆重的庆典，来为本单位的发展创造一个良好的开端。这些开业典礼在庆典的具体操作流程上存在着不少的差异，需要有所区别。

【任务导入】

开幕典礼、开工典礼、奠基典礼、破土典礼、竣工典礼、下水典礼、通车典礼、通航典礼都属于开业典礼，它们的流程分别是怎样的呢？

【任务分析】

在不同的适用场合，开业典礼有不同的名称，要区别对待，并遵守相应的礼仪规范。

【相关知识】

一、开幕典礼

在众多的开业典礼之中,最常见的首推开幕典礼。开幕典礼仅仅是开业典礼的具体的形式之一,通常是指公司、企业、宾馆、商店、银行在正式启用之前,或是各类商品的展示会、博览会、订货会正式开始之前,所正式举行的相关典礼。每当开幕典礼举行之后,公司、企业、宾馆、商店、银行将正式营业,有关商品的展示会、博览会、订货会将正式接待顾客与观众。

开幕典礼的步骤:

第一步,宣布典礼开始,全体肃立,介绍来宾。

第二步,邀请领导或社会知名人士进行揭幕或剪彩。

第三步,在主人的亲自引导下,全体到场者依次进入幕门。

第四步,主人致辞答谢。

第五步,来宾代表发言祝贺。

第六步,主人陪同来宾参观。

二、开工典礼

开工典礼主要出现在生产企业,即生产企业准备正式开始生产产品,所专门举行的庆祝性、纪念性的活动。

为了使出席开工仪式的全体人员均能耳濡目染、身临其境,按照惯例,开工典礼大都讲究在生产现场举行。除司仪人员按惯例应着礼仪性服装之外,东道主一方的全体职工均应穿着干净而整洁的工作服出席典礼。

开工典礼的步骤:

第一步,宣布典礼开始,全体起立,介绍各位来宾,奏乐。

第二步,在司仪的引导下,由本单位的主要负责人陪同来宾行至开工现场肃立。

第三步,正式开工。全体人员此刻应鼓掌祝贺,并奏乐。

第四步,全体职工各就各位,上岗进行操作。

第五步,在主要负责人的带领下,全体来宾参观生产现场。

三、奠基典礼

奠基典礼通常是指一些重要的建筑物,在动工修建之初,所正式举行的庆贺性活动。对于奠基仪式现场的选择与布置,很有一些独特的规矩。

奠基仪式举行的地点一般应选择在动工修筑物的现场,而奠基的具体地点按常规应选择在建筑物正门的右侧。在一般情况下,用于奠基的奠基石应为一块完整无损、外观精美的长方形石料。在奠基石上,文字通常应当竖着写。

在其右上方应刻有所建建筑物的正式名称,左下方则应有奠基单位的全称以及举行奠基仪式的具体年月日。奠基石上的字体,大都讲究用楷体字刻写,并且最好是白底金字或者黑字。在奠基石的下方或一侧,还应安放一只密闭完好的铁盒,内装该建筑物的各项资料以及奠基人的姓名。届时,它将同奠基石一起被奠基人等培土掩埋于地下,以示纪念。通常,在奠基仪式的举行现场应设立彩棚,安放该建筑物的模型或设计图、效果图,并使各种建筑机械就位待命。

奠基典礼的步骤:

第一步,仪式正式开始,介绍来宾,全体起立。

第二步,奏国歌。

第三步,主人对该建筑物的功能以及规划设计进行简介。

第四步,来宾致辞道喜。

第五步,正式进行奠基。

四、破土典礼

破土典礼也被称为破土动工。它是指在道路、河道、水库、桥梁、电站、厂房、机场、码头、车站等正式开工之际,所专门举行的动工典礼。

对于破土典礼的举行地点,大多应选择在工地的中央或其某一侧。对于举行典礼的现场,务必事先认真清扫、平整、装饰,至少也要防止出现道路坎坷、泥泞,或是卫生不好的情况。一般而言,奠基典礼与破土典礼在具体程序方面大同小异,而适用范围亦大体相同。因此,这两种仪式不适宜同时进行。

破土典礼的步骤:

第一步,宣布仪式开始,介绍来宾,全体肃立。

第二步,奏国歌。

第三步,主人致辞,以介绍和感谢为其发言重点。

第四步,来宾致辞祝贺。

第五步,正式破土动工。其常规做法是:首先由众人环绕于破土之处的周围肃立,并且目视破土者,以示尊重。接下来,破土者须双手拿着系有红绸的新锹垦土三次,以示良好的开端。最后,全体在场者一道鼓掌,并演奏喜庆音乐,或燃放鞭炮。

五、竣工典礼

竣工典礼又称落成典礼或者建成典礼。它是指本单位所属的某一建筑物或某项设施建设、安装工作完成后,或者是某一纪念性、标志性建筑物建成后,以及某种意义特别重大的产品生产成功之后,所专门举行的庆贺性活动。

竣工典礼举行的地点大多应当选择在新落成的建筑物之外或者旁边。应予重视的是,在竣工典礼举行时,全体出席者的情绪应与仪式的具体内容相适应。如庆贺大厦落成,应当表现得欢快而喜悦;庆祝纪念碑建成,则须表现得庄严而肃穆。

竣工典礼的主要步骤:

第一步,宣布仪式开始,介绍来宾,全体起立。

第二步,奏国歌,并演奏本单位的标志性歌曲。

第三步,本单位负责人发言,以介绍、感谢、回顾为主要内容。

第四步,进行揭幕或剪彩。

第五步,全体人员向刚刚竣工的建筑物,郑重其事的恭行注目礼。

第六步,来宾致辞。
第七部,进行参观。

六、通车典礼

通车典礼大都是在重要的交通建筑完工并验收合格之后,所正式举行的启用典礼。

举行通车典礼的地点通常均为新建公路、铁路、地铁线路的某一端,新建桥梁的某一头,或者是新建隧道的某一侧。在现场附近以及沿线两旁,应当适当的插上彩旗、挂上彩带。必要时,还应该设置彩色的牌楼,并悬挂横幅。在通车典礼上,被装饰的重点应当是用以进行"处女航"的汽车、火车等。在车头之上,一般应系上红花。在车身两侧,则可酌情插上彩旗、系上彩带,并且悬挂上醒目的大幅宣传性标语。

通车典礼的步骤:

第一步,宣布仪式开始。介绍来宾,全体起立。
第二步,奏国歌。
第三步,主人致辞。其主要内容:介绍即将通车的新线路、新桥梁或新隧道的基本情况,并向有关方面谨致谢意。
第四步,来宾代表致辞祝贺。
第五步,正式剪彩。
第六步,首次正式通行车辆。届时,宾主及群众代表应一起登车而行。

七、下水典礼

所谓下水典礼,自然是指在新船建成下水之时所专门举行的典礼。准确地讲,下水典礼乃是造船厂在吨位较大的轮船建造完成、验收完毕、交付使用之际,为其正式下水起航而特意举行的庆祝性活动。

按照国际上目前所通行的做法,下水典礼基本上都是在新船所在的码头上举行的。届时,应对现场进行一定程度的美化。在新船所在的码头附近,应设置专供来宾观礼或休息之类的彩棚。对下水典礼的主角新船,亦需认真进行装扮,即一般要在船头扎上由红绸结成的大红花,并且在新船的两侧船舷上扎上彩旗,系上彩带。

新船下水典礼的步骤:

第一步,宣布仪式开始。介绍来宾,全体起立,乐队奏乐。
第二步,奏国歌。
第三步,主人致辞。由主人简介新船的基本情况。
第四步,由特邀掷瓶人行掷瓶礼。砍断缆绳,新船正式下水。
第五步,来宾代表致辞祝贺。

八、通航典礼

通航仪式又称首航典礼。它是指飞机或者轮船在正式开通某一条新航线之际,所正式举行的庆祝性活动。一般而言,除主要的角色为飞机或者轮船之外,在其他方面,尤其是在具体程序的操作上,通航典礼往往与通车典礼大同小异。因此,对其将不再赘述。

知识链接：

展览会礼仪

所谓展览会,对商界而言,主要是特指有关方面为了介绍本单位的业绩,展示本单位的成果,推销本单位的产品、技术或专利,而以集中陈列实物、模型、文字、图表、影像资料供人参观了解的形式,所组织的宣传性聚会。有时,人们也将其简称为展览,或称之为展示、展示会。

展览会,在商务交往中往往发挥着重大的作用。它不仅具有甚强的说服力、感染力,可以现身说法打动观众,为主办单位广交朋友,而且还可以借助于个体传播、群体传播、大众传播等各种传播形式,使有关主办单位的信息广为传播,提高其名气与声誉。正因为如此,几乎所有的商界单位都对展览会倍加重视,踊跃参加。

展览会礼仪,通常是指商界单位在组织、参加展览会时,所应当遵循的规范与惯例。在一般情况下,展览会主要涉及展览会的分类、展览会的组织与展览会的参加三个方面。

1. 展览会的分类

严格地讲,展览会是一个覆盖面甚广的基本概念。细而言之,它其实又分作许许多多不尽相同的具体类型。要开好一次展览会,自然首先必须确定其具体类型,然后再进行相应的定位。否则,很可能会出现不少的漏洞。

站在不同的角度上来看待展览会,往往可以对其进行不同标准的划分。

(1) 展览会的目的。这是划分展览会类型的最基本的标准。依照这一标准,展览会可被分作宣传型展览会和销售型展览会两种类型。顾名思义,宣传型展览会显然意在向外界宣传、介绍参展单位的成就、实力、历史与理念,所以它又叫作陈列会。而销售型展览会则主要是为了展示参展单位的产品、技术和专利,来招徕顾客、促进其生产与销售。通常,人们又将销售型展览会直截了当地称为展销会或交易会。

(2) 展览品的种类。在一次展览会上,展览品具体种类的多少,往往会直接地导致展览会的性质有所不同。根据展览品具体种类的不同,可以将展览会区分为单一型展览会与综合型展览会。单一型展览会,往往只展示某一大的门类的产品、技术或专利,只不过其具体的品牌、型号、功能有所不同而已,例如,化妆品、汽车等。因此,人们经常会以其具体展示的某一门类的产品、技术或专利的名称,来对单一型展览会进行直接的冠名,比如,可称之为"化妆品展览会""汽车展览会"等。在一般情况下,单一型展览会的参展单位大都是同一行业的竞争对手，因此这种类型的展览会不仅会使其竞争更为激烈，而且对于所有参展单位而言不啻为一场公平的市场考试。综合型展览会，亦称混合型展览会。它是一种包罗万象的，同时展示多种门类的产品、技术或专利的大型展览会。与前者相比，后者所侧重的主要是参展单位的综合实力。

（3）展览会的规模。根据具体规模的大小，展览会又有大型展览会、小型展览会与微型展览会之分。大型展览会，通常由社会上的专门机构出面承办，其参展的单位多、参展的项目广，因而规模较大。举办此类展览会，要求一定的操作技巧。因其档次高、影响大，参展单位必须经过审报、审核、批准等一系列程序，有时，还需支付一定的费用。小型展览会，一般都由某一单位自行举办，其规模相对较小。在小型展览会上，展示的主要是代表着主办单位最新成就的各种产品、技术和专利。微型展览会，则是小型展览会的进一步微缩。它提取了小型展览会的精华之处，一般不在社会上进行商业性展示，而只是将其安排陈列于本单位的展览室或荣誉室之内，主要用作教育本单位的员工和供来宾参观之用。

（4）参展者的区域。根据参展单位所在的地理区域的不同，可将展览会划分为国际性展览会、洲际性展览会、全国性展览会、全省性展览会和全市性展览会，往往被人们称为博览会。应当言明的是，组织展览会不一定非要贪大求全不可，特别是忌讳虚张声势、名不副实，动辄以"世界""全球""全国"名之。若是根据参展单位所属行业的不同，则展览会亦可分为行业性展览会和跨行业展览会。

（5）展览会的场地。举办展览会，免不了要占用一定面积的场地。若以所占场地的不同而论，展览会有着室内展览会与露天展览会之别。

室内展览会大都被安排在专门的展览馆或是宾馆或本单位的展览厅、展览室之内。它们大都设计考究、布置精美、陈列有序、安全防盗、不易受损，并且可以不受时间与天气的制约，显得隆重而有档次。但是，其所需费用往往偏高。在展示价值高昂、制作精美、忌晒忌雨、易于失盗的展品时，室内展览会自然是其首选。

露天展览会则安排在室外露天之处。它可以提供较大的场地、花费较小，而且不必为设计、布置花费过多，展示大型展品或需要以自然界为其背景的展品时，此种选择最佳。通常，展示花卉、农产品、工程机械、大型设备时，大都安排在室外露天之处。不过，它受天气等自然条件影响较大，并且极易使展览会丢失或受损。

（6）展览会的时间。举办展览会所用的具体时间的长短，亦称为展期。根据展期的不同，可以把展览会分作长期展览会、定期展览会和临时展览会。

长期展览会，大都常年举行，其展览场所固定，展品变动不大。

定期展览会，展期一般固定为每隔一段时间之后，在某一特定的时间之内举行。例如每三年举行一次，或者每年固定时间举行一次等。其展览主题大都既定不变，但允许变动展览场所，或变动展品内容，一般来看，定期展览会往往呈现出连续性、系列性的特征。

临时展览会，则随时可根据需要与可能举办。它所选择的展览场所、展品内容及展览主题，往往不尽相同，但其展期大都不长。

2. 展览会的组织

一般的展览会，既可以由参展单位自行组织，也可以由社会上的专门机构承接组织。不论组织者由谁来担任，都必须认真地做好具体的工作，力求使展览会取得完美的效果。

根据惯例，展览会的组织者需要重点进行的具体工作，主要包括参展单位的确定、展览内容的宣传、展示位置的分配、安全保卫的事项、辅助服务的项目等。

（1）参展单位的确定。一旦决定举办展览会，由什么单位来参加的问题，通常都是非常重要的。在具体考虑参展单位的时候，必须注意让双方都乐意，不得勉强。按照商务礼仪的要求，主办单位事先应以适当的方式，向拟参展的单位发出正式的邀请。

邀请参展单位的主要方式为：刊登广告，寄发邀请函，召开新闻发布会等。不管是采用其中何一种方式，均须同时将展览会的宗旨、展出的主要题目、参展单位的范围与条件、举办展览会的时间与地点、报名参展的具体时间与地点、咨询有关问题的联络方法、主办单位拟提供的辅助服务项目、参展单位所应负担的基本费用等，一并如实地告之参展单位，以便对方据此加以定夺。

对于报名参展的单位，主办单位应根据展览会的主题与具体条件进行必要的审核。切勿良莠不分、来之不拒。

当参展单位的正式名单确定之后，主办单位应及时地以专函进行通知，让被批准的参展单位尽早有所准备。

（2）展览内容的宣传。为了引起社会各界对展览会的重视，并且尽量地扩大其影响，主办单位有必要对其进行大力宣传。宣传的重点，应当是展览的内容，即展览会的展示陈列之物。因为只有它，才能真正地吸引各界人士的注意和兴趣。

对展览会，尤其是对展览内容所进行的宣传，主要可以采用下述八种方式：其一，是举办新闻发布会；其二，是邀请新闻界人士到场进行参观采访；其三，是发表有关展览会的新闻稿；其四，是公开刊发广告；其五，是张贴有关展览会的宣传画；其六，是在展览会现场散发宣传性材料和纪念品；其七，是在举办地悬挂彩旗、彩带或横幅；其八，是利用升空的彩色气球和飞艇进行宣传。以上八种方式，可以只择其一，亦可多种同时并用。在具体进行选择时，一定要量力行事，并且要严守法纪，注意安全。

为了搞好宣传工作，在举办大型展览会时，主办单位应专门成立对外进行宣传的组织机构。其正式名称，可以叫新闻组，也可以叫宣传办公室。

（3）展示位置的分配。对展览会的组织者来讲，展览现场的规划与布置，通常是其重要职责之一。在布置展览现场时，基本的要求是：展示陈列的各种展品要围绕既定的主题，进行互为衬托的合理组合与搭配。要在整体上显得井然有序、浑然一体。

所有参展单位都希望自己能够在展览会上拥有理想的位置。展品在展览会上进行展示陈列的具体位置，称之展位。大凡理想的展位，除了收费合理之外，应当面积适当，客流较多，处于展览会上的较为醒目之处，设施齐备，采光、水电供给良好。

在一般情况下，展览会的组织者要想尽一切办法充分满足参展单位关于展位的合理要求。假如参展单位较多，并且对于较为理想的展位竞争较为激烈的话，则展览会的组织者可依照展览会的惯例，采用下列方法之一对展位进行合理的分配。

①对展位进行竞拍。组织者根据展位的不同，制定的不同的收费标准，然后组织一场拍卖会，由参展者在会上自由进行角逐，由出价高者拥有自己中意的展位。

②对展位进行投标。即由参展单位依照组织者所公告的招标标准和具体条件，自行报价，并据此填具标单，而由组织者按照"就高不就低"的常规，将展位分配给报价高者。

③对展位进行抽签。即将展位编号，然后将号码写在纸签之上，而由参展单位的代表在公证人员的监督之下每人各取一个，以此来确定其各自的具体展位。

④按"先来后到"分配。所谓按照"先来后到"进行分配，即以参展单位正式报告的先后为序，谁先报名，谁便有权优先选择自己所看中的展位。

不管采用上述何种方法，组织者均须事先将其广而告之，以便参展单位早作准备，尽量选到称心如意的展位。

（4）安全保卫的事项。无论展览会举办地的社会治安环境如何，组织者对于有关的安全保卫事项均应认真对待，避免由于事前考虑不周而出现问题。

在举办展览会前，必须依法履行常规的报批手续。此外，组织者还须主动将展览会的举办详情向当地公安部门进行通报，求得其理解、支持与配合。

举办规模较大的展览会时，最好从合法的保卫公司聘请一定数量的安保人员，将展览会的安保工作全权交予对方负责。

为了预防天灾人祸等不测事件的发生，应向声誉良好的保险公司进行数额合理的投保，以便利用社会的力量为自己分忧。

在展览会入口处或展览会的门票上，应将参观的具体注意事项正式成文列出，使观众心中有数，以减少纠葛。

展览会组织单位的工作人员，均应自觉树立良好的防损、防盗、防火、防水等安全意识，为展览会的平安进行竭尽一己之力。

按照常规，有关安全保卫的事项，必要时最好由有关各方正式签订合约或协议，并且经过公证。

（5）辅助的服务项目。主办单位作为展览会的组织者，有义务为参展单位提供一切必要的辅助性服务项目。否则，不单会影响自己的声誉，而且还会授人以柄。

由展览会的组织者为参展单位提供的各项辅助性服务项目，最好有言在先，并且对有关费用的支付进行详尽的说明。

具体而言，为参展单位所提供的辅助性服务项目，通常主要包括下述各项：其一，是展品的运输与安装；其二，是车、船、机票的订购；其三，是与海关、商检、防疫部门的协调；其四，是跨国参展时有关证件、证明的办理；其五，是电话、传真、电脑、复印机等现代化的通讯办公设备；其六，是举行洽谈会、发布会等商务会议或休息之时所使用的适当场所；其七，是餐饮以及有关展览时使用的零配件的提供；其八，是供参展单位选用的礼仪、讲解、推销人员等。

3. 展览会的参加

参展单位在正式参加展览会时，必须要求自己全部派出的人员齐心协力、同心同德，为取得成功而努力奋斗。在整体形象、待人礼貌、解说技巧三个主要方面，参展单位要予以特别的重视。

（1）要努力维护整体形象。在参与展览时，参展单位的整体形象直接映入观众的眼里，因而对自身参展的成败影响极大。参展单位的整体形象，主要由展示之物的形象与工作人员的形象两个部分构成。对于二者要给予同等的重视，不可偏废其一。

展示物的形象，主要由展品的外观、展品的质量、展品的陈列、展位的布置、发放的资料等构成。用以进行展览的展品，外观上要力求完美无缺，质量上要优中选优，陈列上要既整齐美观又讲究主次，布置上要兼顾主题的突出与观众的注意力，而用以在展览会上向观众直接散发的有关资料，则要印刷精美、图文并茂、资讯丰富，并且注有参展单位的主要联络方法，如公关部门与销售部门的电话、传真以及电子邮箱、办公地址等。

工作人员的形象，则主要是指在展览会上直接代表参展单位露面的人员的穿着打扮问题。在一般情况下，要求在展位上工作的人员应当统一着装。最佳的选择，是身穿本单位的制服，或者是穿深色的西装、套裙。在大型的展览会上，参展单位若安排专人迎送宾客时，则最好请其身穿色彩鲜艳的单色旗袍，并身披写有参展单位或其主打展品名称的大红色绶带。为了说明各自的身份，全体工作人员皆应在左胸佩戴标明本人单位、职务、姓名的胸卡，礼仪小姐可以例外。按照惯例，工作人员不应佩戴首饰，男士应当剃须，女士则最好化淡妆。

(2) 要时时注意待人礼貌。在展览会上，不管它是宣传型展览会还是销售型展览会，参展单位的工作人员都必须真正地意识到观众是自己的上帝，为其热情而竭诚地服务则是自己的天职。为此，全体工作人员都要将礼貌待人放在心上，并且落实在行动上。

展览一旦正式开始，全体参展单位的工作人员即应各就各位，站立迎宾。不允许迟到、早退、无故脱岗、东游西逛，更不允许在观众到来之时坐、卧不起，怠慢对方。

当观众走近自己的展位时，不管对方是否向自己打招呼，工作人员都要面含微笑，主动地向对方说："你好！欢迎光临！"随后，还应面向对方，稍许欠身，伸出右手，掌心向上，指尖直指展台，并告知对方"请您参观"。

当观众在本单位的展位上进行参观时，工作人员可随行于其后，以备对方向自己进行咨询；也可以请其自便，不加干扰。假如观众较多，尤其是在接待组团而来的观众时，工作人员亦可在左前方引导对方进行参观。对于观众所提出的问题，工作人员要认真作出回答。不允许置之不理，或以不礼貌的言行对待对方。

当观众离去时，工作人员应当真诚地向对方欠身施礼，并道以"谢谢光临"，或是"再见"。在任何情况下，工作人员均不得对观众恶语相加，或讥讽嘲弄。对于极个别不守展览会规则乱摸乱动、乱拿展品的观众，仍须以礼相劝，必要时可请安保人员协助，但不许可对对方擅自动粗，进行打骂、扣留或者非法搜身。

(3) 要善于运用解说技巧。解说技巧，此处主要是指参展单位的工作人员在向观众介绍或说明展品时，所应当掌握的基本方法和技能。具体而论，在宣传性展览会与销售性展览会上，其解说技巧既有共性可循，又有各自的不同之处。

在宣传性展览会与销售性展览会上，解说技巧的共性在于：要善于因人而异，使解说具有针对性。与此同时，要突出自己展品的特色。在实事求是的前提下，要注意对其扬长避短，强调"人无我有"之处。在必要时，还可邀请观众亲自动手操作，或由工作人员对其进行现场示范演示。此外，还可安排观众观看与展品相关的影视片，并向其提供说明材料与单位名片。通常，说明材料与单位名片应常备于展台之上，由观众自取。

宣传型展览会与销售型展览会的解说技巧，又有一些不同之处。在宣传型展览会上，解说的重点应当放在推广参展单位的形象之上。要善于使解说围绕着参展单位与公众的双向沟通而进行，时时刻刻都应大力宣传本单位的成就和理念，以便使公众对参展单位给予认可。而在销售型展览会上，解说的重点则必须放在主要展品的介绍与推销之上。

解说时一定要注意"FABE"并重，其中，"F"指展品特征，"A"指展品优点，"B"指客户利益，"E"则指可资证据。要求工作人员在销售性展览会上向观众进行解说之时,注意"FABE"并重,就是要求其解说应当以客户利益为重,要在提供有利证据的前提之下,着重强调自己所介绍、推销的展品的主要特征与主要优点,以争取使客户觉得言之有理,乐于接受。不过,争抢、尾随观众兜售展品,弄虚作假,或是强行向观众推介展品的做法,则不可取。

【技能训练】

请学生分组进行讨论,开幕典礼、开工典礼、奠基典礼、破土典礼、竣工典礼、下水典礼、通车典礼、通航典礼的流程分别如何,4人一组。

步骤:

(1) 学生分组讨论,4人一组;
(2) 讨论时间结束后,教师抽取学生上台;
(3) 请台下的同学提出场景,台上的同学根据场景确定开业庆典的类别并阐述流程;
(4) 台下的同学进行点评,补充遗漏的知识点,纠正错误的知识点;
(5) 教师再抽取几组同学上台论述;
(6) 教师总结评论。

项目三 剪彩仪式

剪彩仪式是指有关单位为庆贺公司成立、企业开工、银行开业、商场和酒店开张、大型建筑物启用、道路开通、展会或博览会开幕等而隆重举行的一项礼仪性程序,主要活动内容是邀请专人使用剪刀剪断被称为"彩"的红色缎带,故称为剪彩。

【知识目标】掌握剪彩仪式的筹备工作内容,明确剪彩仪式中的剪彩者和助剪者的礼仪规范。

【技能目标】具备基本的安排剪彩仪式的能力,能够做好剪彩仪式的筹备工作,参加剪彩仪式时能够遵守相应的礼仪规范。

【素质目标】能够顺利地完成组织剪彩仪式的任务,并能够给来宾留下良好的个人印象和企业形象。作为剪彩者参加剪彩仪式,行为举止恰到好处,彰显个人魅力。

【思政园地】

拼凑的礼仪人员

热闹的剪彩仪式正在进行,各位嘉宾和驻足观看的社会大众正在欢欣喜悦

> 地看着礼仪人员登台。只见礼仪人员穿着大红的旗袍、黑色船鞋，长发盘起，面带微笑，美丽大方。她们端着花团，在台上列队站定。忽然，人们发现，最后登台的礼仪人员穿的不是旗袍，而是职业套装。虽然黑色的套装穿在她的身上得体端庄，但是人们一看就知道，礼仪人员少一个，她是临时凑数的，立刻使隆重的剪彩仪式大打折扣。

任务一　筹备工作

剪彩仪式的筹备工作必须一丝不苟，从场地的布置、特殊用品的准备、灯光与音响的准备到媒体的邀请、人员的培训等，都要做得认真细致，万无一失。

【任务导入】

酒店要开张了，经理挑了个好日子要举行剪彩仪式。若经理安排你来做剪彩仪式的筹备工作，你该做哪些工作呢？

【任务分析】

要布置好场地，还要准备好剪彩仪式的特殊用品，如红色缎带、新剪刀、白色薄纱手套、托盘和红色地毯等。要提前确定好剪彩者并盛情邀请，还要提前安排好助剪者。

【相关知识】

一、剪彩的准备

剪彩仪式的准备工作一般与开业典礼的准备工作大同小异。在仪式开始前，要运用各种媒介进行广泛的宣传，制造轰动效应，以引起社会众多人士的关注，提高企业知名度。再者就是制定剪彩活动的具体执行方案，要考虑周全。待剪彩活动的举行时间、地点确定之后，要向有关单位和个人发送请柬，特别应向剪彩者发出郑重邀请。剪彩者一般是上级领导、主管部门负责人或某一方面的知名人士，而且是有较高威望、深受大家尊敬和信任的人。接着应该进行场地的布置、环境的打扫、灯光和音响的预备、媒体的邀请、人员的培训等准备工作。

剪彩仪式的会场一般选在展销会、博览会等门口，如果是新建设施、新建工程竣工启用，会场一般安排在新建设施、工程的现场。会场标示上可写"某某商厦开张典礼"或"某某大桥通车仪式"等字样。会场四周可适当张灯结彩、悬挂气球等。

二、剪彩的必备用品

（一）红色缎带

剪彩仪式中的主角——"彩"，应当是由一整匹未曾使用过的红色绸缎，中间结成数朵花朵而成，也有的稍微简单些，直接以长度为两米左右的细窄的红色缎带或者

剪彩用品

以红布条、红线绳、红纸条作为"彩"。一般来说，红色缎带上所结的花团不仅要生动、硕大、醒目，而且其具体数目往往还同现场剪彩者的人数直接相关。基本情况有两种：一是花团的数目较现场剪彩者的人数多上一个；二是花团的数目较现场剪彩者的人数少一个。前者可使每位剪彩者总是处于两朵花团之间，尤显正式；后者则不同常规，亦有新意。

（二）新剪刀

即专供剪彩者在剪彩仪式上正式剪彩时所用的剪刀，必须崭新、锋利而且顺手，每位现场剪彩人员人手一把。在正式剪彩开始之前，应该对剪刀进行认真的检查。剪彩结束后，主办方可将每位剪彩者所使的剪刀经过包装之后，送给对方以示纪念。

（三）白色薄纱手套

即专门为剪彩者准备的手套。最好每位剪彩者都配上一副白色薄纱手套，以示郑重其事。有时，也可不准备白色薄纱手套。

（四）托盘

即剪彩仪式上助剪者手中用做盛放红色缎带、剪刀及白色手套的托盘。最好是崭新的、洁净的，通常首选银色的不锈钢制品，可以在使用时铺上红色绒布或绸布。

就其数量而论，剪彩时，可以用一只托盘盛放剪彩用品，并依次向各位剪彩者提供剪刀与手套，并盛放所有红色缎带；也可以为每一位剪彩者配备一只盛放剪刀和手套的托盘，而红色缎带则专由一只托盘盛放。通常采用后一种方法，显示更加正式一些。

（五）红色地毯

红色地毯主要用于铺设在剪彩者正式剪彩时的站立之处。其长度可视剪彩人数的多寡而定，其宽度则不应在一米以下。在剪彩现场铺设红色地毯，主要是为了营造一种喜庆的气氛，提升剪彩仪式的档次。有时，也可不予铺设。

三、剪彩人员的确定

剪彩的人员主要是由剪彩者与助剪者两个部分的人员组成。

嘉宾邀请

（一）剪彩者

剪彩者的选择是剪彩仪式成功的关键，其身份地位与剪彩仪式的档次高低有着密切的关系。

根据惯例，剪彩者可以是一个人，也可以是几个人，但是不应多于五人。通常剪彩者多由上级领导、合作伙伴、社会名流、员工代表或客户代表担任。

确定剪彩者名单，必须是在剪彩仪式正式举行之前。名单一经确定，即应尽早告知对方，使其有所准备。在一般情况下，确定剪彩者时，必须尊重对方个人意见，切勿勉强对方。如果邀请多位剪彩者一起剪彩，应事先征求每位剪彩者的意见，得到同意后才能正式确定下来。否则，对剪彩者来说是失礼的，甚至会闹出误会，而把剪彩气氛搞僵硬。剪彩者应由本企业领导亲自或派代表专程邀请。

必要时，在剪彩仪式举行之前，应将剪彩者聚集在一起，告知对方有关注意事项，并稍微排练。剪彩者应穿着整洁庄重，精神要饱满，给人以稳健干练的印象。剪彩者应着套装、套裙或制服出席。不允许戴帽子，或者戴墨镜，也不允许其穿着便装。

若剪彩者仅为一人，则剪彩时居中而立即可。若剪彩者不止一人时，就必须对同时上场剪彩者位次的排序予以重视。一般的排序规矩是：中间高于两侧，右侧高于左侧，距离中间站立者越远，位次越低，故主剪者应居于中央的位置。需要说明的是，之所以规定剪彩者的位次"右侧高于左侧"，主要因为这是一项国际惯例，剪彩仪式理当遵守。其实，若剪彩仪式并无外宾参加时，执行我国的"左侧高于右侧"的传统做法也是可以的。

（二）助剪者

助剪者是指在剪彩仪式中为剪彩者和来宾提供服务的工作人员，主要是由主办企业的女职员担任或者从专业的礼仪公司邀请专业的礼仪小姐担任。

具体而言，在剪彩仪式上服务的礼仪小姐，又可以分为迎宾者、引导者、服务者、拉彩者、捧花者、托盘者。迎宾者的任务，是在活动现场负责迎来送往。引导者的任务，是在进行剪彩时负责带领剪彩者登台或退场。服务者的任务，是为来宾尤其是剪彩者提供饮料，安排休息之处。拉彩者的任务，是在剪彩时展开、拉直红色缎带。捧花者的任务则在剪彩时手托花团。托盘者的任务，则是为剪彩者提供剪刀、手套等剪彩用品。

在一般情况下，迎宾者与服务者应不止一人。引导者既可以是一个人，也可以为每位剪彩者各配一名。拉彩者通常应为两人。捧花者的人数则需要视花团的具体数目而定，一般应为一花一人。托盘者可以为一人，亦可以为每位剪彩者各配一人。有时，礼仪小姐亦可身兼数职。

礼仪小姐的基本条件是，容貌端庄、身材颀长、年轻健康、气质高雅、音色甜美、反应敏捷、机智灵活、善于交际。

礼仪小姐的最佳装束应为：化淡妆、盘头发、穿款式、面料、色彩统一的单色旗袍，配肉色连裤丝袜、黑色高跟皮鞋。除戒指、耳环或耳钉外，不佩戴其他任何首饰。有时，礼仪小姐身穿深色或单色的套裙亦可。但是，她们的穿着打扮必须尽可能地整齐划一。必要时，可向外单位临时聘请礼仪小姐。

剪彩流程

四、剪彩仪式流程

在正常情况下，剪彩仪式应在行将启用的建筑、工程或者展销会、博览会的现场举行。正门外的广场、正门内的大厅，都是可以优先考虑的。在活动现场，可略作装饰。在剪彩之处悬挂写有剪彩仪式具体名称的大型横幅，更是必不可少的。一般来说，剪彩仪式宜紧凑，忌拖沓，在所耗时间上愈短愈好。短则一刻钟即可，长则至多不宜超过一个小时。

按照惯例，剪彩既可以是开业典礼中的一项具体程序，也可以独立出来，由其自身的一系列程序所组成。独立而行的剪彩仪式，通常应包含以下六项基本的程序。

（一）请来宾就位

在剪彩仪式上，通常只为剪彩者、来宾和本单位的负责人安排座席。在剪彩仪式开始时，即应敬请大家在已排好顺序的座位上就座。

（二）宣布仪式正式开始

在主持人宣布仪式开始后，乐队应演奏音乐，现场可燃放鞭炮，全体到场者应热烈鼓掌。此后，主持人应向全体到场者介绍到场的重要来宾。

（三）奏国歌

此刻须全场起立。必要时，亦可随之演奏本单位标志性的歌曲。

（四）代表发言

发言者依次应为东道主单位的代表、上级主管部门的代表、地方政府的代表、合作单位的代表等。其内容应言简意赅，每人不超过三分钟，重点分别应为介绍、道谢与致贺。

（五）剪彩开始

在剪彩前，须向全体到场者介绍剪彩者。主持人宣布正式剪彩之后，剪彩者应在礼仪小姐的引导下，步履稳健地走向剪彩位置。如有几位剪彩者时，应让中间主剪者走在前面，其他剪彩者紧随其后走向自己的剪彩位置。主席台上的人员一般要尾随至剪彩者之后1~2米处站立。当礼仪小姐用托盘呈上白手套、新剪刀时，剪彩者可用微笑表示谢意并随即接过手套和剪刀。剪彩前要向手拉缎带的礼仪小姐点头示意，然后，全神贯注、表情庄重地将缎带一剪两段；如几位剪彩者共同剪彩，则要协调行动，处在外端的剪彩者应用眼睛余光注视处于中间位置的剪彩者的动作，力争同时剪断彩带。同时，还应和礼仪小姐配合，注意让彩球落于托盘内。此刻，全体应热烈鼓掌，必要时还可奏乐或燃放鞭炮。剪彩者在放下剪刀之后，应转身向四周的人们鼓掌致意，并与主人进行礼节性的谈话，然后在礼仪小姐引导下退场。

（六）参观

剪彩之后，主人应陪同来宾参观被剪彩之物。仪式至此宣告结束。随后东道主单位可向来宾赠送纪念性礼品，并以自助餐款待全体来宾。

【技能训练】

请学生分组进行讨论，如何制作剪彩仪式的策划方案，4人一组。小组成员要对剪彩仪式的筹备工作的具体内容进行罗列，热烈讨论，不断进行补充和修正。

步骤：

(1) 学生分组讨论，4人一组，讨论如何制作剪彩仪式的策划方案；

(2) 讨论时间结束后，教师抽取学生，上台展示本小组制作的方案；

(3) 请台下的同学进行点评，补充遗漏知识点，纠正错误知识点；

(4) 教师再抽取几组同学上台展示；

(5) 所有小组上交策划方案，教师进行总结评论。

【案例分析】

某公司举行新项目开工剪彩仪式，请来了张市长和当地各界名流嘉宾参

> 加,请他们坐在主席台上。仪式开始时,主持人宣布:"请张市长下台剪彩!"却见张市长端坐没动。主持人很奇怪,重复了一遍:"请张市长下台剪彩!"张市长还是端坐没动,脸上还露出一丝恼怒。主持人又宣布了一遍:"请张市长剪彩!"张市长才很不情愿地勉强起身去剪彩。
>
> 请思考以下问题:
> 张市长为什么会有如此表现?

谁先登台

任务二 礼仪规范

剪彩仪式过程中,剪彩者和助剪者的一举一动都受到人们的注视。因此,剪彩者和助剪者的礼仪规范就显得格外重要。

【任务导入】

你若是参加剪彩仪式的剪彩者,需要注意哪些礼仪规范呢?你若是参加剪彩仪式的助剪者,又要注意哪些礼仪规范呢?

【任务分析】

剪彩者和助剪者的配合很重要,同时剪彩者和助剪者又要遵守不同的礼仪规范。

【相关知识】

罗马柱

一、剪彩过程的礼仪

主持人宣布剪彩后,礼仪小姐应在欢乐的乐曲声中率先登场。在上场时,礼仪小姐应排成一行进入,从两侧同时登台或者从右侧登台均可。登台之后,拉彩者与捧花者应当站成一行,拉彩者在两端拉直红色缎带,捧花者各自双手手捧一束花团。托盘者须站立在拉彩者与捧花者身后一米左右,并且自成一行。

在剪彩者登台时,引导者应在其左前方执行引导,使其就位并面向大家,宜从右侧出场。当剪彩者均已就位后,托盘者应前行一步,到达前者的右后侧,以便为其递上剪刀、手套。剪彩者若不止一人,则其登台时亦应列成一行,并且使主剪者行进在前。在主持人向全体到场者介绍剪彩者时,剪彩者应面含微笑向各位欠身或者点头致意。

剪彩者就位后,应向助剪者含笑致意。当托盘者递上剪刀、手套时,也应微笑着向对方道谢。在剪彩者向拉彩者、捧花者示意,其有所预备之后,集中精力,右手手持剪刀,表情庄严地把红色缎带一刀剪断。若有多名剪彩者同时剪彩时,其他剪彩者应留意主剪者动作,和其主动协调一致,力争各位同时把红色绸带剪断。

按照惯例,剪彩以后,红色花团应准确无误地落入助剪者手中的托盘里,切勿使它坠地。剪彩者在剪彩成功后，可右手举起剪刀，面向全体到场者致意。之后将剪刀、手套放回托盘，举手鼓掌。接下来，可以依次和主人握手道喜，并列队在引导者的引导下退场。退场时，一般宜从右侧下台。

待剪彩者退场后，其他礼仪小姐方可列队由右侧退场。不管是剪彩者还是助剪者，在上下场时都要留意保持井然有序、步履稳健、神态自然。在剪彩时，要表现得不卑不亢、落落大方。

二、剪彩者的礼仪

剪彩者是剪彩仪式的主角，剪彩者的仪容仪态直接关系到剪彩仪式的效果和企业的形象。因此，作为剪彩者，衣着、服饰要求大方、整洁、正规、严肃，男士可选择中山装或者是西装，女士最好是套装或者是套裙；容貌适当修饰，头发要梳理好，颜面要整洁，让人感觉容光焕发，充满活力，给人以一种精干和有修养的形象。剪彩者还必须注意自己在剪彩过程中的仪态举止。举止要大方文雅，谈笑要节制有度，做到稳重、洒脱及优雅。

剪彩者礼仪

三、助剪者的礼仪

在进行剪彩的仪式中，礼仪小姐应训练有素，做到走有走姿、站有站姿，整齐有序、动作一致，尤其注意要始终保持微笑。如遇到意外情况，礼仪小姐应冷静处置。在剪彩仪式中，礼仪小姐应以规范的举止展示本单位的形象和风采，所以礼仪小姐的工作需要有坚强的自控力和高度的责任心。

助剪者礼仪要求

知识链接：

"剪彩"的来历

剪彩的由来有两种说法。

一种说法是，剪彩起源于西欧。

在古代，西欧造船业比较发达，新船下水往往吸引成千上万的观众。为了防止人群拥向新船而发生意外事故，主持人在新船下水前，在离船体较远的地方，用绳索设置一道"防线"。等新船下水典礼就绪后，主持人就剪断绳索让观众参观。后来绳索改为彩带，人们就给它起了"剪彩"的名称。

另一种说法是，剪彩起源于美国。

1912年，在美国的一个乡间小镇上，有家商店的店主慧眼独具，从一次偶然发生的事故中得到启迪，以它为模式开一代风气之先河，为商家创立了一种崭新的庆贺仪式——剪彩仪式。

当时，这家商店即将开业，店主为了阻止闻讯之后蜂拥而至的顾客在正式营业前耐不住性子，争先恐后地闯入店内，将用以优惠顾客的便宜货争购一空，而使守时而来的人们得不到公平的待遇，便随便找来一条布带子拴在门框上。谁曾料到这项临时性的措施竟然更加激发起了挤在店门之外的人们的好奇心，促使他们更想早一点进入店内，对即将出售的商品先睹为快。

事也凑巧，正当店门之外的人们的好奇心上升到极点，显得有些迫不及待的时候，店主的小女儿牵着一条小狗突然从店里跑了出来，那条"不谙世事"的可爱的小狗若无其事地将拴在店门上的布带子碰落在地。店外不明真相的人们误以为这是该店为了开张志喜所搞的"新把戏"，于是立即一拥而入，大肆抢购。让店主转怒为喜的是，他的这家小店在开业之日的生意居然红火得令人难以想象。

向来有些迷信的他便追根溯源地对此进行了一番"反思"，最后他认定，自己的好运气全是由那条被小女儿的小狗碰落在地的布带子所带来的。因此，此后在他旗下的几家"连锁店"陆续开业时，他便将错就错地如法加以炮制。久而久之，他的小女儿和小狗无意之中的"发明创造"，经过他和后人不断地"提炼升华"，逐渐成为一整套的仪式。它先是在美国，随后在全世界广为流传开来。在流传的过程中，它自己也被人们赋予了一个极其响亮的鼎鼎大名——剪彩。沿袭下来，就成了今天盛行的"剪彩"仪式。

【技能训练】

请学生分组进行讨论，如何恰当地遵守剪彩仪式的礼仪规范，8人一组。学生们先分配角色，有扮演主持人的，有扮演剪彩者的，有扮演助剪者的。小组成员自行设计好过程。讨论以怎样的行为举止能恰到好处地表现剪彩仪式的礼仪规范。小组展开充分讨论，统一意见，多次练习，为上台表演做准备。

步骤：

（1）学生分组讨论，8人一组，讨论如何恰当地遵守剪彩仪式的礼仪规范，并在座位上进行情景模拟；

（2）讨论时间结束后，教师抽取学生上台表演；

（3）请台下的同学进行点评，补充遗漏知识点，纠正错误知识点；

（4）教师再抽取几组同学上台表演；

（5）教师总结评论，无论是剪彩者还是助剪者，都应遵守相应的礼仪规范。这在剪彩仪式中是非常重要的方面。

【自测题】

1. 剪彩者可以是一个人，也可以是几个人，但是一般不应多于（　　）人。

　　A. 5　　　　　　　　B. 4　　　　　　　　C. 3　　　　　　　　D. 6

2. 签字仪式上助签人的主要职责是（　　）。

　　A. 翻揭文本，指明签字之处　　　　B. 端茶递水

C. 引导入场 D. 现场指挥
3. 下列属于开业典礼应遵循的原则的有（   ）。
A. 全面原则　　　B. 热烈原则　　　C. 缜密原则　　　D. 节俭原则
E. 准时原则
4. 下列属于开业典礼常见的类型的是（   ）。
A. 开幕典礼　　　B. 奠基典礼　　　C. 破土典礼　　　D. 签字典礼
E. 通车、通航典礼
5. 剪彩活动应准备的物品有（   ）。
A. 红色缎带　　　B. 红色地毯　　　C. 托盘　　　　　D. 新剪刀
E. 白色薄纱手套

案例分析——
商务活动

商务礼仪小知识
汇总　模块四

模块四——
实训资料

影视剧片段
欣赏——模块四

模块五

商务交往礼仪

商务活动中，客户接待与拜访是交际双方直面沟通的重要环节，对交际目标的达成有至关重要的影响。而正确地运用得体的接待与拜访礼仪，则能起到锦上添花的良好成效。

【学习重点】客户接待流程；介绍礼仪；客户拜访基本礼仪。

项目一　客户接待

客户接待

客户接待是个人或者单位以主人的身份招待来访人员，以达到某种目的的社会交往方式。现代企业业务往来增多，对外交往面不断扩大，客户接待成为客户关系维护工作中至关重要的一环。

【知识目标】掌握客户接待的基本流程，掌握客户接待的基本礼仪，了解握手礼仪、行进礼仪、名片礼仪。

【技能目标】具备策划客户接待方案的能力，在客户接待的各个环节中，能够正确地运用介绍等礼仪。

【素质目标】能够周详地安排客户接待活动，并在客户接待中良好地展示企业与个人的风貌。

【思政园地】

客人各异

我刚晋升为一个小的部门经理，今天我们接待的客人来了，我有点紧张。和刘董握手时，我感到亲切、真诚、平和、尊重，因为他用眼神专注地看着我，极尽礼仪又富有人情味。和李总握手时，我忍不住龇牙咧嘴，太疼了！我的手上留下清晰的手指印！您是铁钳莫迪吗，所谓铁钳莫迪，谁握谁知道！和张总握手时，他冲着旁边的人微笑打招呼，我感到自己被忽视了……

知识链接：

电话礼仪

电话被现代人公认为便利的通信工具，在日常工作中，使用电话的语言很关键，它直接影响着一个公司的声誉；人们通过电话也能粗略判断对方的人品、性格。因而，掌握正确的、礼貌待人的打电话方法是非常必要的。

随着科学技术的发展和人们生活水平的提高，电话的普及率越来越高，人离不开电话，每天要接、打大量的电话。看起来打电话很容易，对着话筒同对方交谈，觉得和当面交谈一样简单，其实不然，打电话大有讲究。

1. 准备工作

（1）时间的选择。

①公事：上午9：00－11：00，下午14：00－16：00；

②私事：避免早晨7：00以前和晚上22：00以后；

③无论公事还是私事，都应避开用餐的时间。

（2）文书准备。

①列好提纲；

②准备好纸笔。

打电话前先想清楚自己想说什么，表达的是否明确，称呼是否到位，措辞是否得当，语气是否适中，要如何讲才能得到自己想要的回应。这非常重要。

2. 通话礼仪

（1）拨打电话。

响5~6声仍无人接听，应挂断。

在长途电话的礼仪细节中，当你给别人打长途电话请求别人的帮助，如果对方正好不在，你应该选一个合适的时间再打过去，最好不要让对方回电。

（2）接听电话。

①原则：响铃不过三。如果是在跨国公司的办公室，来电必须在第二声铃响之后迅速接起，如果在铃响超过三声后才接听，就要礼貌地说一句"抱歉，让您久等了"。

②职员：电话响了后，手先放上去，等响两三声时再接。

③规定：铃响6声后接听的，第一句话要说："抱歉让您久等了。"

如果受话人正在做一件要紧的事情不能及时接听，代接的人应代为解释。如果既不及时接电话，又不道歉，甚至极不耐烦，就是极不礼貌的行为。尽快接听电话会给对方留下好印象，让对方觉得自己被看重。

（3）通话语言。

①自报家门：公司接听电话应该是非常正规的——在礼貌称呼之后，先主动报出公司或部门的名称。如："您好，这里是某某公司，请问您找哪位？"。

很多人会习惯性的有防备意识或觉得不重要,接听电话时不报备自己的岗位或名字,但往往在这些小细节方面体现礼貌。

②直入主题:商务电话与私人电话不同,不要扯闲篇,通话后直入主题,显示自己的专业性和规范性,给对方留下良好的印象。

③简明扼要(电话3分钟原则):随着时代的发展,人们的时间显得越来越宝贵。为了取得较高的工作效率,人们都希望能够用最短的时间做最多的事情。打电话时,拨打者应自觉地、有意识地将每次通话时间控制在3分钟内,尽量不要超过这个限定。对通话时间的基本要求是:以短为佳,宁短勿长。

④重要的事居前:重要的事放在前面说,利用一开始人们的注意力最集中的特点,让对方记得最深刻,收到最好的效果。

⑤重要内容复述:通话中重要的内容,例如:时间、地点、名称、数量等应复述,保证信息准确无误。

⑥语调要亲切热情:打电话时要保持良好的心情,这样即使对方看不见你,但是从欢快的语调中也会被你感染,给对方留下极佳的印象,由于面部表情会影响声音的变化,所以即使在电话中,也要抱着"对方看着"的心态去应对。

⑦要聚精会神:打电话过程中绝对不能吸烟、喝茶、吃零食,即使是懒散的姿势对方也能够"听"得出来。如果你打电话的时候,弯着腰躺在椅子上,对方听你的声音就是懒散的,无精打采的,若坐姿端正,所发出的声音也会亲切悦耳,充满活力。因此,打电话时,即使看不见对方,也要当作对方就在眼前,尽可能注意自己的姿势。

⑧文明用语:文明用语是尊重他人的具体表现,是友好关系的敲门砖。俗话说:"良言一句三冬暖,恶语伤人六月寒。"通话中一定要使用文明用语,给对方留下良好的个人印象和企业形象。

(4) 挂电话顺序。

尊者先挂;接受请求方先挂;先打者先挂。

如果通话对象是长辈、位高权重者,对方先挂断;在单位,上级挂断;在服务机构,如政府、营业厅,由客户挂断。平辈交往,最好是停三秒挂,女性优先挂。有求于人者,在拨通后,不急不慢说清自己的诉求,让对方一下子就知道你要干吗,后求人者挂。如果接到促销、理财产品的电话,不感兴趣的,可以说:"你好,我不感兴趣,再见。"这时主动挂,不需停三秒,为对方省时间,也为自己省时间。

3. 特殊情况处理

(1) 电话中断怎么办。

及时给对方回复,说明情况,如果信号不好,可以另约时间再打。如果信号中断,则应在信号恢复时立刻致电解释一下。

(2) 对方拨错电话。

如果打电话拨错了号码，应当礼貌地说一声"对不起，我拨错了号码"。如果接到拨错的电话，应当客气地告诉对方打错了，请他重拨，不要使对方难堪。

(3) 对方要找的人不在。

应这么说："对不起，他刚好出去了，您需要留话吗?"不要只说一声"不在"。

(4) 需要查找资料。

如果对方需要查找资料核实后才能答复，可以说："没关系，我过会再打。"

(5) 洽谈中来重要电话。

当对方接到紧急电话时，你需要请求是否要避嫌，说："请问，我是不是该出去一会儿呢?"。如果谈话中你接到紧急电话，你应该这么说："对不起，我得接个电话"。

(6) 想结束通话。

我们这边工作繁忙，通话内容已讲完，而对方却无意挂电话时，我们可以通过重复要点来提醒对方该挂电话了。

拿破仑·希尔曾这样说过："世界上最廉价，而且能得到最大收益的一项物质，就是礼节"。过去我们可能不在意，但当大部分人都不注意的时候，就要提醒自己了。

任务一　接 待 流 程

接待工作是组织的"脸面"，是一项经常性的工作。接待流程是否合理流畅直接关系到接待单位的形象。一次成功的客户接待，离不开科学合理、周详流畅的接待流程设计。

【任务导入】

甲公司拟前往乙公司考察，为后期业务合作做前期准备。此次合作对乙公司影响深远，为此乙公司派专门人员负责接待流程的安排。若乙公司安排你来设计接待流程，你将如何使流程合理周详?

【任务分析】

首先需做好提前准备，了解客人的基本信息情况，包括来客的单位、姓名、级别，客人此行的目的、抵达的时间等;其次是落实接待工作，在客人抵达后，安排好迎接、食宿、活动组织以及客人返程等各个环节。

【相关知识】

客户接待是组织的专门工作和基础工作，为让客人乘兴而来满意而归，接待流程不可掉以轻心。

一、准备工作

接到客户接待任务之后，必须了解客人的基本信息，如客人的国籍、单位、姓名、职务、人数、禁忌及偏好等。对于客人此行的目的、抵达的时间、停留天数等也需提前了解，以便有针对性地做好接待准备工作。

接待一般客人，可根据常规直接接待。对于重要的客户，则需慎重制定具体接待方案。方案涉及内容通常包括：接待工作组织分工，食宿地点及标准的选择制定，交通工具的安排，活动方式及日程安排等。

打电话前准备工作

二、落实接待

客人抵达后，根据客人的职务、级别等安排相应规格的迎接。对于一般客人可以由业务部门或者是经理秘书等前往迎接。对于重要的客人，则需安排相应级别的领导亲自迎接。

在接到客人之后，安排好食宿。同时，就接下来的活动日程安排，通报给客人并征询客人的意见。

接听电话的时机

根据日程安排，要精心组织好各项活动，如业务洽谈、签约仪式、参观等。

根据客人需要，为客人安排好返程，如为客人订购车（船、机）票等，送客人搭乘交通工具离开。

通话礼仪

知识链接：

谁先挂电话

> **博鳌亚洲论坛年会接待工作"零差错、零投诉、零感染"**
>
> 2022年4月20日至22日，主题为"疫情与世界：共促全球发展，构建共同未来"的博鳌亚洲论坛2022年年会在海南博鳌顺利举行。由海口美兰国际机场牵头组织成立的保障团队，以"安全零差错、服务零投诉、疫情零感染"顺利完成此次年会安检保障工作，得到与会嘉宾的高度赞扬和认可。
>
> 未来，美兰机场将持续以"零差错、零投诉、高质量"的工作要求严格落实各项重大活动的保障工作，不断提高服务质量，致力于为旅客提供更加温馨、舒适、便捷的出行体验，展现党建引领下的海南自贸港空港门户枢纽机场的良好精神风貌。

想结束通话怎么做

【技能训练】

前美国商务部长骆家辉即将访华。请学生搜集骆家辉的个人资料，根据骆家辉访华的目的等设计一个全面周详的接待流程。

步骤：

（1）学生分组收集骆家辉的资料；

（2）每个小组根据收集的资料信息，讨论并设计书面接待流程方案；

（3）设计完毕，小组推选代表轮流阐述本组接待流程方案；

（4）小组互评接待流程方案；

（5）各小组修订接待流程方案；

（6）教师总结评论，评选最优方案。

【案例分析】

迟到的午餐

一行六位客人从山东到北京拜访客户。接待方为显地主之谊，中午用餐时间请访客前往北京著名的东来顺饭庄用餐。到达东来顺饭庄时，正是用餐高峰期，餐馆已满座。无奈，接待方带着客人转至其他特色餐馆，情况如旧。如此这般折腾下来，最后在一家不起眼的普通餐馆用了午餐，此时已接近下午两点钟，而刚刚经过长途跋涉的来客早已饥肠辘辘、疲惫不堪。本是有隆重接待之意，最后却事与愿违。

请思考以下问题：

是什么原因造成了这顿"迟到的午餐"？

任务二 介 绍 礼 仪

商务洽谈是结识新朋友和新客户的重要交际场合。从未曾谋面的陌生人到成为紧密相关的合作伙伴，介绍的环节是必不可少的。良好的介绍礼仪，是展现自我和企业形象的一块敲门砖，可以帮助我们有效扩大自己的交际范围。

【任务导入】

甲公司高管前来乙公司参加合作签约仪式，到达之后乙公司派出相应级别的领导迎接。若你就是迎接客人的乙方领导，你将如何得体地介绍自己？

【任务分析】

首先要分清介绍的先后顺序，按照"卑者先"的顺序，主方先做自我介绍。其次介绍的内容要完整，包括自己的姓名、单位、职务等。最后，介绍的过程中要注意介绍礼仪的规范要求。

【相关知识】

介绍与被介绍是社交活动中相互了解的基本方式。通过介绍可以使不认识的人缩短心理距离，实现良好沟通，建立了解和信任的人际关系。

按社交场合分，可以分为正式介绍和非正式介绍；按照介绍者分类，可以分为自我介绍和为他人介绍；按照被介绍者人数分类，可以分为集体介绍和个人介绍。无论是何种介绍都需遵循一定的礼仪规范，方能收到良好的介绍效果。总的原则要领是：举止得体、顺序准确、称谓得当、语气谦恭。

一、自我介绍

自我介绍方式

（一）自我介绍的方式

初次接洽的双方，往往需要各自一方自报家门，做好自我介绍，以为即将开始的洽谈做好铺垫；在想了解对方的情况下，也可以先做自我介绍，以此作为想了解对方情况的一种交换，所谓"抛砖引玉"之意。具体而言，可将自我介绍的方式划分为以下五种类型。

1. 应酬式自我介绍

内容简洁，往往只包括自己的姓名。

2. 交流式自我介绍

这是一种希望对方认识自己、了解自己、与自己建立联系的自我介绍。大体包括介绍自己的姓名、工作、兴趣等。

3. 工作式自我介绍

是因工作而交际，因工作而交友。介绍的内容包括姓名、单位、部门、职务等信息。

4. 问答式自我介绍

适用于应聘和公务交往。是在被问及的情况下做出的介绍。

自我介绍要领

5. 礼仪式自我介绍

适用于正规场合。在介绍中会使用谦辞和敬语。

（二）自我介绍如何收到良好的效果

无论是哪种类型的自我介绍，要想做到得体大方，收到良好的效果，还需注意以下四个方面。

1. 自我介绍的时机

在对方听者不忙碌且情绪较好有兴趣听的情况下；周围环境不嘈杂的较为正式的工作社交场合。开口介绍之前要有眼神交流，这样避免对方有唐突之感。

2. 自我介绍的顺序

自我介绍的顺序是卑者先。即年幼者先向年长者自我介绍；男士先向女士做自我介绍；主人先向客人自我介绍等。一般介绍顺序，如表5-1所示。

表 5-1

人物	先介绍
职位高者	职位低者
资深人士	资历浅者
女士	男士
年长者	年少者
已婚者	未婚者
总原则：尊者有优先知情权	

3. 自我介绍的内容

在自我介绍的时候，要兼顾实际需要、所处场景等，做到鲜明的针对性，"不要千人一面"。

内容要完整。一般包括四个要点：姓名、单位、部门、职务。若已先递交名片给对方，则可省略部分内容。

在第一次介绍自己的名字、单位时，一定要用全称。

4. 自我介绍注意事项

（1）表情亲切大方，充满自信。为礼貌起见，自我介绍时一般需起立，若现场无须起立应上身稍微前倾，不要倚靠在座位上。面部肌肉放松，嘴角轻微上扬，不要有挠头、摸鼻子等小动作。

自我介绍顺序

（2）自我介绍时要吐字清楚，为了让对方清楚地记住自己的名字，可以在介绍时做点突出强调。如"我叫曹羽，曹操的曹，关羽的羽……"

（3）若提前做过功课，寻求到与对方的共同点，可以借此表明以拉近陌生人之间的距离。如："王总您好！我是您的师弟，××大学××届××专业……"

（4）自我介绍的时间最好控制在一分钟或者半分钟左右。太短会让人有僵硬之感，不易在交谈一开始形成较为宽松愉悦的氛围；太长则难免有拖沓冗长之嫌。

二、经由他人介绍

在商务洽谈中，很多时候，出于优化接洽效果或者是在较大的多人交际空间中，会经由他人做中间介绍。

经人介绍要领

（1）介绍人一般是被介绍双方都熟悉的人；或者是会议（商务活动）的东道主（主办方）。如社交联谊由发起人做介绍人，集体交流由双方单位最高代表做介绍人。介绍人在做介绍的时候，要先明确双方是否有进一步结识的意愿。

在介绍时，介绍人应手心向上，四指并拢，拇指张开，胳膊略微向外伸，指向被介绍一方，神情兼顾两方以示尊重，不能背对任何一方。这样既能使被介绍者由这一动作引起被尊重、被重视的良好心理反应，同时也会展现介绍人的良好礼仪修养。

经人介绍顺序

（2）介绍人依次介绍双方的顺序应遵循下述自我介绍的顺序。即坚持受到特别尊重的一方有了解对方的优先权原则。如将男士介绍给女士；将职位低者介绍给职位高者；将晚辈介绍给长辈；将未婚者介绍给已婚者。

（3）在中间人介绍时，双方当事人不能左顾右盼，神情要专注，并报以微笑、行

经人介绍方式

礼或致意等举动予以回应，以示礼貌。在被相互介绍之后，双方要趋前握手并寒暄问候。

三、集体介绍

集体介绍是指为两个或两个以上的人所做的介绍。在这种情况下，介绍的顺序应遵循以下原则。

（一）先少数人，后多数人

若被介绍的双方，地位、身份不相上下或者难以确定高低，应当让人数较少的一方礼让人数较多的一方。先介绍人数较少的一方或者个人，后介绍人数较多的一方或多数人。

集体介绍

（二）尊者居后

若被介绍者在身份、地位之间存在明显差异，则较为尊贵者即便人数较少，依然是后被介绍。

（三）整体介绍

在被介绍的对象较多而又无须一一介绍的情况下，可采取笼统的方法进行整体介绍。

（四）人数较多各方的介绍

被介绍的有多方，就需对被介绍的各方进行位次排列。常用的排列依据有：以距离介绍者的远近为准；以被介绍单位的规模为准；以其负责人身份为准等。

集体介绍顺序

知识链接：

> **能让别人记住你的那些新颖的自我介绍**
>
> 范例一：我在外闯荡多年，没上过正经大学，蹉跎中练就一身生存技能，现被聘于一家医药公司主管销售业务。性格开朗，喜欢安静，钟情自由，人品五五开。你若对我好，我就让你天天像喝了蜜似的。不算老实，天生怕死，杀人犯法的事我也下不了手。总体而言是对社会有益无害的一类，算是个好人，有意者QQ联系，非诚勿扰！
>
> 范例二：你梦想找一帅哥就别来了，你梦想找一钱包就别见了。刘德华和杰伦哥那样才貌双全的郎君是不会来征婚的，当然我也不会做泰坦尼克的浪漫美梦。你要真是一仙女我也接不住，没期待你长得跟画报封面一样，见一眼就魂飞魄散。外表时尚、内心保守、身心健康的一般人就行，要是多少再有点婉约就更靠谱了！
>
> 硕士学历以上免谈，女强人免谈，省得大家见了都失望。我喜欢会叠衣服的女人，每次洗完烫平叠得像刚买回来的一样，说得够具体吧！

【技能训练】

每个同学制作一张小卡片，上面注明性别、年龄、职业、头衔等信息，投入事先备好的抽签箱内。将学生分组，每三人一组，两人抽签扮演角色，第三人做中间介绍。

步骤：

(1) 每个同学制作一张小卡片，上面注明性别、年龄、职业、头衔等信息；
(2) 将卡片投入事先备好的抽签箱中；
(3) 按照学号顺序，三人一组，两人抽签扮演角色，第三人做中间介绍；
(4) 介绍时要遵循介绍的基本礼仪；
(5) 教师与同学共同参与评论。

【案例分析】

> **介绍有先后，礼仪在其中**
>
> 某外国公司总经理史密斯先生在得知与中国某公司的合作很顺利时，便决定携带夫人一同前来中方公司进一步考察并观光。中方翻译小李陪同公司的张经理前来迎接，在机场出口见面时，经介绍后张经理热情地与外方公司经理及夫人握手问好。
>
> 请思考以下问题：
> 若你是小李，怎样介绍才能收到如此良好的效果？

任务三　握 手 礼 仪

握手礼仪是社交场合使用最为普遍的一种礼节方式，一般在相见、离别、恭贺、慰问或致谢时使用。商务洽谈的双方，在交际活动中为表示对彼此的欢迎等一般也采取此种礼仪方式。

握手没有那么简单——VIP也会出错呢

【任务导入】

甲公司一行5人到乙公司做业务洽谈，乙公司业务经理负责接待。在行握手礼的时候，该业务经理需要遵循哪些礼仪要求？

【任务分析】

首先，该业务经理需主动伸手以示主方欢迎之意。其次，注意握手的先后顺序，在与对方带队领导握手之后，依据来客领队介绍成员的顺序依次握手。第三，注意握手的姿势、力度、时间等礼仪。

【相关知识】

握手礼是交往双方共同完成的一种礼节，双方既是施礼者又是受礼者。而握手所传递的情感信息也是双向的，它既可以表示一方的尊敬、景仰、祝贺、鼓励等，也能传达一些人的冷漠、傲慢等。这个简单的动作贯穿于各国的人际交往中，握手的礼仪不容忽视。

一、握手样式

握手的方式

人际交往中，握手有多种样式。不同的样式能传达不同的礼遇、态度，给人留下的印象也不一样。了解不同的握手样式，能帮助我们在商务交际中，展示自我、赢得主动。

（一）平等式握手

平等式握手是一种标准的、最常见的握手方式。握手时，双方伸出右手，手掌垂直于地面，双方掌心相对。表达对对方的尊重与友好。

（二）支配式握手

支配式握手，又称"控制式"握手。掌心向下握住对方的手，采取该种样式握手一方通常是处于优势或者支配地位，使用不当也可能让对方会觉得傲慢难以接近。

（三）谦恭式握手

谦恭式握手是用掌心向上的方式与对方握手，传递出顺从或者友善的心态，会让对方觉得很易于接近。

（四）双包式握手

双包式握手

双包式握手，也称"手套式"握手，在用右手握手的同时，用左手握住对方右手的手背。这种握手方式常用于下级对上级、晚辈对长辈，表达对其特别的尊重和爱戴。

（五）拍肩式握手

拍肩式握手

拍肩式握手是在用右手握手的同时，用左手拍抚对方的手腕、前臂、上臂或肩部。这种握手方式常用于上级对下级、长辈对晚辈，表达关怀、鼓励之意，也适用于较为熟悉的朋友之间。

二、握手要领

（一）体姿

握手的最佳距离是，两人之间距离一步的距离，大约75厘米；握手最佳姿势，双足立正，双腿直立，上身微微前倾。

（二）手姿

手臂自然弯曲，虎口张开，四指并拢，手掌与地面垂直。

（三）力度

握手要有一定的力度，轻飘飘地握手让人感到敷衍、冷漠，当然也不能把手握得很疼。

专业的外交官在训练握手时，要求握手的力度是2公斤，我们不必如此严格，但一定要有一定的力度。坚定而有力的握手能够传递这样一种情感——我的自信，我是负责任的，我能够承担风险。

（四）时间

时间长短要因人而异，握手时间控制的一般原则可根据双方的熟悉程度灵活掌握。初次见面握手时间不宜过长，以一到三秒钟为宜，可以上下晃动几下。切忌握住异性的手久久不松开，与同性握手的时间也不宜过长，以免对方欲罢不能。特别熟悉的客户之间，为显示热情可稍微延长握手的时间加大握手的力度。

（五）表情（微笑、眼神）

握手时要爽快，不可犹豫迟疑。与人握手的同时，神情要专注、热情、友好，面带微笑地看着对方的眼睛，让对方感觉到你见到他真的很高兴，很乐意与他交往。

杨澜在《一问一世界》一书中回忆克林顿与节目组人员见面时的场景，说："克林顿与在场的人一一握手，让人感到亲切、真诚、平和、尊重，因为他会用眼神专注地看着你，极尽礼仪又富有人情味。"

（六）问候

言为心声，只有动作没有语言是不礼貌的，一定要有口头寒暄问候，例如："你好！""久仰大名！""好久不见！"等。

需要注意的是，在一般的社交场合，应只握女士手指部位。而在商务场合，则要握满手。商务女士代表着企业的形象，不是要表现矜持，而是要表现出落落大方，巾帼不让须眉的风采，因此，应虎口对虎口，握满手。

三、握手礼仪注意事项

（一）握手的顺序

握手时遵循尊者为先的原则，即由位尊者先伸手示意，位卑者予以响应。如上下级之间，上级先伸手下级才能伸手接握；长辈与晚辈见面，长辈先伸手晚辈后伸手；男女之间，女方先伸手男士再伸手等。

在商务场合握手时，伸手的先后顺序主要是取决于双方彼此的职位、身份；在社交、休闲场合，它主要取决于年龄、性别等因素。

在商务接洽双方平等的情况下，先到者先伸手与后到者握手。在商务拜访活动中，抵达时主人先伸手表达欢迎，临别时客人先伸手表谢意。前者表达主人欢迎之意，后者表达客人感谢之情，若颠倒了顺序则会造成尴尬。

（二）握手的时间与力度

时间以3秒钟为宜。力度要适中，若用力过大会有冒犯之嫌，用力过小会让对方感觉敷衍不真诚。特别熟悉的客户之间，为显示热情可稍微延长握手的时间加大握手的力度。

（三）神情配合

握手时要爽快，不可犹豫迟疑。与人握手的同时，距离受礼者约一步之远，上身稍向前倾，神情要专注，面带微笑地看着客人的眼睛，并不忘口头寒暄问候。当交际对象较多的时候，可选择跟自己位置相近的人握手，同时不忘跟其他在场的点头示意。

握手的顺序

不但学以致用 更要灵活运用

身份多重时的顺序判定

与多人握手

握手的要领

克林顿的眼神

握手时间越长越好吗

怎样与女士握手

握手的禁忌

（四）握手的禁忌

（1）忌用左手相握；握手时需要用右手。

（2）避免两两握手时形成交叉的十字架，尤其在基督教国家，这被视为不祥的征兆。

（3）若带有手套，一般应该脱下手套再行握手礼。女士戴装饰性的手套可不摘除。

（4）忌坐着握手。除非是年老病弱等特殊群体，在握手时均要站立握手。

（5）无论什么人，如果对方忽略了握手礼的先后顺序，已经伸了手，对方都应该予以回应而不能拒绝握手。

（6）忌握手后立即擦拭自己的手，这是对对方的极大不尊重。

知识链接：

> **影响中国的握手**
>
> 1959年10月26日，在新落成的人民大会堂，召开了第一届全国群英会，45岁的时传祥作为全国劳动模范，参加了会议。会后，国家领导人接见群英会代表。当时共和国主席刘少奇走到掏粪工人时传祥面前，与他亲切交流并握手。镜头记录了这一珍贵历史时刻——共和国主席的手和一个掏粪工人的手紧紧握在一起。这是新社会的握手，这是对劳动、对劳动者的讴歌和赞美。

【技能训练】

每个同学制作一张小卡片，上面注明性别、年龄、职业、头衔等信息，投入事先备好的抽签箱内。将学生分组，每2人一组。根据抽签确定各自身份，遵循握手的礼仪练习握手。

步骤：

（1）每个同学制作一张小卡片，上面注明性别、年龄、职业、头衔等信息，投入事先备好的抽签箱内；

（2）将学生分组，每2人一组；

（3）根据抽签确定各自身份，遵循握手的礼仪练习握手；

（4）请台下的同学进行点评；

（5）教师总结评论。

【案例分析】

> **同样的握手，迥异的回应**
>
> 某公司在会展中心举行大型的产品推介会，刘经理是此次推介会的负责人。

见到各位应邀到场的嘉宾，刘经理都主动热情地伸出手主动与客人握手，并寒暄问候。会议期间，气氛一直很高涨。等会议结束之后，刘经理守在会展中心门厅出口处，跟即将离开的各位嘉宾一一告别。不承想，等他率先伸出手的时候，很多嘉宾却面露不悦。同样的握手，前后迥异的反应，这让刘经理很是疑惑不解。

请思考以下问题：
(1) 你能解答刘经理的疑惑吗？
(2) 怎样处理才是正确的方法？

任务四　行进礼仪

在商务活动过程中，肯定会出现从门厅到办公场所内、从楼上到楼下等场所的穿越行进。在行进过程中，体态举止等都会彰显一个人的礼仪修养。

握手练习题

【任务导入】

张总派秘书小王到公司门口迎接预约而至的客户。在见面一番寒暄之后，小王需要将客人引导至位于 12 层的总经理办公室。引导的过程中，小王怎样做才不失礼呢？

【任务分析】

首先要走在客人的左前侧，伸手引导方向将客人带至电梯口。其次，遵循搭乘电梯的礼仪，为客人做好开关电梯门的服务。最后，到达目的楼层之后，继续引导客人至办公室。

引导者

【相关知识】

一、走路行进

按照我们的交通规则，右侧是安全、不易被打扰的一侧，留给客人。因此引导者在客人左前方，整个身体半转向宾客方向，保持两步的距离。

并行与单行行进

较宽的路面或已铺设红地毯，应注意引领者靠边引领，把路面中间或红毯中间位置留给客人，不可喧宾夺主。

用左手示意方向；要配合客人的行走速度；保持职业性的微笑和认真倾听的姿态；如来访者带有物品，可以礼貌的为其服务；途中注意引导提醒：拐弯或有楼梯台阶的地方应使用手势，并提醒客人"这边请"或"注意楼梯""有台阶，请走好"等。

多人同行

引领者应着正装或旗袍。女士着套裙或旗袍时，注意不可搭配皮靴。皮靴有英姿飒爽之感，与引领者端庄的气质不符合。女士引领者在引领时，应注意摆臂幅度不要过大，应小幅摆臂，控制在 30° 以内。

需要开门进入情景

引领者要注意观察客人的步幅与速度，与客人保持一致。室外引领过程中还应为客人介绍周边设施等。

客人在行进过程中，也应注意尊位的确定。

并行时，中央高于两侧，内侧高于外侧。一般让客人走在中央或内侧。日常交往中，与女士、年长、年幼及位高者同行，要将对方礼让到行进路径内侧相对安全的路径上。

路径较窄时，即单行行进时，应注意前方高于后方，如没有特殊情况的话，应让尊者在前面走。

多人同行时，尊者居前；其次跟随在其右后方；资历较浅者应行于左后方。

行进到需要开门进入的场所时，引领者或男士或职位较低者应先快步向前开门，并等同行的女士或职位较高者通过门口之后再通过；如果不是自动开关的门，应轻声关好门再跟上。

上楼梯

二、上下楼梯

上下楼梯靠右行走，不应多人并排行走；引领客人上下楼时，若客人不知路径，引导员走在左前侧，若客人知道路径，让客人走在前面。引导员是女性，穿着套裙时，不论客人是否知道路径，都要让客人走在前面，可以在上楼梯前给予指示，然后让客人先行，到达目的楼层后快步跟上，继续引领。遇到转弯处，应用手示意方向，并加以指示。

下楼梯

下楼梯时，引导员走在前面，客人走在后面，引导员可以提示客人路况如何，且万一有闪失不会碰到客人，保障了客人的安全。

出入电梯

三、搭乘电梯礼仪

等候电梯应在电梯口的一侧，避免挡住电梯门口。电梯到达后，应先出后进，不要一拥而上。搭乘有人驾驶的电梯，让客人先进，引导员最后进，到达目的楼层后，让客人先出，引导员最后出，快步跟上，继续引领。搭乘无人驾驶的电梯，引导员先进，按住"开门"按钮，另一只手做出"请"的动作，保证客人安全地进入电梯，到达目的楼层后，让客人先出，按住"开门"按钮，另一只手做出"请"的动作，保证客人安全地走出电梯，引导员最后出，再快步跟上，继续引领。

电梯礼仪

在电梯里应正面朝向电梯口，以免造成面对面的尴尬。尽量站成"凹"字形，为后进入者留空间。不应高声喧哗，但为避免在电梯间狭小空间的沉闷尴尬，可给客户简单介绍一下即将到达的楼层的概况。

搭乘电梯需特别注意安全。电梯关门时，不要强行挤。电梯超载时，不要强行进入。

搭乘自动扶梯时，要自觉站在右侧，给有急事的人留通道。

知识链接：

一家五星酒店，有台观光电梯，所有入住酒店的客人，都要乘坐这台电梯上下，但从来没有客人对这台电梯有什么看法。

但是有一天，一位来自英国的女士把这台观光电梯投诉到了总台，并要求酒店经理与她沟通。总台通知了经理，经理赶来后，先向这位英国女士表示了歉意。但英国女士并没有领情，要求经理对酒店的电梯进行管理。

经理有些摸不着头脑，难道是这台电梯出了问题，让她在乘坐时感到了不舒适。细问之下，原来这位英国女士住在16层，早晨她准备到二楼用自助餐，在16层等电梯时，电梯开了，但门口站着三四个人，没有让开身子的意思，她想总不能挤进去吧，于是等着他们让开身子，但直到电梯门自动关上了，他们仍然站着没动。

经理听完，差一点就要笑了。就这么一件小事，也值得投诉，而且可笑的是，她竟然要投诉这台电梯。

但是，女士接下来的话，却让经理十分难堪。女士说："客人乘电梯时没有礼仪，固然是他们自身的原因。但是，我在电梯里找了半天，也没有发现类似的提醒启事，这说明你们在纵容这种行为，你们的管理存在着很大的问题。"

后来经理才知道，这位女士是英国一家酒店连锁公司的总裁，她对酒店的管理十分精到。

这看似一个酒店管理问题，其实是一个国家的文明礼仪问题。如果你生活在都市，有过乘电梯的经历，你就会一声叹息。为了自己方便出入，挤在门口；看到有人从远处跑来，顾自让电梯门合上；不管先出后进，争先恐后往里挤等。这些细节，我们习以为常，但在一个专业人士眼里，却是一个大问题。

关于电梯礼仪，新加坡曾经掀起过一次"运动"，更让人惊讶的是，这场"运动"的发起者是时任新加坡总统的吴作栋，吴作栋亲自设计了乘坐电梯方面的礼仪，让国民遵守。这些礼仪通过将近十年的普及，现在新加坡几乎所有高楼电梯里，很少能看到争先恐后、你拥我挤的情况。

教化需要一个过程。一个国家的文明程度并不是临空而降的，它往往需要时间，需要对规则和秩序的一以贯之的遵守。

四、乘车礼仪

商务人士在搭乘车辆参加较为正式的应酬或者是与他人一起乘车时，均应表现出应有的礼仪风范。

（一）上下车的礼仪

上下车虽然是个短暂的动作过程，但此中的礼仪要点却不可忽视。

女士上下车时，要采用背入式或正出式，即将身子背向车厢入座，坐定后随即将双腿同时缩入车厢内。如果是着裙装，在关闭车门之前应先理好裙子，避免被车门夹住。准备下车时，应将身体尽量移近车门，待车门打开后，先将双腿踏出车外，然后将身体重心移至双脚，头部先出，然后将整个身子移出车外。

乘车尊位

如若穿低胸的服装，为防止在弯身上下车时出现尴尬的"走光"状况，可以钱包或小手袋遮挡胸前，做到优雅不失礼地上下车。

（二）座次礼仪

在较为正式的场合，一定要分清座次的尊卑，选择合适的座位就座。具体而言是客人为尊、长者为尊、领导为尊、女士为尊等，尊者坐在上座上。

（1）主人亲自驾车时，副驾驶座为上座。前排座为上，后排座为下；右为尊，左为卑。以最常见的双排五人车为例，如图 5-1 所示（1~4 的数字标号由高到低代表入座者受尊重程度）。

乘车 VIP 座位

（2）专职司机驾车时，仍遵循右为上的原则，但后排座位为上前排座位为下。以最常见的双排五人车为例，如图 5-2 所示（1~4 的数字标号由高到低代表入座者受尊重程度）。

主人驾驶时尊位

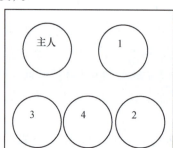
图 5-1　主人亲自驾车

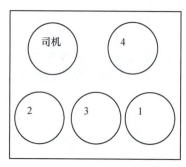
图 5-2　专职司机驾车

知识链接：

> **特殊情况的座次安排**
>
> （1）在乘坐车辆的时候，座次的安全系数不得不考虑。在轿车上，后排座比前排座要安全得多。最不安全的座位当属前排右座，最安全的座位莫如后排左座。为安全起见，可以打破常规惯例请客人坐在最安全的座位上。
>
> （2）尊重客人的意愿。在正式场合乘车应请尊长、女士等于上座就座，但不能忽视宾客本人的意愿。若客人表达了自己的喜好偏向，以尊重客人为上。客人坐的座位就是上座。

（三）车内礼仪

乘坐车的时候，虽然空间小，但仍不失为一个公共的空间。车内仍需遵循一定的礼仪规范。

1. 上下车相互礼让

不争不抢，井然有序。帮助尊者开门、关门、封顶。下车时，先看后行，避免造成事故。

2. 动作优雅，注意分寸

车内空间有限，不要东倒西歪、嬉笑打闹，尤其是有异性同乘时更要注意保持距离，把握分寸。

3. 保持车厢卫生

不能吸烟不能乱扔杂物，在车上脱鞋、脱袜、换衣服等都被视为失礼之举。

（四）上下车顺序

（1）主人驾驶车辆时，出于对乘客的尊重和照顾，一般是后上车先下车，保证有时间做好服务工作。

（2）专职司机驾车时，坐在前排者一般应后上车先下车，以方便照顾后排尊者。

（3）同坐在后排的客人，应请尊长、女士、来宾从右侧车门先上，自己则从左侧后上，下车时反之。

女士上下车怎样防止走光

五、乘飞机的礼仪

现代商务活动中，搭乘飞机已经成为非常普遍的一种出行方式。在搭乘飞机的过程中，要注意以下方面的礼仪。

（一）登机前的礼仪

提前一小时到达机场，以便托运行李、检查机票等。随身携带的手提行李尽可能轻便，大件行李要办理托运。同时可以借助行李车运送行李。

在候机大厅内，一人只能坐一个位子，不要用行李占位。若需吸烟，要到专设的吸烟区内吸烟。等待过程中，要注意维护公共秩序不可大声喧哗、到处游逛等。

（二）乘机时的礼仪

登机时向热情服务的空乘人员礼貌致意。登机后，根据座位标号对号入座。

飞机飞行过程中禁止使用移动电话，也不可以在起飞和降落时使用便携式电脑、游戏机等电子设备，以免干扰飞机电子系统，造成安全隐患。

旅途中可以读书看报也可以低声交流，但不宜讨论劫机、坠机等不幸的话题。

飞机上的饮料是不限量免费供应的。但要注意在索要饮料的时候，只能喝完一种再要另一种，以免将饮料弄洒。在乘务员发放饮料的时候，坐在外侧的乘客应该主动询问里侧的客人需要什么，并协助乘务员递进去。

飞机上提供的一些非一次性用品，如毛毯、餐盘等，不允许乘客带走。

六、行车礼仪

在商务接待中，无论是主人还是专职司机驾车，都要在遵守交通法规的基础之上，注意相应的行车礼仪。

（一）文明驾驶

不争不抢相互礼让。

（二）合理使用笛声和灯光

在拥挤堵车等情况下，频繁用力地按汽车喇叭，会让乘车者更加烦躁，也无益于问题的解决，是很失礼的行为。在夜间行车时，对面来车要关闭远光灯。转弯、停车、启动时要打转向灯。

（三）车辆编队行驶的礼仪

在大规模的商务接待活动中，可能会出现接待车辆较多需要编队行驶的情况。此时，头车要控制好车速，尾车要随时留意车队中前车的状况。当有其他车辆穿插车队时，尽量让对方先行，如果需要给对方提醒则可以使用短笛声友好提示。

知识链接：

步行时的五个细节

（1）忌行走时与他人相距过近，避免与对方发生身体碰撞。万一发生，务必要及时向对方道歉。

（2）忌行走时尾随于他人身后，甚至对其窥视、围观或指指点点。在不少国家，此举会被视为"侵犯人权"。

（3）忌行走时速度过快或者过慢，以免妨碍周围人的行进。

（4）忌一边行走一边连吃带喝，或是吸烟不止。那样不仅不雅观，而且还会有碍于人。

（5）忌与已成年的同性在行走时勾肩搭背、搂搂抱抱。

【技能训练】

将学生分组，每2人一组进行练习。1人扮演客人，1人引导行进。练习完毕两人角色互换。挑选动作规范娴熟者做示范表演。指导学生反复多次练习，直至掌握行进礼仪的注意事项。

步骤：

(1) 将学生分组，每2人一组进行练习。1人扮演客人，1人引导行进；

(2) 练习完毕两人角色互换，继续练习；

(3) 挑选动作规范娴熟者做示范表演，教师做点评指导；

(4) 学生继续练习，直至熟练掌握行进礼仪；

(5) 教师总结评论。

【案例分析】

引导无定法，变通不失礼

赵秘书应总经理安排，在办公楼一楼大厅等候来访的客户。等客人到达后，小赵引导该男性客人走楼梯行进至二楼的办公室。但在引导途中，小赵发现这位异性客人似乎刻意与在前方引导的自己保持了一段距离。是自己不够亲和吗？小赵正纳闷，忽然间她意识到今天穿了条短裙，顿时为客人的周全照顾感激不已，也为自己的失礼之处深感抱歉。

请思考以下问题：

在客人前方引导客人不妥吗？

任务五　名片礼仪

名片是标示持有者姓名及其所属组织、公司单位和联系方法的卡片，是新朋友互相认识、自我介绍的有效方法。运用名片开展公务活动、商务活动也变得越来越频繁。名片对于扩大社交、保持联系的作用也不可低估。

【任务导入】

在某一博览会上，你遇到同行中某一企业的工作人员。对方双手递上名片，你该怎么处理？

【任务分析】

首先要客气礼貌地双手接过名片，在看过名片上的信息之后，郑重其事地收好对方的名片。其次，取出自己的名片赠予对方。在没带名片或者名片用完的情况下，要跟对方解释清楚，需要的话可以用干净的纸将个人和单位信息写好给对方。

【相关知识】

在商务活动中，我们会跟很多客户接洽，需要了解的信息也有很多。而一张名片则可清清楚楚、简明扼要地记录下对方的基本情况。

知识链接：

> 早在西汉时期，就有访问者把名字和介绍文字写在竹片或木片上，作为给对方的会务介绍文书。到东汉蔡伦发明造纸以后，便书写至纸上，称为名纸。现在名片是商务人士的必备沟通工具，是自我介绍信和社交联谊卡，是商务人员个人形象和企业形象的有机组成部分。

一、名片种类

现代人际交往中，面对不同的交往对象，应该使用不同的名片。若不分对象、场合、目的等使用同一种名片，也是一种失礼的行为。常用的名片类型有以下三种。

（一）社交名片

这种名片只显示姓名、地址、邮编、电话等个人信息，不印办公地址，在拜会他人时用作身份说明。

（二）职业名片

职业名片在社交名片内容之外，增加了单位、职称、社会兼职等与职业有关的信息。

（三）商务名片

该种名片显示个人信息和单位信息，如单位业务、经营项目等。

递名片的礼仪

二、名片交换礼仪

（一）递送名片礼仪

在将自己的名片递送给对方之前，一定要将名片事先整理好，放在自己上衣内侧的口袋中或者名片夹中，免得在拿取的时候凌乱不堪，给对方留下不严谨的不良印象。在递送的时候，还要注意以下三个方面。

（1）地位低的人先把名片双手递送给地位较高者。

（2）如若需要将名片递交给众多的人，首先择年纪最长或者地位最高的人，其他的人则按照距离由近及远依次递送。

（3）递送的时候保证名片上的文字正对对方，同时保证双手自然前伸，不能低于腰部也不能高于胸部。

在递送名片的时候，要注意目光注视对方，微笑致意，最好有简短的寒暄，诸如"请多多关照"等用语。

（二）接受名片礼仪

1. 恭敬接受名片

当对方递上名片的时候，接受一方当立即双手承接，也可有意识地重复一下对方名片上尊贵的头衔、职务等，以表达荣幸感谢之意。

2. 浏览名片

接过名片后，要认真浏览名片内容，不能马上收放起来或者置之一边。对于不认识的字或者多音字可以当面请教。

3. 回敬对方

在拿到对方名片之后，要及时回赠对方一张自己的名片。如若身边没有名片可供回赠，要向对方做出解释说明并表示歉意，同时可进行简单的自我介绍。

4. 名片收藏

在浏览了对方名片之后，要将名片收好放在名片夹等合适的包夹内，但要注意将收到的名片与自己的名片区分开来。不可将名片放在下衣（裙）的口袋中，尤其不能在离开的时候将客人的名片弃置或者遗落在现场。

三、索取名片

名片交换的前提一般是双方均有进一步结识的愿望。如若一方无意，对方最好不要索取名片。若确实需要对方的名片，在索取的时候也要注意技巧问题。

（一）交易法

"将欲取之，必先予之"。以自己的名片先给予对方，表达谦恭结识之意，一般会得到对方的回敬。

（二）谦恭法

此种方法多用于向地位较高或是年长者索取名片。在即将告别之际，对方还未曾与你交换名片，此时可委婉地表达："李总，以后我如何向您请教呢？"

（三）平等法

若是向平辈或是晚辈索取名片时，可以采用这种方法。例如："不知日后怎么联系您比较方便？"或"以后如何与你联系呢？"

四、使用名片注意事项

（一）精心制作名片

在制作名片的时候必须做到文字简明扼要，字体层次分明，强调设计意识，艺术风格要新颖，并具有较强的识别性，让人在最短的时间内获得所需要的信息，并让对方在接过名片后就愿意主动收藏这张名片。

具体而言，名片设计的基本要求应强调三个字：简、功、易。

1. 简

名片传递的主要信息要简明清楚，构图完整明确。

2. 功

注意质量、功效，尽可能使传递的信息明确。

3. 易

便于记忆，易于识别。

（二）把握出示名片的时机

当事人应该根据时机合理派发交换名片。在相互介绍交谈开始之前，或者交谈融洽有进一步结识愿望的时候，再者是即将告别为方便日后联系之用。处在一群陌生人中间时，不要主动发放名片，否则有推销自己之嫌，最好是先让对方发送名片。但如果自己即将发表意见，则可选择在发言前将名片发给周围的人。

（三）保持名片干净完好

不能在名片上乱涂乱改，保持名片清洁干净。同时，名片上也不能有折痕或因损坏而缺角，保持名片的平整与完好。

（四）名片上不印两个以上的头衔

如果持有人头衔很多，挑相关的最重要的两个印制。切忌将头衔全部印制上去，否则会给接受名片者虚浮、不靠谱的感觉。

知识链接：

名片设计艺术

名片作为一个人、一种职业的独立媒体，在设计上要讲究其艺术性。

1. 名片文字设计

文字是人类日常生活中最常接触的视觉媒体之一。字体设计就是将文字精神技巧化，并增加文字的造型魅力。所以文字应用在设计行业时，不单是为传达讯息，并具有装饰、欣赏的功能和加强印象的机能。

文字设计的题材来源有：公司中英文全名、中英文字首、文字标志等。字形则包括设计的字形、篆刻的字形、传统的字形等。要注意字体与书面的配合，来营造版面的气氛，将名片塑造成另一种新的视觉语言。

2. 名片插图设计

插图是名片构成要素中形成性格以吸引视觉的重要素材。名片设计要将方案的内容、主题的表达或者产品的重点以绘图的形式加以表现。设计者在创作时须考虑普遍性或代表性，选择其中要素去芜存菁，做形、色之创作技巧组合。

3. 色彩的设计

色彩是一种复杂的语言，属于组合的媒体。色彩的强度，不在于面积大小，而在于规则配置的影响。所以在选择名片的原色纸标示色彩时，都必须配合设计创意，用心思虑。

4. 饰框、底纹的设计

饰框、底纹是平面设计的构成要素。饰框在编排上的构成作用是控制对方视野范围，达到了解内容的目的。但如果饰框的造型强度过强，则会不断刺激读者的眼睛而转移视线。因此饰框应以柔和线条为佳，进而诱导读者视线移到内部主题。饰框、底纹是以装饰性为主要目的，在色彩应用上就要以不影响文字效果为原则。将主、副关系区别开来，才能得到一张明晰的名片。否则，文字与饰框、底纹会混在一起，形成看读上的反效果。

5. 色块的设计

色块与面和形有密切关系，一般而言看到了行而后会产生面，最后色块就自然存在了。在名片设计中，以色块表现为主中，黄金比例是设计常用的等比分割设计。黄金比例的视觉美感，安定、活泼且具均衡感，是视觉设计最佳比例和均衡点。在版面构图中，只要运用这个原理，视觉效果即能达到稳定且兼具美感。黄金比有：1∶1.618；3∶5；5∶8；8∶13；12∶21；55∶89 等。

【技能训练】

每个学生设计制作一张名片，要求美观大方，无涂改痕迹。在名片上可根据自己的想法设计持有者的姓名、职业、职务等。由教师抽取学生，每2人一组，由他们按自己设计的名片的身份，相互交换名片。

步骤：

（1）学生独立设计制作名片；

（2）名片展示环节；

（3）由教师抽取学生，每2人一组，由他们按自己设计的名片的身份，相互交换名片；

（4）台下的同学参与点评，包括递送名片的时机、顺序、动作是否规范等；

（5）教师总结评论，重申名片礼仪的注意事项。

【案例分析】

> **第二张名片**
>
> 某公司的业务推销品小王，主动约见拜访一位重要客户。见面后，小王主动做起自我介绍并双手递上自己的名片。会面结束，在客人起身离开之际，小王发现该客户将自己赠予对方的名片不经意间扫落到了地上，并紧接着一脚就踩在了上面。见状，小王赶紧捡起已经被踩脏的名片，开玩笑道："我的名片太不经踩啦，这样，我给您换一张新的。"客户见状很是不好意思，但同时他也看到了小王是一个自尊自重的推销员，本无意购买的客户最后很放心地决定购买小王推荐的产品。
>
> 请思考以下问题：
> 小王对待被客人弃置名片的处理有哪些可取之处？

项目二 客户拜访

客户拜访是指个人或单位代表，前往客户的工作单位或者住所去会晤、探望对方，就有关事宜与有关人员进行探讨或者磋商。是我们与客户之间联络感情、增进友谊、促进工作的一种有效形式。

【知识目标】 掌握客户拜访的会面礼仪，掌握客户拜访的交谈礼仪，了解不同国家的拜访礼仪。

【技能目标】 具备独立成功拜访客户的能力，能够独当一面地完成拜访任务。

【素质目标】 能够顺利地完成客户拜访任务，遵守拜访礼仪规范，并能够给对方留下良好的个人印象和企业形象。

【思政园地】

> **我的第一次公务拜访**
>
> 我刚入职不久，这天，部门经理带着我和另一位职员去拜访张经理。一进

> 张经理办公室,我明显感到张经理愣了一下。当时百思不得其解,多年后我才知道原因。原来拜访时尽量不要更换之前沟通好的人员,实在因特殊情况需要更换或增加人员应提前告知主人。张经理很快调整好,和我们展开了愉快的交谈。我很快就被张经理吸引住了,他讲话温文尔雅,又博学多识,说的每一句话我都想记下来。我深深被张经理的魅力折服,整个拜访过程我都用崇拜的眼神紧盯着他看,把他都给逗乐了。临走时,他微笑着对我说:"小伙子,好好干,积极进取,我很看好你哦!"我感到内心深受鼓舞,我也要成为他那样的人!

任务一 基本拜访礼仪

商务拜访通常是个人或者单位代表以客人的身份,有针对性地前往拜访其他单位、部门或个人,就有关事宜与有关人员进行探讨和磋商的一种社会交往形式。在拜访的过程中,应当遵循的一切行为规范和准则即称为拜访礼仪。

【任务导入】

某办公用品公司的业务员小李,听说某公司急需购进一批办公用品,为抓住这笔订单,小李跃跃欲试想拜访对方公司采购部经理。为增加胜算的把握,小李该做好哪些方面的准备?

【任务分析】

首先要选择合适的方式与对方公司的采购部经理预约会面,在会面时间、地点上征询对方的意见。然后知己知彼,提前做好相应材料等方面的准备工作。

【相关知识】

拜访是面对面的交往,能促进联系提高工作效率。按照拜访的目的不同,通常将拜访划分为事务性拜访和礼节性拜访。

为让拜访工作顺利开展,洽谈双方通过交往协商达成共识,促成合作,要注意把握各个环节的礼仪要求。

商务拜访时间选择

一、约见礼仪

为防止冒昧打扰受访客户,同时也为确保拜访工作更加有计划性,在正式拜访之前,要事先跟对方约定。约定的方式往往可以通过电话,或者是当面进行。如果客户是经由熟悉的朋友介绍,在初次约定的时候最好经由中间人,这有助于初次拜访取得较为良好的效果。

商务拜访要提前预约

在约见的时间、地点时,要遵循以下基本原则:

如果是公务性拜访，最好选在对方上班时间，但要避免上班后、下班前半小时或者是星期一上午、星期五下午。拜访地点是办公场所。

如果是私人拜访，要尽量避开休息的时间。不要在吃饭时间（除非是想请客户吃饭）、午休、晚上10点以后登门。上午9—10点，下午3—4点，晚上7—8点均是较为适宜的拜访时间。地点可选择在客户家中、咖啡厅等场所。

在具体的时间、地点的选择上，要充分征求并尊重客户的意见，以方便客户为原则。同时告诉对方你此次拜访大约占用的时间长度，便于对方的工作安排。

二、事前准备

所谓"知己知彼，百战不殆"。要想提高拜访的成功把握，收到预期良好的拜访效果，在预约成功之后正式拜访之前还应做好相应的一系列准备工作。

（一）知己

知己就是要明确本次拜访的目的及目标。就此次拜访的目标、拜访的进度安排，一一作出详细合理的计划，包括拜访流程中的小细节都要给予足够的重视，这样才能胸有成竹、有的放矢、胜券在握。与拜访对象的密切程度也会稳步提升，随着各个小目标的实现，大目标也就变成水到渠成的事情了。

（二）知彼

知彼就是要仔细了解对方的背景，把握对方的意图，甚至是对方的偏好、习惯等个人因素也要考虑周全。拜访的过程中，要尊重受访者的习惯，避免冒犯冲撞。这样方能获得客户的好感，引起客户对自己的重视，为拜访目标进步拓展做好铺垫。

（三）材料的准备

拜访是有一定目标的交际活动，拜访前要将相关的材料准备充分，以免措手不及。如本单位的有关介绍资料、产品说明书、名片、笔、记录本、价格表、计算器等。

（四）礼物的准备

根据需要可适当地准备一些小礼物，礼物的轻重要以对方能够愉悦接受为尺度。馈赠方可以通过事先了解对方的偏好有针对性地挑选合适的礼物。尽量让对方感受到准备者的用心和借此表达的浓浓情意。

私人拜访时间选择

三、会面礼仪

（一）着装得体

客户拜访是非常正式的一种拜访方式，一定要按照"TPO"的原则来着装，即根据约定的时间、地点、场合来正确的着装，做到得体大方，因为着装能反映对受访者的尊重程度。男士以西装为主，女士一般着套装、套裙等。年轻女性的裙长应在膝盖以上不超过5厘米。

私人拜访准时抵达

此外，还应注意以下四点：

（1）沐浴更衣，保证身体无异味，衣服整洁挺括。

（2）修剪指甲，指甲长度不宜超过2毫米，女士指甲油以淡色为宜。

(3) 头发干净利落，不能有头屑。禁止染彩色发。

(4) 衣服搭配合理，美观大方。

(二) 遵守约定时间

准时赴约是判断对方可信、可靠度的一把重要标尺。拜访一定要遵守约定的时间，可以稍微提前一点到达约定地点，不能迟到。如果根据时间推算预测到可能会出现迟到的情况，要第一时间通知客户，告知对方具体事由并请求对方谅解。切忌让对方在不明事由的情况下等待。到达后，不要再花费太多的时间做过多的解释。

如果见面的地点约在对方办公室，则无须提前太长时间，以免因对方准备工作尚未完成而给对方造成接待上的压力。到达之后，首先告诉前台接待人员，你代表的是哪一家公司、你的姓名以及你预约拜访的对象，然后要耐心地等工作人员的通报。如果接待者不能马上接待，也不能表现出不耐烦，而要根据对方的安排安静地等待。如若等待的时间已经超过20分钟，为防止被遗忘的无谓等待，要耐心主动跟前台接待员沟通，确认可以会面的时间。若当天因临时安排拜访不得不取消，也要谦和礼貌地告辞，并可以留下名片以期为下次会面创造机会。

在进入接待办公室之前，要先轻轻敲门，正确的敲门方式是以食指敲门，力度适中，间隔有序敲三下，然后等待回音。在得到允许后进入并在受访者的安排下落座。若办公室还有其他的访客，则要礼貌地点头示意，表达友好。若自己是先到的访客，在其他访客进入的时候，要起身示意。

如果见面地点约在对方办公之外的其他地方，则需提前10分钟左右到达。到达之后，可以坐在一个较为显眼或者能观察到所在场所入口的位置，安静地等待受访客户。不要表现出焦躁的情绪，免得给进门的客人留下不好印象。

(三) 交谈礼仪

交谈是人们传递信息和情感、增进了解和友谊的重要方式。为保证良好的沟通效果，事先要了解对方的心理状况。如对方的文化水平、人生阅历等，对交谈的方式、节奏、语言做针对性的准备。

同时交谈中还有以下七点注意事项。

(1) 尊重对方。一定要注意自己的语音语调，表现出谦逊真诚的态度。交谈中，虚情假意、装腔作势等违背真诚原则的做法，是交谈的一大障碍。注意多用"请""您""谢谢"等礼貌用语。若是涉及对方的隐私或隐痛时，要注意措辞，委婉地表达。

(2) 尽可能用普通话。交谈的双方如若是老乡，为显示亲近或者是迁就客户的方言习惯，可以用方言交谈。

(3) 语速声量适中，表达清楚。语速太快、声量过高，会给对方造成压迫感；语速太慢、声量太低，会使听者分散精力或者是被认为不够自信。

(4) 明确的目的性。交谈者一定要保持清晰的思路，不要漫无边际地扯闲篇，以免耽误客户的宝贵时间。更不能选择倾向错误的主题，忌讳的话题不谈不问，可以选择适当轻松的话题作为开场但不能占太多的篇幅。

(5) 在交谈中，如果自己刚好有电话刚好打进来，要根据具体场合情况决定是否接通。只有自己跟受访者的时候，可以在得到对方允许的情况下，马上接通并礼貌回复:"不好意思,我现在有公务在身,稍后给您回过去。"如若很多人在场,最好直接不接电话。

但如果是受访者有电话打进来,要主动示意是否要暂时回避,以尊重客人的隐私。

(6)与客户交谈过程中一定要注意力集中,认真听取客户发言,并诚恳与之互动交流。在与客人之间意见不一致的情况下,不要急于争辩,可以就分歧点先记录下来,等客人讲完之后,耐心表明自己的立场。若认为对方的发言一定要打断,那么应该说"对不起,我打断一下。"

(7)如果交谈的成效不理想,就要根据实际情况果断作出决定,不要让受访者为难,更不能抬杠也不要冷场。若出现冷场的情况,优先考虑自己擅长或者熟悉的内容打开僵局。同时也要善于察言观色,必要的情况下要主动告退,切忌在别人正在讲话或者话刚讲完就提出告辞。

告辞的时候一定要干脆利落,不要告而不辞、啰唆不停、迟迟不退。告辞时,对受访者的接待一定要表达感谢之意。主动与对方握手道别,并请对方留步。

(四)合影礼仪

若安排会见双方合影留念,应事先选择好合影地点。人数众多的时候,应准备好椅凳。合影时,一般由主人居中,按礼宾顺序,以主人右手为上,主客双方间隔排列。第一排人员既要考虑人员身份,也要考虑场地大小,保证人人都能入镜头。每排两边一般都由主方人员把边。

私人拜访应
举止稳重

知识链接:

交谈的技巧

在注意交谈礼仪的同时,若能够灵活地使用一些技巧,则能起到锦上添花的效果。

(1)恰如其分的赞美。要学会用欣赏赞许的眼光和心态去看待对方。善于发现对方的优点和长处,毫不吝啬地给予对方以赞美。但不能不尊重事实,睁眼说瞎话会让对方觉得赞美不真诚或有逢迎拍马之嫌。

(2)恰到好处的幽默。幽默是语言中一种高超的表达方式。在交谈中,正确地使用幽默能化解尴尬制造融洽,同时也能展示自身的灵活与睿智,扩大自己的交际圈子。

(3)交谈的对象性意识要强,学会换位思考。交谈的本质是沟通交流,应站在对方的角度上多考虑。要根据对象年龄、文化水平等等具体情况,选择合适有效的能引起对方共鸣的沟通方式。

(4)交谈要主次分明,语言要简洁流畅。要让对方准确无误地捕捉到交谈的有效信息,达到良好的沟通效果。

【技能训练】

学生分角色扮演拜访者、办公室秘书、受访者、同时拜访的其他客人等角色。创造性地设置场景,模拟办公室拜访礼仪。

步骤:

(1) 学生分角色扮演;
(2) 创造性地设置拜访场景,模拟办公室拜访礼仪;
(3) 变换场景、角色等,演练不同情境下的拜访礼仪;
(4) 学生点评;
(5) 教师总结评论。

【案例分析】

幽默的智慧与力量

一次,周恩来接见的美国记者不怀好意地问:"总理阁下,你们中国人为什么把人走的路叫做马路?"周总理听后没有急于用刺人的话反驳,而是妙趣横生地说:"我们走的是马克思主义之路,简称马路。"

这个美国记者仍不死心,继续出难题:"总理阁下,在我们美国,人们都是仰着头走路而你们中国人为什么低头走路,这又怎么解释呢?"周总理笑着说:"这不奇怪,问题很简单嘛,你们美国人走的是下坡路,当然要仰着头走路了,而我们中国人走的是上坡路,当然是低着头走了。"在场所有人无不叹服总理的机敏与睿智。

任务二 不同国家的拜访礼仪

俗语谓:"五里不同风,十里不同俗。"不同国家的拜访礼仪也不尽相同,不同的风俗成就了一本博大精深的世界拜访礼仪之书。

【任务导入】

小张因为业务需要,即将拜访一位德国客户。对德国拜访礼仪一无所知的小张很是紧张不安,不知该如何开展此次拜访。作为小张的同事,你会给他什么样的建议?

【任务分析】

首先要明确不同的国家,拜访的礼仪不尽相同。其次,熟悉德国的拜访礼仪,有针对性地做好拜访准备,切忌冒犯受访者。

【相关知识】

一、亚洲国家的拜访礼仪

亚洲是世界第一大洲，有 40 多个国家和地区。历史上，亚洲国家之间地域毗邻、交往便捷频繁，相互影响深远，在习俗礼仪上有诸多相同相似之处，但同时也各有千秋，拜访礼仪的差异可见一斑。

（一）日本国家的拜访礼仪

日本人非常注重礼节，当地的小孩从会说话开始就接受家庭的礼仪教育，他们待人接物普遍表现为谦恭有礼。一般在见面的时候，日本人都要鞠躬互致问候，主要表达"弯身行礼，以示恭敬"的意思，是表示对他人敬重的一种郑重礼节。此种礼节一般是下级对上级或同级之间、学生向老师、晚辈向长辈、服务人员向宾客表达由衷的敬意。

日本的鞠躬礼是最讲究的。所以我们在同日本人打交道时要懂得这一礼节。对日本人来说，鞠躬的程度表达不同的意思。如：弯 15°，是一般礼节；弯 30°，表示普通礼节；45°是尊重礼节；初次见面则一般行 90°鞠躬礼。受鞠躬者要还以鞠躬礼，地位较低的人鞠躬程度要相对深一些。行鞠躬礼时，手中不能拿东西也不能插在口袋里，头上不能戴帽子。

有时日本人也会与他人行握手礼，不过日本女性与别人会面时还是只鞠躬不握手。

所谓"鞠躬成自然，见面递名片"。日本人在初次见面时，通常还要交换名片，否则会被理解为不愿与对方交往。一般情况下，日本人都会随身携带好几种类型的名片，以方便在不同的场合下与对方交换之用。接到对方的名片一定要认真阅览，并尽量用大脑记住，看完用点头动作表示已清楚对方的身份。

在称呼上，一般不称对方"先生"。因为在日本，该词常用来指教师、年长者、上级或有特殊贡献的人。但通常在姓氏之后加"君"，如"某某君"，只有在很正式的场合下，才会用全名称呼对方。对上级多称职务。一对夫妇生下孩子之后，夫妻的称谓就会变成以孩子为本位的称呼，丈夫称妻子为"妈妈"，妻子称丈夫为"爸爸"。

日本人平时很注重穿着。正式场合一般着西装，有时也会穿传统服装和服。衣冠不整被日本人视为没有修养或者是对交往对象的不尊重。

日本人很注重谈话的礼节。一般谈话的场地会安排在休息室或者房间交谈。讲话时，讲究低声细语，尽量不干扰其他人。与人谈话时不长时间凝视对方，路遇朋友要交谈时会走到路边低声说话并注意让对方处在交通安全处。

若是去日本人家中拜访，进门前先按门铃通报姓名。如果没装门铃也不要敲门，而是打开门上的拉门，问一声："借光，里面有人吗？"进门后要主动脱外衣和帽子，穿上备用的拖鞋。就座时宜背对门而坐，只有在主人的邀请劝说下才可以坐在壁龛前的贵宾座上。在日本人家中不要东张西望，即便是上厕所也要征得主人的同意。因为日本人不习惯客人参观自己的住房，尤其忌讳男子闯入厨房。在日本人家里不要随意触摸装饰品，也不要私自从主人的书架上取书。

日本人喜欢"茶"这个话题。如果对此深有研究，不妨跟受访者一起切磋交流，如若外行则不能妄语，因为日本人大多深谙茶与茶道。日本居民以茶待客但不敬烟，因为吸烟有害健康，饮茶以温茶为主。日本人在设宴饮酒时，不习惯自斟自饮，而是喜欢相互斟酒。传统的敬酒方式是在每人面前放一块干净的白纱布，在桌子中间放一碗清水。斟酒之前，主人先把自己的酒杯在清水中涮一下，然后杯口朝下在纱布上按一按，让纱布吸干杯上的水珠。然后才斟满酒双手递给客人。客人饮完，同样行之，以示主宾之间亲密无间。

日本人进餐有很多讲究，筷子要与进餐者平行而放。大头放在筷架上，小头放在桌子上。客人一定要把主人分给自己的菜吃完。席间如果不清楚某道菜的吃法，可以请教主人。吃饭忌讳一碗吃饱，一般都会象征性地添饭。宴请结束，一般由客人先提出离开，并向主人表示感谢。返回后，要电话告知对方自己已安全返回并不忘再次感谢。

知识链接：

日本人爱说"对不起"

"对不起"是日本人日常生活中使用频率最高的词汇之一。如果不小心冒犯了对方，日本人会说对不起。如果没有冒犯对方，但是如果因为自己给对方添了麻烦，日本人也会说对不起。日本人道歉频繁，一个很大的原因是日本人认为道歉是维护个人形象、挽回尊严的一种方法。

（二）韩国国家的拜访礼仪

韩国人崇尚儒教，尊重长者。这一点在他们的拜访礼仪中处处可见。韩国人对晚辈见长辈、下级见上级的规矩要求很严格。在行握手礼的时候，晚辈要将左手置于右手腕处，躬身相握，以示恭敬。在与长辈同坐时，要挺胸端坐，才显得端庄稳重。年少者不允许在年长者面前吸烟。

韩国人见面时的传统礼节亦是鞠躬礼。晚辈、下级路遇长辈、上级，应鞠躬问候，并站到一侧请对方先行，以示敬意。男子间见面鞠躬握手，离别时也会鞠躬。女性则一般不与男子握手，而以鞠躬或点头示意代之。不能伸一个手指指人，而是要伸出手，掌心向上。招呼别人过来，手心要向下。

韩国人注重着装整洁得体，爱穿白色的衣服，但商务场合一般着正装。

同时韩国女性对男子十分尊重，双方见面时，女子先向男子行鞠躬礼。男女同座时，男子位于上座女子则下座。公共场合，男士先行。各种会议致辞都以"先生们女士们"开头。韩国人的乡土观念很强，初次见面做自我介绍时，往往会在姓名之后加上祖籍。

在进行业务洽谈时，一般不会选在办公室，而多半倾向于咖啡馆等场所。招待的时候多以咖啡、不含酒精的饮料或大麦茶为主。韩国人也喜欢以酒待客，传统的待客酒是度数不高的清酒和浊酒。他们虽喜欢劝酒，但对不喝酒的客人也不会勉强。

前往韩国人家中拜访，进屋要脱鞋，把鞋留在门前，鞋头要朝门外。袜子要干净，如果袜子不干净或者是有破洞会被看成是没教养。入座时，宾主都要盘腿席地而坐，不能将腿伸直，更不能叉开。拜访一般都会准备一些小礼物。在收到礼物的时候，韩国人都会礼貌地用双手接，但不会当面打开礼物。但注意不能送韩国人外国香烟，因为在韩国持有或者吸外国香烟要被罚款。酒可以送给男子但不能送给女子。

知识链接：

韩国国旗

韩国国旗是太极旗，四角有黑色四卦。左上角的乾代表天、春、东、仁；右下角的坤代表地、夏、西、义；右上角的坎代表水、秋、南、礼；左下角的离代表火、冬、北、智。整个图案意味着一切都在一个无限的范围内永恒运动、均衡和协调，象征东方哲理的真谛。

（三）泰国国家的拜访礼仪

泰国被誉为"黄袍佛国"，该国的拜访礼仪有很多约定俗成的独特之处。

给客人戴花环和花串是泰国民间的一种尊贵礼仪。泰国人见面时常双手合十互致问候。合十礼，又称"合掌礼"，行礼时，必须立正站好，低眉欠身，双掌合于胸前，十指并拢，以示虔诚和尊敬。行礼时，双掌举得越高表示尊敬的程度越深。晚辈对长辈，双手合十于前额；平辈之间，双手举至鼻子高度；长辈对晚辈，双手举至胸前即可。受礼者也要合十回礼，否则就是失礼。

泰国人十分敬重长辈，如有长辈在座，晚辈只能坐在地上，或者蹲跪，以免高于长辈的头部。泰国人非常重视头部，认为这是智慧的所在，是神圣不可侵犯的。用手触摸他人的头部，会被视为侮辱对方。

泰国人认为脚是低下的，交际过程中不要把脚伸到别人跟前，也不要跷二郎腿，把脚底对着别人是一种极大的不敬。泰国人在递东西的时候用右手传递，以表示尊敬。从别人面前走过时，必须躬着身子，表示不得已而为之的歉意。路遇僧侣应主动让路，晴天遇到僧侣还必须绕开其身影，乘车也要主动为僧侣让座。

第一次世界大战之前，泰国人还是只有名没有姓。战后拉玛六世国王宣布每个人可以有姓，但至今人们还是习惯直叫名。泰国人在称呼时，在名字前加"坤"字，无论男女均可用。在公司内部，人们经常用"Pee"（兄姐）和"Nong"（弟妹）相称，给人一种亲切的感觉。

在泰国，男女授受不亲仍被视为戒律。所以异性客户之间不要表现得过于亲近。女性应避免接触僧侣。如有东西需要转交僧侣，应先交给在场的其他男性，再由此男性转交给僧侣。

泰国人崇敬佛和国王。在商务接待和拜访中切忌讨论佛和国王，不能有对佛教、佛像和僧侣不敬的行为。不可施舍现金给僧侣，这是触犯戒律的；不能触摸佛像；进入佛教寺院时，衣着要得体端庄；进入佛堂需要脱鞋，并注意不可脚踏门槛。

(四) 新加坡国家的拜访礼仪

新加坡人举止文明，十分讲究礼貌礼节，处处体现对他人的尊重。同时新加坡国家文化的多元性也使得该国的礼仪必然呈现出多元化的特点。

新加坡人在会面时，一般行握手礼。而马来人则是用双手互相接触，再把手回放到自己胸部。

新加坡人举止文明，站立时体态端正。不要把双手放在臀部，否则会被认为是发怒的表现。双手不能随便叉腰。他们坐姿端正，不将双脚分开；如果交叉双脚，则可以把一只腿的膝盖放在另一只腿的膝盖上。他们平时很注意环境保护，不随地乱扔垃圾废物，更不随地吐痰。男子留长发也会受到社会舆论的谴责。忌讳说脏话。

跟新加坡人见面，交谈的话题可以选择旅游方面的一些见闻或者是当地的烹饪、餐厅等。

新加坡人不喜欢挥霍浪费，商务宴请也应以节俭为度。答谢宴会的费用标准不宜超过主人宴请的水平。新加坡政府极力阻止付小费，即便是对服务员额外服务支付小费也可能会被拒绝。在具体的菜单安排上，尤其要注意民族饮食禁忌。

知识链接：

狮城新加坡

据马来史籍记载，公元1324年左右，苏门答腊的室利佛逝王国王子乘船到达此岛，在现今的新加坡河口无意中发现一头动物形若狮子，于是把这座小岛取名Singapura。Singa是狮子的意思，Pura则代表城市，而狮子具有勇猛、雄健的特征，故以此作为地名，这就是新加坡"狮城"的来历。在新加坡河口上，矗立一座乳白石的"狮头鱼尾"雕像，它是新加坡的精神象征和标志。狮头取狮城之意，鱼尾则与本地居民主要赖以生存的渔业息息相关。

(五) 印度国家的拜访礼仪

印度重视礼节，是一个东西文化共存的国度。

印度人见面一般以合十礼互致问候。迎送贵宾的时候，主人往往会送上花环套在客人的脖颈上。点吉祥痣也是欢迎客人的礼节之一。男子间握手的礼仪较为普遍，但不与女性握手。男女见面应双手合十，轻轻鞠躬。对印度女性不要过于主动。

印度人都热情好客。若是拜访被安排在印度人家中，饭前饭后，都要到盥洗室洗手漱口。餐桌上，客人不能自行取菜，也不能拒绝主人给的食物和饮料，用右手直接抓取用餐。厨房是印度人的隐私之地，未经邀请不能进入。

交谈中，印度人表示同意则将其头向左摆动，若其表示不同意则点头。

吹口哨是被视为冒犯人的举动，是没有教养的表现。头是印度人身上最为神圣的地方，不要拍印度人尤其是孩子的头部。即便是在朋友家，也不要赞扬孩子，当地人认为该做法会让自己的孩子遭遇恶人的注意。

（六）马来西亚国家拜访礼仪

马来西亚人热情大方、日常生活中非常注重礼仪。时间观念强，讲究准时、守信用。社交场合见面一般施握手礼。握手时，双方的手仅仅触摸一下，然后各自用手扪胸示礼。

马来西亚人的客厅没有桌椅沙发，宾主都是席地而坐。马来西亚人注重坐姿。若是席地而坐，男子须盘膝；女子应屈膝，双腿伸向一侧。去别人家中拜访，须衣着整齐，脱鞋进门。主人用糕点、饮料等招待，作为客人一定要吃一点、喝一点，否则会被视为对主人的不敬。主人挽留吃饭时，客人也不要随意拒绝，否则将被视为失礼。

饭前重视洗手，一般是用流水冲洗，而不是用毛巾干擦。餐桌上一般会备有"水盂"，供客人用餐过程中随时清洗手指。

二、欧洲国家拜访礼仪

欧洲国家众多，人口密集，民族众多，语言习惯各不相同。

（一）英国国家的拜访礼仪

英国是个很讲究礼节的国度，英国人特别欣赏自己的绅士风度。在任何场合对任何人都要以礼相待，彬彬有礼。

英国人的时间观念很强，讲究准时，凡事喜欢预先安排。在接到英国人的邀请后，是否赴约要明确告知，有事不能前往时要及时通知，否则是极大的失礼。在赴约时一定要准时，最好提前几分钟到达。若是被邀请到英国人家中做客恰恰相反，早到会被视为不礼貌，一般以迟到10分钟为宜。既有约定最好不要变动如取消、改期等，因为英国人不愿做出也不愿看到突然变化。

初次相见一般都要握手，握手前一定会先摘掉手套，摘的越快越能体现对对方的尊重。平时见面则经常举一下帽子互致问候。英国人谈话时不喜欢距离过近，一般保持在50厘米以上为宜。在众人面前不要相互耳语，否则会被视为失礼之举。交谈中忌讳问别人的私事，如年龄、婚否、收入、职业等，也不要问别人的党派归属等。

在英国"女士优先"的传统根深蒂固。时刻谨记将女性摆在优待的位置上。步行时，男士会将安全的一面留给女士；上下电梯时让女士走在前面；在下车下楼时男士则走在前面。插队在英国社会也被视为很没修养的举动。

社交场合着装以三件套式西装为主流，打传统的保守式领带。英国人遇事克制，一般情况下不会发火，当众发火或者流露焦躁情绪都会被认为是欠修养。

在英国流行小费。在车站、酒店享受服务要给小费，搭乘出租车也会给予部分小费。

到别人家中做客一般带份小礼物但不宜太过贵重，否则会有行贿嫌疑，主人也会因此有心理负担。英国人会当面打开包装，并赞美、欣赏一番。

知识链接：

英国国徽

英国国徽，即英王徽。中心图案为一枚盾徽，盾面上左上角和右下角为红底上三只金狮，象征英格兰；右上角为金底上半站立的金狮，象征苏格兰；左下角为蓝底上金黄色竖琴，象征北爱尔兰。盾徽两侧各由一只头戴王冠、分别代表英格兰和苏格兰的狮子和独角兽守护。

（二）法国国家的拜访礼仪

社交场合，法国人一般以握手为礼。少女通常向妇女行屈膝礼；男子也有互吻脸颊的习俗或行脱帽礼。吻手礼在法国当地盛行，但一般嘴不应接触到女士的手。

法国人认为服饰是个人身份的象征，讲究服装的质地、款式及色彩。男士着西装，女士着连衣裙或套裙。

法国人热情幽默，谈吐文雅。在与人交谈时喜欢靠的近一点以示亲切。但交谈的话题要规避私人问题，更不能涉及粗俗的话题。但法国人常许诺却难兑现，时间观念不怎么强。

法国人一般很少请人来自己家中。朋友聚会一般去咖啡馆。餐桌之上，法国人大多不碰杯，食无声响。

（三）俄罗斯国家拜访礼仪

俄罗斯人性格开朗豪放，与人相约讲究准时。见面开口先问好，然后再握手致意。彼此熟悉的朋友之间会行拥抱礼并亲吻面颊。亲面颊三次，按照先左后右再左的顺序，或者是亲吻额头一下。用盐和面包招待客人是俄罗斯人待客的最高礼遇。

俄罗斯人在日常交际时常用敬称"您"，尤其是对长辈、领导和陌生人。亲人、朋友、同事间常用"你"来称呼。目前"先生""同志""公民"三种称呼在俄罗斯同时存在。商业机构、新闻媒体和官方机构中多用"先生"；在国有企业中，还有很多人习惯用"同志"；而"公民"则在公共场所使用。对长辈、领导和陌生人要称呼其名加父称，对儿童可直呼其名。

在社交场合，尊重女性的风尚一直被恪守。男性为女性开门、脱大衣、餐桌上为女性分菜等。

与俄罗斯人交谈要避免政治、宗教、民族等敏感话题，对涉及个人隐私的问题也要回避。也不要称赞对方"身体好",因为在俄罗斯人的习俗中,恭维身体健康会产生相反的效果。

(四) 德国国家拜访礼仪

德国人好清洁,纪律性强。在礼节上讲究形式,注重准时,约会应该事先安排。德国人通常行握手礼。但是握手的时间要稍长一些,晃动的次数要稍多一些,握手的力度要稍大一些。

德国人讲究风度,举止庄重,着装正式且以深色为主。在商务交往中,男士多着三件套西装,女士多穿裙式服装。

德国人重视称呼,不要直呼其名但可以称呼全名。与德国人交谈中可以讨论篮球、垒球等运动。

请德国人用餐一定要事先安排好,他们重视地点的选择、设备的豪华、现代化程度,喜欢幽雅、卫生的餐厅环境。在宴会上,一般男士要坐在女士和职位高者的左侧。用餐中,女士离开和返回餐桌时,男士要站起来以示礼貌。

去德国人家中做客,一般要带礼物,如鲜花、葡萄酒、书等。在接受款待之后,应在几天内送去表达感谢的卡束。

知识链接:

啤酒与德国

德国的啤酒产量居世界第二位,但销量居世界首位。德国人也嗜爱喝啤酒,德国城镇遍布着啤酒店,其数量比饭店、商店、旅店的数量总和还要多。在啤酒店里喝酒、聚会、看球赛是德国人主要的社交方式。慕尼黑是德国啤酒三大产地之一,被誉为"啤酒城"。

慕尼黑啤酒节(The Munich Oktoberfest)(又称"十月节",Oktoberfest)是慕尼黑的一个传统的民间节日。因为在这个节日期间主要的饮料是啤酒,而且消耗量惊人,所以人们喜欢把这个节日称为啤酒节。世界许多其他地方也举办啤酒节,不过十月节这个名字一直属于慕尼黑的这一活动。

(五) 意大利国家拜访礼仪

在人际交往中,意大利人表现出很多独特之处。与他们打交道时,要格外关注其宗教观念、身份观念以及时间观念等。

意大利人热情豪爽,见面常行握手礼,友人见面还行拥抱礼。男女之间见面通常贴面颊。戴帽子的男士路上遇到友人时,要把帽檐向下拉低以示尊敬。对长者、有地位和不太熟悉的人,需称呼其姓,并冠以"先生""太太""小姐"等的头衔。

意大利人对于着装历来非常讲究。他们普遍认为:每个人的衣着既体现了其修养见识,又反映了他为人处事的态度。

在意大利，拒绝别人的用餐邀请被认为是不礼貌的行为。女士颇受尊重，参加宴会时，女士先动刀叉进餐后，男士方可用餐。

意大利人交谈时习惯保持40厘米的礼节性距离。

（六）西班牙国家拜访礼仪

西班牙人日常见面通常以握手为礼。亲朋好友之间亦流行亲吻礼。跟西班牙人交谈时不要涉及个人隐私，如年龄、收入、婚姻状况、宗教信仰等。对他们热爱的斗牛、奔牛也不要妄加评论。

西班牙人时间观念较为松弛，表现出拖沓的情形，但是观看斗牛比赛一般不会迟到。

到西班牙人家中做客，要提前预约。做客、赴宴按照习惯要迟到15分钟左右。迟到太久要做解释并道歉。此外，西班牙人有晚睡晚起的习惯，所以早上10点前不要打扰别人，更不要登门拜访。日常消费习惯"AA"制，即使亲朋好友甚至父子之间也是如此。

知识链接：

西班牙斗牛

西班牙斗牛，起源于西班牙古代杀牛祭神的宗教活动。13世纪，西班牙国王阿方索十世开始将这种祭神活动演变为赛牛表演，到18世纪中叶演变为现代意义上的真正斗牛表演。现在西班牙拥有300多座斗牛场，其中最大的是坐落在马德里的文塔斯斗牛场，可同时容纳2.5万人。每年3月至11月是西班牙斗牛节，使用的斗牛均是体重四百到五百公斤的非洲纯种公牛。这期间通常以星期日和星期四为斗牛日，有些时候甚至是每天都举行斗牛表演。

（七）荷兰国家拜访礼仪

荷兰人在初次见面时会握手。在介绍相互认识的时候，会说明双方的工作及头衔。之后彼此只称呼姓氏或者直呼名字，不再使用头衔，即便是一方的职位很高。

荷兰人着装较为随意，以舒服为主，不太讲究。在较为正式的商务等场合，男士着西装，女士着裙装。

如果被邀请去荷兰人家中做客，通常要带些鲜花或巧克力。送花不要送双数，而应是单数，最好是5或7枝。荷兰人很喜欢收到无法在本国买到的礼物。收到礼物后会打开并欣赏赞美一番，甚至将礼物拿出来供在场的人传阅一番。

荷兰人的家具、室内装修都很讲究。他们很喜欢别人对自己的家具、艺术品予以赞赏。

荷兰知识分子中有很多人对中国的文化很了解，交谈中可以谈一些中国文化的话题或者是旅行、体育等。在商务谈判中，他们则喜欢开门见山，直接坦率地谈问题。

荷兰人对女性和小孩都很重视。但无论是走楼梯还是用升降梯，女性一般都是跟在男性后面。

知识链接：

> **"风车王国"**
>
> 荷兰坐落在地球的盛行西风带，一年四季盛吹西风。同时它濒临大西洋，又是典型的海洋性气候国家，海陆风长年不息。这就给缺乏水力、动力资源的荷兰，提供了得天独厚的风力资源条件。
>
> 荷兰的风车，最早是从德国引进的。引进之初，风车仅用于磨粉之类的用途。到了十六、七世纪，北欧各国和波罗的海沿岸各国的木材等通过各路水道运往荷兰用风车加工。随着荷兰人民围海造陆工程的大规模开展，风车在这项艰巨的工程中发挥了更为巨大的作用。根据当地湿润多雨、风向多变的气候特点，他们对风车进行了改革。首先是给风车配上活动的顶篷。此外，为了能四面迎风，他们又把风车的顶篷安装在滚轮上。这种风车，被称为荷兰式风车。
>
> 正是这些风车不停地吸水、排水，保障了全国三分之二的土地免受沉陷，排除了人为鱼鳖的威胁。因为风车利用的是自然风力，没有污染、耗尽之虞，所以它不仅被荷兰人民一直沿用至今，而且也成为今日新能源的一种，深深地吸引着人们。

三、美洲国家拜访礼仪

美洲分为北美洲和南美洲，主要包括美国、加拿大、巴西等国家。

（一）美国国家拜访礼仪

美国人举止大方，以不拘礼节著称。见面常行握手礼，彼此关系很熟悉的行亲吻礼。在公共场所迎面遇到人时，习惯用目光致意，不会佯装看不见，因为美国人只有对看不起或者不顺眼的人才会这样做。

美国人讲话礼貌用语很多，如"请""谢谢""对不起"等，显得很有修养。任何情况下不要打听对方所用物品的价格。不要以"你去哪里了？""做什么去了？"等作为打招呼用语。多人交谈时，应尽量寻找大家共同感兴趣的话题，不要冷落了其他任何部分人。同时他们也特别注意体态语。美国人忌讳紧盯着别人、冲他人伸舌头、当众挖耳朵等。

同时美国人认为个人空间不容侵犯。因此碰到别人要道歉，坐在他人身边时要事先征得他人同意。谈话切忌距离对方太近。

到主人家中拜访，一般要准备一份小礼物。但一般忌送厚礼，对女性不能赠送香水、化妆品或衣物。收到礼物、邀请或者得到帮助的一方通常会写信致谢。进门后要摘下帽子，问候主人的同时也应问候在场的小朋友，因为美国人很讲究大人小孩一律平等。

用餐时不要越过他人面前取食物。吃面包的时候要先把面包撕成小块。鱼刺、肉骨等不要直接吐入盘中，而应先用叉子接住再放入盘中。用餐中途尽量不要离席，要等女主人站起来再离席。

出入公共场所时浓妆艳抹或者是在大庭广众之下化妆补妆，都会被美国人视为极大的失礼。即便是在家中待客，美国人也不会穿着睡衣，这是一种很不礼貌的行为。

知识链接：

"山姆大叔"

山姆大叔被用来代指"美国"或"美国政府"，这个美国的绰号同自由女神一样，为世人所熟知。追根溯源这一绰号产生于1812年第二次美英战争时期。当时纽约州的洛伊城有一位肉类包装商，名叫塞缪尔·威逊。他诚实能干，富于创业精神，在当地很有威信，人们亲切地叫他"山姆大叔"。战争期间，他担任纽约州和新泽西州的军需检验员，负责在供应军队的牛肉桶和酒桶上打戳。

1812年1月，纽约州州长带领一些人前往其加工厂参观，看到牛肉桶上都盖有"E. A.—U.S."的标记，便问是何意思。工人回答，E. A. 是一个军火承包商的名字，U.S. 是美国的缩写。凑巧的是，"山姆大叔"的缩写也是 U.S.，所以一个工人开玩笑地说，U.S. 就是"山姆大叔"（Uncle Sam）。自此，"山姆大叔"的名声大振。人们把那些军需食品都称为"山姆大叔"送来的食物。独立战争后，政治漫画里开始出现了一个名叫"山姆大叔"的人物。他的原型是一个早期漫画人物，名叫"乔纳森大哥"（Brother Jonathan），此人在美国独立战争时期非常出名。渐渐地，山姆大叔取代了乔纳森大哥，成了最受美国人欢迎的象征。

美国人还把"山姆大叔"诚实可靠、吃苦耐劳以及爱国主义的精神视为自己民族的骄傲和共有的品质。从此这个绰号便不胫而走。第一次世界大战中曾出现过"山姆大叔"号召美国青年当兵的宣传画，流传很广。1961年，美国国会正式承认"山姆大叔"为美国的民族象征。

（二）加拿大国家拜访礼仪

加拿大人既讲礼貌，又喜欢无拘无束。与人交往时性格开朗热情，对人朴实友好，很好相处。见面和分别的时候都行握手礼。衣着也非常正统。

在称呼别人时，往往喜欢直呼其名。对方的职务、头衔等一般在官方活动中才会使用。交谈的话题要避开宗教、魁北克独立、美国等敏感话题。交谈时也不要轻易打断对方或者与其争执。

加拿大人注重公共场合的文明礼貌。在教堂做礼拜时，要穿着整齐，不随便走动、吃东西或说话。去剧场看节目时要在开演前入场，迟到被认为是不礼貌的行为。

如节目已开始，一般会等到中场休息时再入场。

加拿大人喜欢在自己家中宴客。宴请多采用"冷餐会"或"自助餐"的形式。若客人带来酒，一定会在餐桌上喝。吃饭的时候不要说令人悲伤的事情，也不要谈与死亡有关的事。

知识链接：

> **枫叶之国**
>
> 枫树遍及加拿大全境。每到秋季，橘黄、嫣红的枫叶布满城市和乡野，是世界上一道独有的风景。枫叶深受加拿大人的喜爱，并被定为加拿大国宝。国旗、国徽上都印有枫叶图案。
>
> 加拿大人每年3月开始庆祝枫糖节，这个节日一直持续到4月初。人们在节日里参观枫树，欣赏枫叶，并用枫叶熬制枫糖，品尝用枫糖制作的各种甜食，此间还表演各种民间歌舞。

(三) 巴西国家拜访礼仪

巴西人热情朴实、善良友好，时间观念强。

巴西人相见以拳礼相互表示问候致敬。行拳礼时先握紧拳头，然后向上伸出拇指。

在正式场合巴西人十分注重穿着打扮。他们不仅讲究穿戴整齐，而且主张在不同的场合人们的着装也应不同。

巴西人对客人的隆重礼遇就是邀请客人一起洗澡，洗的次数越多，越显尊重。

巴西人在接到礼物的时候，喜欢当面打开并致谢，同时不忘将包装纸剪掉一角，以示保留赠送者的好运气。

四、非洲国家拜访礼仪

非洲国家的习俗也不尽相同，这里选择与我国交往较多的埃及、坦桑尼亚国家的拜访礼仪，简述如下。

(一) 埃及国家的拜访礼仪

埃及人爽朗好客，但时间观念不强，交际中要有耐心。见面时埃及人主要行握手礼，在某些场合也会使用拥抱礼或亲吻礼。

(二) 坦桑尼亚国家拜访礼仪

坦桑尼亚人待人诚恳，注重礼貌。社交活动中，见面习惯握手问候，称呼也要用最尊敬的语言。妇女遇见外宾时，握手后她们会围着女外宾转圈，嘴里还会发出阵阵尖叫，认为这是对宾客最亲热、最友好的表示。

五、大洋洲国家拜访礼仪

(一) 澳大利亚国家拜访礼仪

澳大利亚因是英联邦成员国，在待人接物方面较多地保留了英国的传统习俗。同时，也在一定程度上保留了当地土著民的传统礼仪习俗。

澳大利亚人在待人接物方面总体特征是人情味很浓，待人朴实无华。他们很乐于与人交往，并且表现得质朴、开朗、热情。在讲英语的国家中，澳大利亚人可能是最无拘无束的。他们喜欢和陌生人打招呼、聊天。见面行握手礼，亲朋好友之间也以吻礼或贴面礼表达感情。

在穿着上，澳大利亚人除了在极为正式的场合穿西装、套裙外，平时着装较为休闲，并因为澳大利亚阳光强烈，澳大利亚人喜欢出门的时候戴一顶棒球帽。

澳大利亚人做事计划性强。请客一般会提前一周左右发出邀请。赴约者应带些糖果、画册、甜点、工艺品等。澳大利亚人在宴会场合很注意礼节，认为吃东西声音很大、刀叉碰撞声大、边咀嚼边说话等都是失礼的行为。

知识链接：

澳大利亚国徽

澳大利亚国徽中心图案为一盾。盾面上有六组图案，代表澳大利亚的六个州。盾形上方为一枚七角星，象征组成澳大利亚联邦的六个州和联邦政府。盾形两旁为袋鼠和鸸鹋，均为澳大利亚特有动物，为国家的标志、民族的象征。背景为澳大利亚国花金合欢。国徽下部绶带上用英文写着"澳大利亚"。

（二）新西兰国家拜访礼仪

在新西兰国家中，欧洲移民占据绝大多数，所以该国主流社会的交际礼仪带有鲜明的欧洲特色。新西兰人时间观念强，赴约准时，见面一般行握手礼，鞠躬也是通用礼节。当地土著毛利人会见宾客时常行"碰鼻礼"。碰鼻次数越多、时间越长，说明礼遇越高。

新西兰人的生活水平较高，穿着上比较讲究。平时人们多穿欧式服装。

交谈的话题围绕天气、体育运动，这都会使你受到当地人的欢迎，但不要涉及种族问题。

在新西兰，应邀到别人家中做客，可带一盒巧克力或一瓶威士忌作为礼物，礼品不宜过多或过于贵重。被邀请参加派对后，礼貌上应回请一次。新西兰人认为狗是人类的朋友，忌杀狗和吃狗肉，也不愿听别人讨论类似的话题。

当众嚼口香糖、剔牙、抓头皮屑等都被视为极不礼貌的行为。打呵欠的时候要捂上嘴。他们也忌讳背后说人坏话。

知识链接：

> **同一瀑布前不同的感叹**
>
> 　　一个中国人、一个印度人和一个美国人结伴旅行。途中遇见一个大瀑布。站在瀑布前，三个人分别抒发了自己的感慨。中国人见状感叹道："多么壮观的景色呀！"印度人面对从天而降的瀑布不禁肃然起敬，祷告道："神的力量太伟大了！"而另外的美国人则脱口而出："这巨大的资源就这样白白浪费了，真可惜呀。"

【技能训练】

　　请学生分角色扮演国内拜访人员及国外受访者，遵循各国不同的拜访礼仪，做到入乡随俗尊重客人的礼仪，同时不卑不亢地展现国人的交际风采。

　　步骤：

　　（1）学生分角色扮演国内拜访人员及日本受访者，模拟演练日本的拜访礼仪；

　　（2）学生分角色扮演国内拜访人员及美国受访者，模拟演练美国的拜访礼仪；

　　（3）依次模拟演练韩国、泰国等不同国家的拜访礼仪；

　　（4）请台下的同学进行点评，及时纠错并完善不足；

　　（5）教师总结评论，重申各国拜访礼仪的差异。

【案例分析】

> **都是荷花惹的祸**
>
> 　　小张在一家日资企业上班，周末他预约了本公司的日本同事，前往对方家中做客。为表示礼貌，小张备了一份礼物前往。但令人意外的事，对方收到礼物非但没有感谢溢美之词，反倒盯着印有荷花的包装纸快快不乐。
>
> 　　请思考以下问题：
>
> 　　小张一番美意为什么会遭遇这样的尴尬？

【自测题】

项目一　客户接待

　　1. 接到客户接待任务之后，必须了解客人的基本信息，如来客的（　　　）、单位、姓名、（　　　）、人数、禁忌及偏好等。

　　2. 重要客户的接待方案涉及的内容通常包括：（　　　），食宿地点及标准的选择制定，交通工具的安排，活动方式及（　　　）等。

3. 自我介绍的类型有应酬式、（　　）、工作式、（　　）、问答式等。

4. 自我介绍的顺序是（　　），即年幼者先向年长者自我介绍；男士先向女士做自我介绍；主人先向客人自我介绍等。

5. 集体交流通常由双方单位的（　　）做介绍人。

6. 若被介绍的双方人数较多，而双方的地位、身份又不相上下或者难以确定高低，应当先介绍（　　）。

7. 握手的样式有（　　）、支配式、（　　）、（　　）、拍肩式握手等。

8. 商务拜访活动中，抵达时（　　）先伸手表达欢迎；临别时（　　）先伸手表谢意。

9. 握手的时间长度以（　　）为宜，若双方关系非常熟悉可适当延长。

10. 接待人员在陪同客人走路时，一般应在客人的（　　）以示尊重。负责引导时，应走在客人的（　　）。

11. 简述自我介绍时的尊卑顺序，并举例说明。

12. 简述握手时的尊卑顺序，并举例说明。

13. 简述使用名片的注意事项。

项目二　客户拜访

1. 跟客户预约拜访时间可选择在上午（　　）点，或者是下午的（　　）点。

2. 拜访前要将相关的材料准备充分，以免措手不及。如本单位的有关介绍资料、（　　）、名片、笔、记录本、（　　）、（　　）等。

3. 根据约定的时间、地点、场合来正确着装的原则又被称为（　　）原则。

4. 合影时，一般由（　　）居中，按礼宾顺序，以主人（　　），主客双方间隔排列。

5. 日本人非常注重礼节，一般在见面的时候，都要行（　　）。

6. 在（　　）国，妇女对男子十分尊重，男女同座时，男子位于上座女子则下座。

7. 泰国人见面时常双手合十互致问候，这种礼节被称为（　　）礼，又称（　　）礼。

8. 英国人谈话时不喜欢距离过近，一般保持在（　　）厘米以上为宜。

9. 雪被视为（　　）国的吉祥物，该国人民认为雪能趋吉避凶。

10. "碰鼻礼"是（　　）人的见面礼仪，碰鼻次数越多、时间越长，说明礼遇越高。

11. 在拜访埃及客户的时候，有哪些注意事项？

12. 法国的拜访礼仪有哪些独特性？

13. 在新加坡开展商务拜访活动，需要做好哪些准备？

案例分析——
务接待与拜访

商务礼仪小知识
汇总　模块五

模块五——
实训资料

影视剧片段
欣赏——模块五

模块六

商务宴请礼仪

> 宴请是指由社会习俗或者社会礼仪需要而举行的宴饮聚会，是社交与饮食相结合的一种形式。在人际交往中，宴请可以接待亲朋好友，也可以用来开展商务往来活动。一次合乎礼仪规范的商务宴请活动，既能够表现对所交往对象的敬重、友善和诚意，同时也能够展示个人或者是集体的商务素质与交际水平。

【学习重点】宴请的座次排序；中西餐宴请餐具的使用方法；宴请的礼仪规范。

项目一　中餐宴请

中华饮食，源远流长。在这自古为礼仪之邦，讲究民以食为天的国度里，饮食礼仪自然成为饮食文化的一个重要部分。中国的饮宴礼仪号称始于周公，经过千百年的演进，形成了大家普遍接受的一套饮食进餐礼仪，这也是古代饮食礼制的继承和发展。尽管不少现代人认为传统的礼仪繁缛复杂，不少礼仪规范也已经被遗弃，但是传统礼仪中的精华以及传承至今的习俗，仍然值得我们加以吸收和采纳。

【知识目标】掌握中餐宴请座次排列的方法；掌握中餐餐具使用方法；掌握中餐礼仪应当注意的规范。

【技能目标】通过模拟商务中餐宴请活动，能够正确地进行中餐宴请的座位确定、位次排序；熟练运用中餐餐具；熟悉中餐宴请礼仪的规范细节。

【素质目标】能够圆满顺利完成组织中餐宴请的商务活动，并在宴请活动过程中体现商务宴请素质，给对方留下良好的印象。

【思政园地】

章丘铁锅

因纪录片《舌尖上的中国3》而红遍全国的"章丘铁锅"成为热搜的"神器"，天猫平台上章丘铁锅的销量同比增长了近6000倍。记者采访到纪录片中所涉及的章丘铁锅"臻三环""同盛永"传承人之一刘紫木，他告诉记者，2018年2月19日《舌尖上的中国3》播出当晚的几十分钟内，消费者在网上就将他们库存的2000多口铁锅抢光了。短短数日内,更有数十万口锅的订单砸向他们,其中一半订单来自海外。一时间,洛阳纸贵、章丘无锅。

"历经12道工序,18遍火候,经受三万六千次锻打,方得一口好的章丘铁锅。"章丘区位于山东省济南市,这里铸造产业历史悠久,早在唐代时,冶铁、制铁已居全国之冠,元末已发展成为著名的"铁匠之乡"。

与机器冲压的铁锅不同,手工铁锅具有良好的导热性能,通过密集锤打铁锅表面,让其密度更高,更不易粘锅,能使各种调味更好进入食物,将万千食材烧制成美味佳肴。

任务一 座次排序

中餐座次排序

随着中西饮食文化的不断交流,中餐不仅是中国人的传统饮食习惯,也越来越受到其他国家人们的青睐。这种看似简单的中式餐饮,用餐时的礼仪是很有讲究的。"英雄排座次",是整个中式宴请礼仪中最重要的一项。从古到今,因为餐桌的不断演进,座位的排列方法也随之改变。

【任务导入】

某公司要安排一次商务中餐宴请,宴请对象为上海某大型企业的六位客人,接待人员为公司副总经理和五位公司代表。如果由你来安排这次宴请,在宴请过程中,你会怎样来安排座位呢?

【任务分析】

对方是客户,因此,首先应该选择对等规格的领导进行接待。在中餐宴请中,座位的安排很重要。正式场合,采取面门为上的原则,正对大门的是主陪,主陪对面是副陪,主陪右手边和左手边分别是主宾和副宾,副陪右手边和左手边分别是三宾和四宾。主客间隔排列。

【相关知识】

一、桌次排列礼仪

在中餐宴请活动中,决定餐桌高低次序的原则是:主桌排定之后,其余桌次的高低以离主桌的远近而定,近者为高、远者为低;平行者以右桌为高、左桌为低。在安排桌次时,所用餐桌的大小、形状要基本一致。除主桌可以略大外,其他餐桌都不要过大或过小。通常情况下,中餐宴请一般采用圆桌布置菜肴、酒水。排列圆桌的尊卑次序,有两种情况。

第一种情况是由两桌组成的小型宴请。这种情况,又可以分为两桌横排和两桌竖排的形式。当两桌横排时,桌次是以右为尊,以左为卑,这里所说的右和左,是由面对正门的位置来确定的;当两桌竖排时,桌次讲究以远为上,以近为下。这里所讲的远近,是以距离正门的远近而言,两桌宴请的桌次如图6-1所示。

图6-1 两桌宴请的桌次

第二种情况是由三桌或三桌以上的桌数所组成的宴请。在安排多桌宴请的桌次时,除了要注意"面门定位""以右为尊""以远为上"等规则外,还应兼顾其他各桌距离主桌的远近。通常,距离主桌越近,桌次越高;距离主桌越远、桌次越低。三桌宴请的桌次如图6-2所示。

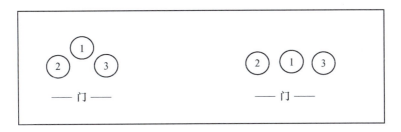

图6-2 三桌宴请的桌次

四桌宴请的桌次如图6-3所示。

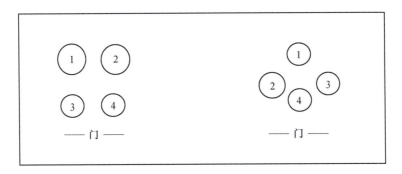

图6-3 四桌宴请的桌次

五桌宴请的桌次如图6-4所示。
六桌宴请的桌次如图6-5所示。

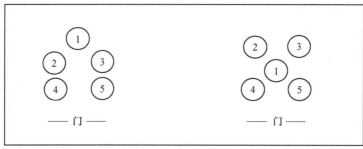

图 6-4　五桌宴请的桌次

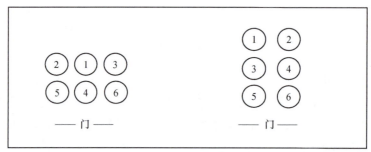

图 6-5　六桌宴请的桌次

另外需要注意的是，为了确保在赴宴者能够及时准确地找到自己所在的桌次，可以在请柬上注明对方所在的桌次，在宴会厅入口处悬挂宴会桌次排列示意图，安排引导员引导来宾按桌就座，在每张餐桌上摆放用阿拉伯数字标注的桌次牌等。

二、座次排列礼仪

（一）排列位次的基本方法

中餐宴请时，每张餐桌的具体位次能够体现出主次尊卑的分别。排列位次的基本方法可以遵循以下四种方法。

（1）主人在主桌就座，大都面对正门而坐。

（2）多桌宴请时，每桌都要有一位主桌主人的代表在座。所处位置一般和主桌主人同向，有时也可以面向主桌主人。

（3）根据距离主桌的远近来界定各桌位次的尊卑，以近为上，以远为下。

（4）根据各桌距离该桌主人相同的位次，讲究以右为尊，即以该桌主人的面向为准，右为尊，左为卑。

（二）排列位次的原则

进行位次排列时，也可以参照以下原则进行排列。

1. 右高左低

当两人一同并排就座时，通常以右为上座，以左为下座。这是因为中餐上菜时多以顺时针为上菜方向，居右者因此比居左者优先受到照顾。

2. 中座为尊

三人一同就餐时，居中坐者在位次上要高于在其两侧就座之人。

3. 面门为上

倘若用餐时，有人面对正门而坐，有人背对正门而坐，依照礼仪惯例则应以面对正门者为上坐，以背对正门者为下座。

4. 观景为佳

在一些高档餐厅用餐时，在其室内外往往有优美的景致或高雅的演出，可供用餐者观赏，此时应以观赏角度最佳处为上座。

5. 临墙为好

在某些中低档餐厅用餐时，为了防止过往侍者和食客的干扰，通常以靠墙之位为上座，靠过道之位为下座。

6. 临台为上

宴会厅内若有专用的讲台时，应该以靠讲台的餐桌为主桌，如果没有专用讲台，有时候以背邻主要画幅的那张餐桌为主桌。

7. 各桌同向

如果是宴会场所，各桌的主宾位都要与主桌主位保持同一方向。

8. 以远为上

当桌子纵向排列时，以距离宴会厅正门的远近为准，距门越远，位次越高贵。

在确定餐桌就餐人员数量时，应当注意的是，每张餐桌上所安排的用餐人数应当限制在十人以内，最好是双数，经常以六人、八人、十人为准，人数过多不仅不容易照顾，而且会比较拥挤。

（三）排列位次图

下面就以异性双主人座次排序、同性双主人座次排序、单主人座次排序三种情况为例，给出座次排序图。

1. 异性双主人座次排序

男女主人共同宴请时的座次排序方法是一种主副相对、以右为贵的排列。男主人坐上席，女主人位于男主人的对面。宾客通常随男女主人，按右高左低顺序依次对角飞线排列，同时要做到主客相间。国际惯例是男主宾安排在女主人右侧，女主宾安排在男主人右侧，如图6-6所示。

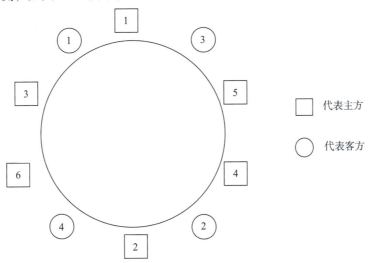

图6-6 异性双主人座次排序

2. 同性双主人座次排序

第一、第二主人均为同性别人士或正式场合下宴请时用的座次排序方法，是一种主副相对、按"以右为贵"的原则依次由近及远排开，同时要做到主客相间，如图6-7所示。

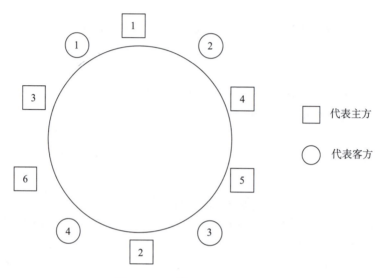

图6-7 同性双主人座次排序

3. 单主人座次排序

单主人宴请时，以主人为中心，主方其余人员和客方人员各自按"以右为贵"原则由近及远排列于单主人两侧，同时要做到主客相间，如图6-8所示。

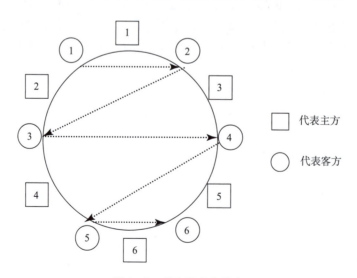

图6-8 单主人座次排序

知识链接：

> **结账的座位**
>
> 李晓的好朋友从很远的地方来看望他，李晓很隆重地将朋友领到一家很高档的酒店吃饭，又招呼了几个哥们儿作陪。为了显示尊重，他执意让朋友坐在面对大门的最里面的座位上。朋友连忙推辞，不过盛情难却，也只好坐在了那里。饭快吃完时，朋友去了趟洗手间，李晓也没有多想。吃过饭，李晓准备结账时，服务员说他的朋友已经把账结了。李晓有点不高兴，责备他的朋友不该抢着结账，可是朋友说："你让我坐在这个位置上，我怎么能不结账呢？"李晓这才恍然大悟，不知道说什么才好。

【技能训练】

中方正式宴请美国某机械代表团的全体成员，中方全体谈判人员也全体出席。本次宴请作为活动安排之一，在美国机械代表团来北京之前已经进行了沟通。从宾馆出发前往现场参观之前，陈总正式邀请布朗先生一行五人参加公司举办的晚宴。时间定在晚7:00，地点为前门北京烤鸭店。

宴请准时开始，服务员开始上菜并给每位客人斟酒后，陈总代表公司欢迎代表团的到来，并预祝双方合作愉快。陈总倡议大家干杯。宴会在热烈的气氛中开始。席间布朗先生代表美国机械即兴讲话，其他人员也不时地相互敬酒交谈。整个宴会充满了友好融洽的气氛。

步骤：

（1）在参加宴会人员的基础上，增加当地政府主管官员两人，中国开发相关部门经理四人参加宴会，请为该宴会安排桌次和座次。

（2）将同学分为两组，分别扮演中方和外方模拟席间交流。

任务二　餐具使用

中餐以其色、香、味俱全盛行中外，是世界各国人民都比较喜欢的餐饮。与西餐相比较，中餐餐具要简单化，只有筷子、勺子、盘碟、杯具以及牙签、毛巾之类的小物件，但是这些餐具在使用方法上还有很多讲究和门道。

【任务导入】

王女士有一次参加一个宴会，由于她是唯一一位女性，旁边那位男士怕冷落了王女士，席间不断地用自己的筷子给王女士夹菜，弄得王女士应接不暇。而且，王女士发现，这位男士在用餐的时候又特别爱用嘴嘬筷子头儿，看的王女士食欲皆无，也不好意思说出来。

【任务分析】

在宴请中随着人们礼仪常识的普及，卫生知识的讲究，在我们中餐宴请中的传统进餐方式面临着卫生和礼仪双重的挑战，我们既要保留传统的进餐方式，同时也要借鉴西方分餐制的优点。

【相关知识】

中餐餐具使用礼仪

一、筷子

（一）筷子的使用方法

中餐最主要的餐具就是筷子，筷子必须成双使用。首先必须了解筷子正确的使用方法。

（1）用右手执筷，用拇指、食指、中指三指前部，共同捏住筷子的上端约三分之一处。

（2）在使用筷子的时候，筷子的两端一定要对齐。

（3）在使用过程中，用餐前筷子一定要整齐地放在饭碗的右侧，用餐后则一定要整齐地竖向放在饭碗的正中央。

（二）用筷子需注意的问题

中餐用餐礼仪中，用筷子用餐取菜时，需注意下面五个问题。

（1）要注意筷子是用来夹取食物的。用筷子来挠痒、剔牙或用来夹取食物之外的东西都是失礼的。

（2）与人交谈时，要暂时放下筷子，不能一边说话，一边像指挥棒似的舞筷子。

（3）不论筷子上是否残留食物，千万不要去舔。

（4）不要把筷子竖插放在食物的上面，因为在中国习俗中只在祭奠死者的时候才用这种插法。

（5）不要往桌子对面的客人处扔筷子或其他餐具。

（三）用筷子的其他忌讳

（1）忌迷筷——举着筷子却不知道夹什么，在菜碟间来回游移。更不能用筷子拨盘子里的菜。

（2）忌泪筷——夹菜时滴滴答答流着菜汁。应该拿着小碟，先把菜夹到小碟里再端过来。

（3）忌移筷——刚夹了这盘里的菜，又去夹那盘里的菜，应该吃完之后再夹另一盘菜。

（4）忌敲筷——敲筷子是对主人的不尊重。另外，筷子通常应摆放在碗的旁边，不能放在碗上。

（5）忌吮筷——不论筷子上是否残留着食物，都不要用嘴吮吸它，在取菜前尤其要注意。

二、勺子

中餐里勺子的主要作用是舀取菜肴和食物。有时，在用筷子取食的时候，也可以使用勺子来辅助取食，但是尽量不要单独使用勺子去取菜。同时在用勺子取食物时，不要舀取过满，以免溢出弄脏餐桌或衣服。在舀取食物后，可在原处暂停片刻，等汤汁不会再往下流再移过来享用。

用餐间，暂时不用勺子时，应把勺子放在自己身前的碟子上，不要把勺子直接放在餐桌上，或让勺子在食物中"立正"。用勺子取完食物后，要立即食用或是把食物放在自己碟子里，不要再把食物倒回原处。若是取用的食物太烫，则不可用勺子舀来舀去，也不要用嘴对着勺子吹，应把食物先放到自己碗里等凉了再吃。还有注意不要把勺子塞到嘴里，或是反复舔食吮吸。

三、碗

中餐的碗可以用来盛饭、盛汤，在正式场合用餐时，尽量不要端起碗来用餐，尤其是不要双手端起碗来。若是碗里有食物过剩，不可将其直接倒入口中，也不可用舌头去舔食碗底。

四、盘子

中餐的盘子有很多种，稍小点的盘子叫碟子，主要用于盛放食物，使用方面和碗大致相同。用餐时，盘子在餐桌上一般要求保持原位，且不要堆在一起。

需要重点介绍的是一种用途比较特殊的盘子——食碟。食碟的在中餐里的主要作用，是用于暂放从公用的菜盘中取来享用之菜肴。使用食碟时，一般不要取放过多的菜肴在食碟里，那样看起来十分不雅。不吃的食物残渣、骨头、鱼刺不要吐在饭桌上，而应轻轻取放在食碟的前端，取放时不要直接从嘴吐到食碟上，而要使用筷子夹放到碟子前端。如食碟放满了，可示意让服务员换食碟。

五、汤盅

汤盅是用来盛放汤类食物的。用餐时，使用汤盅有一点需注意的是：将汤勺取出放在垫盘上并把盅盖反转平放在汤盅上就是表示汤已经喝完。

六、水杯

中餐的水杯主要用于盛放清水、果汁、汽水等软饮料。注意不要用水杯来盛酒，也不要倒扣水杯。另外需注意喝进嘴里的东西不能再吐回水杯里，这样是十分不雅的。

七、牙签

牙签也是中餐餐桌上的必备之物。它有两个作用，一是用于扎取食物；二是用于剔牙。但是用餐时尽量不要当众剔牙，非剔不行时，要用另一只手掩住口部，剔出来的食物，不要当众"观赏"或再次入口，更不要随手乱弹、随口乱吐。剔牙后，不要叼着牙签，更不要用其来扎取食物。

八、水盂

有时品尝中餐者需要手持食物进食。此刻，往往会在餐桌上摆上水盂，它里面的水不能喝，只能用来洗手。

九、餐巾

中餐用餐前，一般会为每位用餐者上一块湿毛巾。这块湿毛巾的作用是擦手，擦手后，应该把它放回盘子里，由服务员拿走。而宴会结束前，服务员会再上一块湿毛巾，和前者不同的是，这块湿毛巾是用于擦嘴的，不能用其擦脸或抹汗。

知识链接：

中国传统礼仪之使用筷子的礼仪

中国的筷子是十分讲究的，"筷子"又称"箸（筋）"，远在商代就有用象牙制成的筷子。《史记·宋微子世家》中记载"纣始为象箸"。用象牙做箸，是富贵的标志。做筷子的材料也不同，考究的有金筷、银筷、象牙筷，一般的有骨筷和竹筷，现在有塑料筷。

筷子在唐代传入日本，现在日本是世界上生产使用筷子最多的国家，平均年产130亿双筷子，其中90%是只用一次的"剖箸"。日本人还把每年的8月4日定为"筷子节"，并且在使用筷子时讲究"忌八筷"。

中国使用筷子，在人类文明史上是一桩值得骄傲和推崇的科学发明。李政道论证中华民族是一个优秀种族时说："中国人早在春秋战国时代就发明了筷子。如此简单的两根东西，却高妙绝伦地应用了物理学上的杠杆原理。筷子是人类手指的延伸，手指能做的事，它都能做，且不怕高热，不怕寒冻，真是高明极了。比较起来，西方人大概到16世纪、17世纪才发明了刀叉，但刀叉哪能跟筷子相比呢？"日本的学者曾测定，人在用筷子夹食物时，有80多个关节和50条肌肉在运动，并且与脑神经有关。因此，用筷子吃饭使人手巧，可以训练大脑使之灵活，外国人对这两根神奇的棍状物能施展出夹、挑、舀、撅等功能钦羡不已，并以自己能使用它进食而感到高兴。

一般我们在使用筷子时，正确的使用方法讲究的是用右手执筷，大拇指和食指捏住筷子的上端，另外三个手指自然弯曲扶住筷子，并且筷子的两端一定要对齐。在使用过程当中，用餐前筷子一定要整齐码放在饭碗的右侧，用餐后则一定要整齐的竖向码放在饭碗的正中。但同时要绝对禁忌以下十二种筷子的使用方法。

1. 三长两短

这意思就是说在用餐前或用餐过程当中，将筷子长短不齐的放在桌子上。

这种做法是大不吉利的，通常我们管它叫"三长两短"。其意思是代表"死亡"。因为中国人过去认为人死以后是要装进棺材的，在人装进去以后，还没有盖棺材盖的时候，棺材的组成部分是前后两块短木板，两旁加底部共三块长木板，五块木板合在一起做成的棺材正好是三长两短，所以说这是极为不吉利的事情。

2. 仙人指路

这种做法也是极为不能被人接受的，这种拿筷子的方法是，用大拇指和中指、无名指、小指捏住筷子，而食指伸出。这在北京人眼里叫"骂大街"。因为在吃饭时食指伸出，总在不停地指别人，北京人一般伸出食指去指对方时，大都带有指责的意思。所以说，吃饭用筷子时用手指人，无异于指责别人，这同骂人是一样的，是非常不礼貌的。还有一种情况也是这种意思，那就是吃饭时同别人交谈并用筷子指人。

3. 品箸留声

这种做法也是不行的，其做法是把筷子的一端含在嘴里，用嘴来回去嘬，并不时地发出咝咝声响。这种行为被视为是一种下作的做法。因为在吃饭时用嘴嘬筷子的本身就是一种无礼的行为，再加上配以声音，更是令人生厌。所以一般出现这种做法都会被认为是缺少家教，非常不礼貌。

4. 击盏敲盅

这种行为被看作是乞丐要饭，其做法是在用餐时用筷子敲击盘碗。因为过去只有要饭的才用筷子击打要饭盆，其发出的声响配上嘴里的哀告，使行人注意并给予施舍。这种做法被视为极其下作的事情，被他人所不齿。

5. 执箸巡城

这种做法是手里拿着筷子，做旁若无人状，用筷子来回在桌子上的菜盘里寻找，不知从哪里下筷为好。此种行为是典型的缺乏修养的表现，且目中无人，极其令人反感。

6. 迷箸刨坟

这是指手里拿着筷子在菜盘里不住的扒拉，以求寻找猎物，就像盗墓刨坟的一般。这种做法同"迷箸巡城"相近，都属于缺乏教养的做法，令人生厌。

7. 泪箸遗珠

实际上这是用筷子往自己盘子里夹菜时，手里不利落，将菜汤流落到其他菜里或桌子上。这种做法被视为严重失礼，同样是不可取的。

8. 颠倒乾坤

这就是说用餐时将筷子颠倒使用，这种做法是非常被人看不起的，正所谓饥不择食，以至于都不顾脸面了，将筷子使倒，这是绝对不可以的。

9. 定海神针

在用餐时用一只筷子去插盘子里的菜品，这也是不行的，这是被认为对同桌用餐人员的一种羞辱。在吃饭时作出这种举动，无异于在欧洲当众对人伸出中指的意思是一样的，这也是不行的。

10. 当众上香

则往往是出于好心帮别人盛饭时，为了方便省事把一副筷子插在饭中递给对方。会被人视为大不敬，因为北京的传统是为死人上香时才这样做，如果把一副筷子插入饭中，无异是被视同于给死人上香，所以说，把筷子插在碗里是决不被接受的。

11. 交叉十字

这一点往往不被人们所注意，在用餐时将筷子随便交叉放在桌上。这是不对的，因为北京人认为在饭桌上打叉子，是对同桌其他人的全部否定，就如同学生写错作业，被老师在本上打叉子的性质一样，不能被他人接受。除此以外，这种做法也是对自己的不尊敬，因为过去吃官司画供时才打叉子，这也就无疑是在否定自己，这也是不行的。

12. 落地惊神

所谓"落地惊神"的意思是指失手将筷子掉落在地上，这是严重失礼的一种表现。因为北京人认为，祖先们全部长眠在地下，不应当受到打搅，筷子落地就等于惊动了地下的祖先，这是大不孝，所以这种行为也是不被允许的。但这有破法，一旦筷子落地，就应当赶紧用落地的筷子根据自己所坐的方向，在地上画出十字。其方向为先东西后南北。意思是我不是东西，不该惊动祖先，然后再拾起筷子，嘴里同时说自己该死。

以上所说的十二种筷子的禁忌，是我们日常生活当中所应当注意的，作为一个礼仪之邦和古老的国度，通过对一双小小筷子的用法，就能够让人们看到他那深厚的文化积淀。

【技能训练】

将学生分组，模拟一场中餐宴请。在宴请活动过程中，注意各种中餐餐具的使用方法。

【案例分析】

李二去南方出差，正逢大闸蟹成熟的季节，朋友招待李二吃大闸蟹。吃完了螃蟹之后，又上了一盆汤，只见这个汤没有颜色，上面只是漂着几片香菜叶和几片柠檬。李二有点纳闷："怎么这么快就上汤啦？"他拿起勺子刚伸向盆边，主人一看苗头不对，急忙站起来，率先将手放进盆中，并招呼大家："来来来，大家洗洗手。"李二这才明白，原来，那"汤"是吃过螃蟹后用来洗手的。

> 请思考以下问题：
> 上述案例中体现的是中餐餐具的哪一种？

任务三　礼仪规范

在今天激烈的社会竞争中，决定成败的往往是细节。细节最容易为人所忽视，所以也最能反映一个人的真实状态，因而也最能体现一个人的个人修养。正因为如此，通过细节看人逐渐成为衡量、评价一个人的最重要的方式之一。随着社会文化的发展，宴请已经不再只是填饱肚子的问题，中餐宴请中的礼仪细节也应该为大家所熟知。

【任务导入】

某公司几位客人在酒店用餐，餐厅服务员为客人上汤，恰巧主人张先生准备敬酒，一回身将汤碰洒，把张先生的衣服弄脏了。张先生非常生气，质问服务员怎么把汤往身上洒，服务员没有争辩，连声道歉："实在对不起，先生是我把汤洒到您身上把您的衣服弄脏了，请您脱下衣服，我去干洗，另外我再重新去给您换一份汤，耽误各位用餐了，请原谅。"随后服务员将张先生的衣服送去干洗，而对其他客人的服务也更加周到了。当客人用完餐，服务员将张先生干干净净、叠地整整齐齐的衣服也送回来了。张先生十分满意，也诚恳道歉："是我不小心弄洒了汤，你的服务非常好。"并主动付了两份汤钱。你对此事有何看法？

【任务分析】

在宴会中，可能由于种种原因会洒汤、洒酒，弄脏衣服，这就要求我们从礼仪规范的角度处理好这些事情。本例中，张先生在服务人员热情周到的服务中认识到了自己的错误，并主动道歉。这样做既体现出张先生个人较好的职业道德素养，也给客人留下了良好的印象。

【相关知识】

一、中餐点菜礼仪

如果时间允许，应该等大多数客人到齐之后，将菜单供客人传阅，并请他们来点菜。同时要控制预算，选择合适档次的请客地点是比较重要的。一般来说，客人都不太好意思点菜，会让你来做主。如果你的上级也在酒席上，千万不要因为尊重他，或是认为他应酬经验丰富，酒席吃得多，而让他来点菜，除非他主动要求。否则，他会觉得不够体面。

如果你是赴宴者，你应该知道，你不该在点菜时太过主动，而是要让主人来点菜。如果对方盛情要求，你可以点一个不太贵、又不是大家忌口的菜。记得征询一下桌上人的意见，特别是问一下"有没有哪些是不吃的？"或是"比较喜欢吃什么？"让大家感觉被照顾到了。点菜后，可以请示"我点了菜，不知道是否合几位的口味""要不要再来点其他的什么"等。

（一）点菜规则

1. 看人员组成

一般来说，人均一菜是比较通用的规则。如果是男士较多的餐会可适当加量。

2. 看菜肴组合

一般来说，一桌菜最好是有荤有素，有冷有热，尽量做到全面。如果桌上男士多，可多点些荤食，如果女士较多，则可多点几道清淡的蔬菜。

3. 看宴请的重要程度

若是普通的商务宴请，平均一道菜在 50～80 元可以接受。如果这次宴请的对象是比较关键人物，那么则要点上几个够分量的菜。

还有一点需要注意的是，点菜时不应该问服务员菜肴的价格，或是讨价还价，这样会在客户面前显得有点小家子气，而且客户也会觉得不自在。

（二）点菜技巧

中餐点菜的"三优四忌"，一顿标准的中式大餐，通常上菜的顺序是，先上冷盘，接下来是热炒，随后是主菜，然后上点心和汤，如果感觉吃得有点腻，可以点一些餐后甜品，最后是上果盘。主人在点菜中要顾及各个程序的菜式。

1. 中餐点菜优先考虑的菜肴

（1）有中餐特色的菜肴。宴请外宾的时候，这一条更要重视。像炸春卷、煮元宵、蒸饺子、狮子头、宫保鸡丁等，并不一定是佳肴美味，但因为具有鲜明的中国特色，所以受到很多外国人的推崇。

（2）有本地特色的菜肴。比如西安的羊肉泡馍、湖南的毛家红烧肉、上海的红烧狮子头、北京的涮羊肉，在那里宴请外地客人时，上这些特色菜，恐怕要比千篇一律的生猛海鲜更受好评。

（3）本餐馆的特色菜。很多餐馆都有自己的特色菜。上一份本餐馆的特色菜，能说明主人的细心和对被请者的尊重。

2. 中餐点菜的禁忌

（1）宗教的饮食禁忌，一点也不能疏忽大意。例如，穆斯林不食猪肉等禁忌食物，并且禁止饮酒。国内的佛教徒少吃荤腥食品，它不仅指的是肉食，而且包括葱、蒜、韭菜、芥末等气味刺鼻的食物。一些信奉观音的佛教徒在饮食中尤其禁吃牛肉，这点要招待港澳台及海外华人同胞时尤要注意。

（2）出于健康的原因，对于某些食品，也有所禁忌。比如，心脏病、脑血管、脉硬化、高血压和中风后遗症的人，不适合吃狗肉；肝炎病人忌吃羊肉和甲鱼；胃肠炎、胃溃疡等消化系统疾病的人也不合适吃甲鱼；高血压、高胆固醇患者，要少喝鸡汤等。

（3）不同地区，人们的饮食偏好往往不同。对于这一点，在安排菜单时要兼顾。比如，湖南、四川等省份的人普遍喜欢吃辛辣食物，少吃甜食。英美国家的人通常不吃猫狗等宠物、稀有动物、动物内脏、动物的头部和脚爪。另外，宴请外宾时，要尽量少点生硬需啃食的菜肴，外宾在用餐中不太会将咬到嘴中的食物再吐出来，这也需要顾及。

（4）有些职业，出于某种原因，在餐饮方面往往也有各自不同的特殊禁忌。例如，国家公务员在执行公务时不准吃请，在公务宴请时不准大吃大喝，不准超过国家规定的标准用餐，不准喝烈性酒。再如，驾驶员工作期间不得喝酒。要是忽略了这一点，还有可能使对方犯错误。

二、中餐上菜礼仪

（一）上菜程序

中国地方菜系很多，宴会的种类也很多，如燕翅席、海参席、全鸭席、全羊席、全素席、满汉全席等。宴会席面不同、地方菜系不同，其菜肴设计安排上也就不同，在上菜程序上也不可能完全相同。例如，全鸭席的主菜是北京烤鸭，但上菜时不能当做头菜来上，而是先上一些用鸭内脏和其他部位烹制出的特色菜肴，最后才上烤鸭，人们称其为"千呼万唤始出来"。又如上点心的时间，各地方习惯不同，有的是在宴会中穿插上，有的是在宴会即将结束时上；有的是咸甜点心一起上，也有的是分别上，这要根据宴席的类型、特点和需要，因人、因时、因事而定，不能都一样，但是又要按照中餐宴会相对固定的上菜程序来进行。

一般中餐宴会上菜的程序是：第一道是凉菜或冷盘，（约8分钟后）第二道是开胃汤，（分汤后，换盘与碗等）第三道是头菜（一般为宴会的代表性的菜点），第四道菜为主菜（较高贵的名菜），第五道是一般热菜（数量较多，又可以细分为先熘爆炒菜，后烧烤菜，再素菜，最后鱼。一般台面上的菜不要超过六个菜，除非客人要求把菜留在桌上外，但是菜不能垒放。一个菜放台面的中间——除了分菜和转盘之外，两个菜相对而放，三个菜呈三角，四个菜呈正四方形，五个菜呈五角星形等），第六道是汤菜（正式的汤，或二汤，例如，婚宴中的两汤、四汤或六汤），第七道是甜菜（随上点心），最后在主食之后上水果。

（二）上菜规则

中餐宴会上菜的基本规则是：先冷后热、先菜后点、先咸后甜、先炒后烧、先荤后素；先干后汤、先菜后汤；先清淡后肥厚、先优质后一般以及遵循一般的风俗习惯。如客人对上菜有特殊要求，应灵活掌握。中式粤菜上菜顺序不同于其他菜系，是先汤后菜。

一般情况是边上菜边报菜名或后退一步远离餐桌后报菜名，回答客人提出的问题。上不同大类的菜肴之间，要更换骨碟、汤碗、配料碟等餐具，递送小毛巾（如果没有一次性小毛巾的话）和洗手盅、牙签等物品。

（三）上菜的方式

上菜的方式主要有三种：一种是将大盘的菜上到桌上，由宾客自取或互相敬让（大盘）；另一种是服务员托上菜盘逐一往宾客的食盘中分让（大盘分菜）；再一种是主宾席的上菜，用碗或小盖碗盛装，在每位宾客的桌面前上一份（称为单吃）。某一个宴会采取何种方式上菜，可根据宴会的规格，出席的人数，主办单位的要求来确定。不同的菜式和菜品有不同的要求，视具体要求而定。

三、中餐用餐礼仪

中餐宴席进餐伊始，服务员送上的第一道湿毛巾是擦手的，不要用它去擦脸。上龙虾、鸡、水果时，会送上一只小水盂，其中飘着柠檬片或玫瑰花瓣，它不是饮料，而是洗手用的。洗手时，可两手轮流沾湿指头，轻轻涮洗，然后用小毛巾擦干。

用餐时要注意文明礼貌。对外宾不要反复劝菜，可向对方介绍中国菜的特点，吃不吃由他。有人喜欢向他人劝菜，甚至为对方夹菜。外宾没这个习惯，你要是一再客气，没准人家会反感："说过不吃了，你非逼我干什么？"依此类推，参加外宾举行的宴会，也不要指望主人会反复给你让菜。你要是等别人给自己让菜，那就只好饿肚子。

客人入席后，不要立即动手取食。而应待主人打招呼，由主人举杯示意开始时，客人才能开始，客人不能抢在主人前面。夹菜要文明，应等菜肴转到自己面前时，再动筷子，不要抢在邻座前面，一次夹菜也不宜过多。要细嚼慢咽，这不仅有利于消化，也是餐桌上的礼仪要求。绝不能大块往嘴里塞、狼吞虎咽，这样会给人留下贪婪的印象。不要挑食，不要只盯住自己喜欢的菜吃，或者急忙把喜欢的菜堆在自己的盘子里。

用餐的动作要文雅，夹菜时不要碰到邻座，不要把盘里的菜拨到桌上，不要把汤泼翻。不要发出不必要的声音，如喝汤时"咕噜咕噜"，吃菜时嘴里"叭叭"作响，这都是粗俗的表现。不要一边吃东西，一边和人聊天。嘴里的骨头和鱼刺不要吐在桌子上，可用餐巾掩口，用筷子取出来放在碟子里。掉在桌子上的菜，不要再吃。进餐过程中不要玩弄碗筷，或用筷子指向别人。不要用手去嘴里乱抠。用牙签剔牙时，应用手或餐巾掩住嘴。不要让餐具发出任何声响。

用餐结束后，可以用餐巾、餐巾纸或服务员送来的小毛巾擦擦嘴，但不宜擦头颈或胸脯；餐后不要不加控制地打饱嗝或嗳气；在主人还没示意结束时，客人不能先离席。

知识链接：

> #### 中餐菜系
>
> 中国菜已经历了五千多年的发展历史。它由历代宫廷菜、官府菜及各地方菜系所组成，主体是各地方风味菜。其高超的烹饪技艺和丰富的文化内涵，堪称世界一流。
>
> 我国幅员辽阔，各地自然条件、人们生活习惯、经济文化发展状况的不同，在饮食烹调和菜肴品类方面，形成了不同的地方风味。南北两大风味，自春秋战国时期开始出现，到唐宋时期完全形成。到了清代初期，鲁菜（包括京

津鲁等北方地区的风味菜）、苏菜（包括江、浙、皖地区的风味菜）、粤菜（包括闽、台、潮、琼地区的风味菜）、川菜（包括湘、鄂、黔、滇地区的风味菜），已成为我国最有影响的地方菜，后称"四大菜系"。

《清稗类钞》记述清末之饮食状况，称："各处食性之不同，由於习尚也。则北人嗜葱蒜，滇黔湘蜀嗜辛辣品，粤人嗜淡食，苏人嗜糖。"又更加具体分析了各地的菜系特色："苏州人之饮食——尤喜多脂肪，烹调方法皆五味调和，惟多用糖，又席加五香。""闽粤人之饮食——食品多海味，餐食必佐以汤，粤人又好啖生物，不求上进火候之深也。""湘鄂人之饮食——喜辛辣品，虽食前方丈，珍错满前，无椒芥不下箸也，汤则多有之。""北人食葱蒜，亦以北产为胜……"如此等等，不一而足。尽管引证之处，不足说明菜系的全貌，但从中可以看出全国四大菜系之特色。

随着饮食业的进一步发展，有些地方菜愈显其他独有特色而自成派系，这样，到了清末时期，加入浙、闽、湘、徽地方菜成为"八大菜系"，以后再增京、沪便有"十大菜系"之说。尽管菜系繁衍发展，但人们还是习惯以"四大菜系"和"八大菜系"来代表我国多达数万种的各地风味菜。各地方风味菜中著名的有数千种，它们选料考究，制作精细，品种繁多，风味各异，讲究色、香、味、形、器俱佳的协调统一，在世界上享有很高的声誉。这些名菜大都有它各自发展的历史，不仅体现了精湛的传统技艺，还有种种优美动人的传说或典故，成为我国饮食文化的一个重要部分。

【技能训练】

（1）训练内容：模拟一次中餐进餐。扮演服务员上菜，扮演来宾在餐桌上取菜与进食。

（2）注意事项：上菜有序、取菜文明、进食文明。

【案例分析】

刘小姐和张先生在一家餐厅用餐，张先生点了海鲜大餐，刘小姐点了烤羊排。主菜上桌，两个人的话匣子也打开了。正在聊天的时候，张先生发现由一个鱼刺塞在牙缝中，让他很不舒服。张先生想，用手掏太不雅观了，所以决定用舌头舔，舔也舔不出来，还发出啧啧渣渣的声音，好不容易将鱼刺弄出来了，就随手放在餐巾上。之后又往餐巾上吐了几个虾壳。刘小姐对这些不是很计较，可这时张先生打了一个喷嚏，餐巾上的鱼刺虾壳随着风势飞出去，其中的一些正好落在刘小姐的羊排上。接下来，刘小姐话少了很多，羊排也不吃了。

请思考以下问题：
请指出本案例中张先生的失礼之处。

项目二　西餐宴请

　　随着中西方文化交流的不断深入，西餐已经逐步进入中国人的生活。不论你是否喜欢，都会随时遇到吃西餐的机会。享用西餐，人们一是讲究吃饱，更重要的是享受用餐的情趣和氛围。所谓西餐，是指对西方国家餐饮的一种统称，其基本特点是用刀叉进食。我们通常所说的西餐主要包括西欧国家的饮食菜肴，当然同时还包括东欧各国，地中海沿岸等国和一些拉丁美洲如墨西哥等国的菜肴。西餐一般以刀叉为餐具，以面包为主食，多以长形桌台为台形。西餐的主要特点是主料突出、形色美观、口味鲜美、营养丰富、供应方便等。西餐大致可分为法式、英式、意式、俄式、美式、地中海等多种不同风格的菜肴。西餐十分注重礼仪，讲究规矩，所以了解一些西餐方面的知识是十分重要的。

　　【知识目标】掌握西餐座次排列方法；掌握西餐餐具使用方法，熟悉西餐礼仪规范。

　　【技能目标】能够熟练的组织西餐宴会，并在宴会过程中举止得体。

　　【素质目标】培养学生社交能力、组织协调能力、沟通能力以及应变能力。

【思政园地】

现代餐刀起源

　　现代餐刀起源于中世纪。那时，餐具是个人财产里的重要组成部分，当主人邀请客人前来进餐时，客人通常需要自备餐具。法国贵族们还会在进餐后，用刀具剔牙。随着酒水的进一步普及，持刀闹事的醉汉越来越多。这一系列的事故终于让法王路易十三的首相黎塞留忍无可忍。1637年，根据黎塞留的要求，餐刀必须把刀刃磨钝，这就是现代餐刀的起源。

任务一　座次排序

【任务导入】

　　今天有五位德国客人来访，总经理让小刘安排他们在当地的一家西餐厅就餐。为了表示对客人的尊重，一定要严格遵守西餐礼仪规范。德国来访团的团长 Stefan 先生是来访团最高的领导，小李应当如何安排并陪同进餐？

【任务分析】

（1）对方是公司的重要客人，应当安排对等的领导进行陪同。

（2）因为来访者为五人，所以本方参加宴请的人数也应该为五人。

（3）西式宴请一般为长桌，席位安排，要让陪同人员或者主人、副主人坐在长桌的两端，尽量留心别让客人坐在长桌的两端。

【相关知识】

一、西餐桌次排序

按照国际惯例，桌次高低以离主桌位置远近而定，右高左低，如图 6 - 9 所示，同一桌上，席位高低以离主人的座位远近而定。同时男女穿插安排，以女主人的座位为准，主宾坐在女主人的右上方，主宾夫人坐在男主人的右上方。礼宾次序是排定座位的主要依据，同时也要考虑客人之间的关系，适当照顾一些特殊情况。译员一般坐在主宾的右侧。

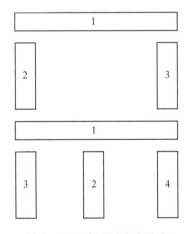

图 6 - 9　西餐宴请桌次排序

二、西餐座次排序

西式宴请一般多采用长条餐桌，席位安排，类似中式的圆桌，要让陪同人员或者主人、副主人坐在长桌的两端，尽量留心别让客人坐在长桌两端的席位上。排座时还应该考虑来宾民族习惯、宗教信仰的差异性，不要因此出现不协调局面。如果男女二人同去餐厅，男士应请女士坐在自己的右边，还得注意不可让她坐在人来人往的过道边。若只有一个靠墙的位置，应请女士就座，男士坐在她的对面。如果是两对夫妻就餐，夫人们应坐在靠墙的位置上，先生则坐在各自夫人的对面。如果两位男士陪同一位女士进餐，女士应坐在两位男士的中间。如果两位同性进餐，那么靠墙的位置应让给其中的年长者。西餐宴请座次排序如图 6 - 10 所示。

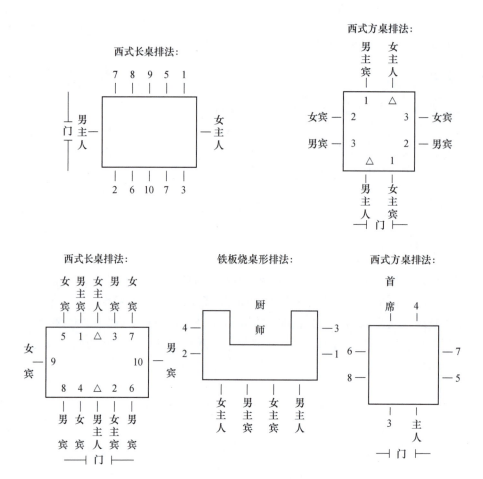

图 6-10 西餐宴请座次排序

知识链接：

女士优先

某公司宴请一行国外商务考察人员，有一位女士，两位男士。公司经理到机场亲自迎接，当上车的时候，经理先打开了车的后门邀请两位男士上车，然后又跑到前门给女士开门时，女士很不高兴地自己打开车门上了车。下车时，经理也是先邀请两位男士下车，进入酒店时，经理也没有考虑到让女士先行一步。这位随行的外国女士很不开心。这时，其中的一位外国男士很委婉礼貌地说，在西方，"女士优先"是一种惯例。公司经理这才明白过来，并且马上诚恳地给外国女士道了歉。

【技能训练】

模拟一场西餐宴请,目的是让学生熟悉西餐桌次席位安排的基本礼仪要求,针对每一个席位的安排,都要给出具体理由,让学生熟悉和掌握西餐座位安排的基本技能。

任务二 餐具使用

【任务导入】

夏小姐刚刚被聘到一家外贸公司做对外业务洽谈工作。该公司为了答谢外国客户,特举办了一场西餐自助餐会。因为很少吃西餐,夏小姐在餐会上闹出不少笑话。餐会一开始,夏小姐端起面前的盘子去取菜,之后却发现,盘子是装食物残渣用的。这时,她看见自己面前有水果沙拉,于是又开始吃起水果沙拉,而此时同事们和客人都在吃冷菜,夏小姐只能尴尬地说自己在减肥,要多吃水果。因为刀叉位置放置错误,原本还没有吃完的菜又被服务员收拾走了,一顿饭吃下来,夏小姐因为洋相百出变得特别不自在。

【任务分析】

西餐作为一种餐饮方式,有其独特的食用礼仪规范,只有熟悉了西餐餐具的使用方法,才能在尽享美食的时候,感受其饮食文化的内涵。

【相关知识】

一、西餐的餐具种类

广义的西餐餐具包括刀、叉、匙、盘、杯、餐巾等。其中盘又有菜盘、布丁盘、奶盘、白脱盘等;酒杯更是讲究,正式宴会几乎每上一种酒,都要换上专用的玻璃酒杯。

狭义的餐具则专指刀、叉、匙三大件。刀分为食用刀、鱼刀、肉刀(刀口有锯齿,用以切牛排、猪排等)、黄油刀和水果刀。叉分为食用叉、鱼叉、肉叉和虾叉。匙则有汤匙、甜食匙、茶匙。公用刀、叉、匙的规格明显大于餐用刀叉。

二、西餐餐具的用法

(一)刀叉持法

用刀时,应将刀柄的尾端置于手掌之中,以拇指抵住刀柄的一侧,食指按在刀柄上,但需注意食指决不能触及刀背,其余三指则顺势弯曲,握住刀柄。叉如果不是与刀并用,叉齿应该向上。持叉应尽可能持住叉柄的末端,叉柄倚在中指上,中间则以无名指和小指为支撑,叉可以单独用于叉餐或取食,也可以用于取食某些头道菜和馅饼,还可以用取食那种无须切割的主菜。

西餐餐具使用
礼仪之刀叉

摆置刀叉所传达出的信息：用餐中为八字形，叉正反面朝上均可，而刀刃侧必须面向自己，无论任何情况，刀刃的一侧必须面向自己，而且不可将刀叉的一端放在盘子上，另一端放在桌子上。用餐结束后，可将叉的正面向上，刀的刀刃侧向内与叉并拢，平行放置于餐盘右侧。进餐时需要暂时放下刀叉时，应该摆成八字形，分别放在餐盘边上。刀刃朝向自己，表示还要继续用餐。

（二）餐刀的具体用法

刀是用来切割食物的，不要用刀挑起食物往嘴里送。要用右手拿刀。

如果用餐时，有三种不同规格的刀同时出现，一般正确的用法是：带小小锯齿的那一把用来切肉制食品；中等大小的用来将大片的蔬菜切成小片；而那种小巧的、刀尖是圆头的、顶部有些上翘的小刀，则是用来切开小面包，然后用它挑些果酱、奶油涂在面包上面。

切是使用非常广泛的方法。这种刀法的要领是：刀和原料成垂直状态，右手握刀，左手按稳原料，用食指、中指和无名指的第一骨节抵住刀左侧，均匀地控制刀的后移，从上向下操作。这种方法主要用于加工一些无骨的原料。切，可分为直切、推切、推拉切、锯切、滚切、转切、拨切等方法。

（三）餐叉的使用

右手持刀，左手持叉，先用叉子把食物按住，然后用刀切成小块，再用叉送入嘴内。欧洲人使用时不换手，即从切割到送食物入口均以左手持叉。美国人则切割后，将刀放下换右手持叉送食入口。叉起适量食物一次性放入口中。用叉子叉起食物入嘴时，牙齿只碰到食物，不要咬叉，也不要让刀叉在齿上或盘中发出声响。

（四）餐匙的使用

持匙用右手，持法同持叉，但手指务必持在匙柄之端，除喝汤外，不用匙取食其他食物。在正式场合下，匙有多种，小的是用于咖啡和甜点心的。扁平的用于涂黄油和分食蛋糕。比较大的，用来喝汤或盛碎小食物。最大的是公用于分食汤的，常见于自助餐。

西餐餐具使用礼仪之汤勺

（五）餐巾的用法

进餐时，大餐巾可折起（一般对折）折口向外平铺在腿上，小餐巾可伸开直接铺在腿上。注意不可将餐巾挂在胸前（但在空间不大的地方，如飞机上可以如此）。拭嘴时需用餐巾的上端，并用其内侧来擦嘴。绝不可用来擦脸部或擦刀叉、碗碟等。

西餐餐具使用礼仪之餐巾

（六）酒杯

在西餐中，酒是能够营造优雅浪漫等氛围的特殊饮品，不仅种类繁多，而且各有配菜，各有各的喝法。通常不同的酒杯喝不同的酒。郁金香状的高脚杯可以用来装葡萄酒；空心脚杯和浅碟形杯用来装香槟酒，装威士忌的杯子采用小杯或者矮而宽口的玻璃水晶杯；白兰地杯是带矮脚的气球型的大酒杯；鸡尾酒杯是漏斗形高脚酒杯。

三、西餐餐具使用注意事项

吃西餐，必须注意餐桌上餐具的排列和置放位置，不可随意乱取乱拿。正规宴会上，每一道食物、菜肴即配一套相应的餐具（刀、叉、匙），并以上菜的先后顺序由外向内排列。进餐时，应先取左右两侧最外边的一套刀叉。每吃完一道菜，将刀叉合拢并排置于碟中，表示此道菜已用完，服务员便会主动上前撤去这套餐具。如尚未用完或暂时停顿，应将刀叉呈"八"字形左右分架或交叉摆在餐碟上，刀刃向内，意思是告诉服务员，我还没吃完，请不要把餐具拿走。使用刀叉时，尽量不使其碰撞，以免发出大的声音，更不可挥动刀叉与别人讲话。

（1）用餐时，左手持叉，右手用刀，用刀切割食物时应用叉牢牢按住所切的食物，刀紧贴在叉边切下以防滑开；不能用力过猛，否则会发出刺耳响声。一般应切一块吃一块，每一块以一口咬下最为宜。

（2）用完一道菜时，应将刀叉平行摆放在盘子右侧，叉尖向上，刀叉向内。如果未用完，正确的摆放姿势是刀叉相交成夹角位置，叉尖向下。

（3）汤匙专用于喝汤，不宜用来进食，但可以与叉并用，帮助叉取食物。

（4）喝汤时，应用右手持匙，左手扶着盘子；喝剩少许时，用左手把汤盘靠自己一边稍稍提起，再用汤匙轻轻地由里向外舀去。喝完以后，汤匙应放在盘子里，匙心向上，匙柄置于盘子右边缘外。

知识链接：

西餐类别

西餐的分类，按照国家不同分法式、英式、意式、俄式、德式等。按照每天用餐的不同时段，分有正餐（午餐、晚餐）、早餐、早午餐、下午茶、小点。按照制作正式与否，又有家常餐、快餐、餐厅菜式之分。

各个国家的人有着不同的饮食习惯，有种说法非常形象，说"法国人是夸奖着厨师的技艺吃，英国人注意着礼节吃，德国人喜欢痛痛快快地吃……"。

1. 西菜之首——法式大餐

法国人一向以善于吃并精于吃而闻名，法式大餐至今仍名列世界西菜之首。法式菜肴的特点是：选料广泛（如蜗牛、鹅肝都是法式菜肴中的美味），加工精细，烹调考究，滋味有浓有淡，花色品种多；法式菜还比较讲究吃半熟或生食，如牛排、羊腿以半熟鲜嫩为特点，海味的蚝也可生吃，烧野鸭一般六成熟即可食用等；法式菜肴重视调味，调味品种类多样。用酒来调味，什么样的菜选用什么酒都有严格的规定，如清汤用葡萄酒，海味品用白兰地酒，甜品用各式甜酒或白兰地等；法国菜和奶酪，品种多样。法国人十分喜爱吃奶酪、水果和各种新鲜蔬菜。

法式菜肴的名菜有：马赛鱼羹、鹅肝排、巴黎龙虾、红酒山鸡、沙福罗鸡、鸡肝牛排等。

2. 简洁与礼仪并重——英式西餐

英国的饮食烹饪，有家庭美肴之称。英式菜肴的特点是：油少、清淡，调味时较少用酒，调味品大都放在餐台上由客人自己选用。烹调讲究鲜嫩，口味清淡，选料注重海鲜及各式蔬菜，菜量要求少而精。英式菜肴的烹调方法多以蒸、煮、烧、熏、炸见长。

英式菜肴的名菜有：鸡丁沙拉、烤大虾苏夫力、薯烩羊肉、烤羊马鞍、冬至布丁、明治排等。

3. 西菜始祖——意式大餐

就西餐烹饪来讲，意大利是始祖，可以与法国、英国媲美。意式菜肴的特点是：原汁原味，以味浓著称。烹调注重炸、熏等，以炒、煎、炸、烩等方法见长。

意大利人喜爱面食，做法吃法甚多。其制作面条有独到之处，各种形状、颜色、味道的面条至少有几十种，如字母形、贝壳形、实心面条、通心面条等。意大利人还喜食意式馄饨、意式饺子等。

意式菜肴的名菜有：通心粉素菜汤、焗馄饨、奶酪焗通心粉、肉末通心粉、比萨饼等。

4. 营养快捷——美式菜肴

美国菜是在英国菜的基础上发展起来的，继承了英式菜简单、清淡的特点，口味咸中带甜。美国人一般对辣味不感兴趣，喜欢铁扒类的菜肴，常用水果作为配料与菜肴一起烹制，如菠萝焗火腿、菜果烤鸭。喜欢吃各种新鲜蔬菜和各式水果。美国人对饮食要求并不高，只要营养、快捷。

美式菜肴的名菜有：烤火鸡、橘子烧野鸭、美式牛扒、苹果沙拉、糖酱煎饼等。

5. 西菜经典——俄式大餐

沙皇俄国时代的上层人士非常崇拜法国，贵族不仅以讲法语为荣，而且饮食和烹饪技术也主要学习法国。但经过多年的演变，特别是俄国天气寒冷，食物讲究热量高的品种，逐渐形成了自己的烹调特色。俄国人喜食热食，爱吃鱼肉、肉末、鸡蛋和蔬菜制成的小包子和肉饼等，各式小吃颇有盛名。

俄式菜肴口味较重，喜欢用油，制作方法较为简单。口味以酸、甜、辣、咸为主，酸黄瓜、酸白菜往往是饭店或家庭餐桌上的必备食品。烹调方法以烤、熏腌为特色。俄式菜肴在西餐中影响较大，一些地处寒带的北欧国家和中欧南斯拉夫民族人们日常生活习惯与俄罗斯人相似，大多喜欢腌制的各种鱼肉、熏肉、香肠、火腿以及酸菜、酸黄瓜等。

俄式菜肴的名菜有：什锦冷盘、鱼子酱、酸黄瓜汤、冷苹果汤、鱼肉包子、黄油鸡卷等。哈尔滨由于历史的原因，目前尚保存有正宗的俄式西餐。

6. 啤酒自助——德式菜肴

德国人对饮食并不讲究，喜吃水果、奶酪、香肠、酸菜、土豆等，不求浮华只求实惠营养，首先发明自助快餐。德国人喜喝啤酒，每年的慕尼黑啤酒节大约要消耗掉100万公升啤酒。

【技能训练】

将学生分组,演练西餐宴请过程中对于各种餐具的使用规范。

【案例分析】

> 某一天的晚上,德国的一家餐馆来了一群中国游客用餐,老板特意安排了一位中国服务员为他们服务,随后服务员为他们介绍了一些德国特色菜,结果他们不问价钱,主菜配菜一下子点了几十道,服务员觉得他们会吃不完,况且价钱又贵,但是他们好像并不在乎。
>
> 点完菜,他们开始四处拍照,竞相和德国服务员合影,甚至跑到门口的一辆劳斯莱斯旁边拍照,还不停地大声说笑,用餐时杯盘刀叉交错碰撞的声响,乃至咀嚼的声音,始终不绝于耳,一会儿便弄得桌子上一片狼藉,坐在附近的一位先生忍无可忍,向店方提出抗议,要求他们停止喧闹,等到服务员把要求转达给他们,能够看出来,他们显得非常尴尬。
>
> 请思考以下问题:
> 1. 这个旅行团的行为有哪些不得体的地方?
> 2. 那位先生提出的抗议合理吗?

任务三 礼仪规范

【任务导入】

某外国考察团要来公司访问,公司要为其准备一场宴请活动。请运用西餐礼仪常识为其确定菜单。

【任务分析】

西方人用餐有六不吃:不吃动物内脏;不吃动物的头和脚;不吃宠物,不吃狗肉;不吃珍稀动物;不吃淡水鱼;不吃无鳞无鳍的鱼,比如黄鳝。

【相关知识】

一、西餐上菜礼仪

西餐菜序

西餐在菜单的安排上与中餐有很大不同。以举办宴会为例,中餐宴会除近10种冷菜外,还要有热菜6~8种,再加上点心甜食和水果,显得十分丰富。而西餐虽然看着有六七道,似乎很烦琐,但每道一般只有一种。

(一)头盘

西餐的第一道菜是头盘,也称为开胃品。开胃品的内容一般有冷头盘或热头盘之分，常见的品种有鱼子酱、鹅肝酱、熏鲑鱼、鸡尾杯、奶油鸡酥盒、焗蜗牛等。因为是要开胃，所以开胃品一般都具有特色风味，味道以咸和酸为主，而且数量较少，质量较高。

（二）汤

与中餐有极大不同的是，西餐的第二道菜就是汤。西餐的汤大致可分为清汤、奶油汤、蔬菜汤和冷汤等4类，常见的品种有牛尾清汤、各式奶油汤、海鲜汤、美式蛤蜊浓汤、意式蔬菜汤、俄式罗宋汤、法式焗葱头汤。冷汤的品种较少，有德式冷汤、俄式冷汤等。

（三）副菜

鱼类菜肴一般作为西餐的第三道菜，也称为副菜。副菜品种包括各种鱼类、贝类及软体动物类。通常水产类菜肴与蛋类、面包类、酥盒菜肴品均称为副菜。因为鱼类等菜肴的肉质鲜嫩，比较容易消化，所以放在肉类菜肴的前面，叫法上也和肉类菜肴主菜有区别。西餐吃鱼菜肴讲究使用专用的调味汁，品种有鞑靼汁、荷兰汁、酒店汁、白奶油汁、大主教汁、美国汁和水手鱼汁等。

（四）主菜

肉、禽类菜肴是西餐的第四道菜，也称为主菜。肉类菜肴的原料取自牛、羊猪、小牛仔等各个部位的肉，其中最有代表性的是牛肉或牛排。牛排按其部位又可分为沙朗牛排（也称西冷牛排）、菲利牛排、"T"骨型牛排、薄牛排等。其烹调方法常用烤、煎、铁扒等。肉类菜肴配用的调味汁主要有西班牙汁、浓烧汁精、蘑菇汁、白尼斯汁等。禽类菜肴的原料取自鸡、鸭、鹅，通常将兔肉和鹿肉等野味也归入禽类菜肴。禽类菜肴品种最多的是鸡，有山鸡、火鸡、竹鸡，可煮、可炸、可烤、可焖，主要的调味汁有黄肉汁、咖喱汁、奶油汁等。

（五）蔬菜类菜肴

蔬菜类菜肴可以安排在肉类菜肴之后，也可以与肉类菜肴同时上桌，所以可以算为一道菜，或称之为一种配菜。蔬菜类菜肴在西餐中称为沙拉。与主菜同时搭配的沙拉，称为生蔬菜沙拉，一般用生菜、西红柿、黄瓜、芦笋等制作。沙拉的主要调味汁有醋油汁、法国汁、千岛汁、奶酪沙拉汁等。沙拉除了蔬菜之外，还有一类是用鱼、肉、蛋类制作的，这类沙拉一般不加味汁，在进餐顺序上可以作为头盘食用。还有一些蔬菜是熟食的，如花椰菜、煮菠菜、炸土豆条。熟食的蔬菜通常是与主菜的肉食类菜肴一同摆放在餐盘中上桌，称之为配菜。

（六）甜品

西餐的甜品是主菜后食用的，可以算做是第六道菜。从真正意义上讲，它包括所有主菜后的食物，如布丁、煎饼、冰激凌、奶酪、水果等。

（七）咖啡、茶

西餐的最后一道是上饮料，咖啡或茶。饮咖啡一般要加糖和淡奶油，茶一般要加香桃片和糖。

正式的全套餐点没有必要全部都点，点太多却吃不完反而失礼。稍有水准的餐厅都不欢迎只点前菜的人。前菜、主菜（鱼或肉择其一）加甜点是最恰当的组合。点菜并不是由前菜开始点，而是先选一样最想吃的主菜，再配上适合主菜的汤。

二、西餐进餐礼仪

（1）就座时，身体要端正，手肘不要放在桌面上，不可跷足，与餐桌的距离以便于使用餐具为佳。餐台上已摆好的餐具不要随意摆弄。将餐巾对折轻轻放在膝上。

（2）使用刀叉进餐时，从外侧往内侧取用刀叉，要左手持叉，右手持刀；切东西时左手拿叉按住食物，右手执刀将其切成小块，用叉子送入口中。使用刀时，刀刃不可向外。进餐中放下刀叉时应摆成"八"字形，分别放在餐盘边上。刀刃朝向自身，表示还要继续吃。每吃完一道菜，将刀叉并拢放在盘中。如果是谈话，可以拿着刀叉，无须放下。不用刀时，可用右手持叉，但若需要做手势时，就应放下刀叉，千万不可手执刀叉在空中挥舞摇晃，也不要一手拿刀或叉，而另一只手拿餐巾擦嘴，也不可一手拿酒杯，另一只手拿叉取菜。要记住，任何时候，都不可将刀叉的一端放在盘上，另一端放在桌上。

（3）喝汤时不要啜，吃东西时要闭嘴咀嚼。不要舔嘴唇或咂嘴发出声音。如汤菜过热，可待稍凉后再吃，不要用嘴吹。喝汤时，用汤勺从里向外舀，汤盘中的汤快喝完时，用左手将汤盘的外侧稍稍翘起，用汤勺舀净即可。吃完汤菜时，将汤匙留在汤盘（碗）中，匙把指向自己。

（4）吃鱼、肉等带刺或骨的菜肴时，不要直接外吐，可用餐巾捂嘴轻轻吐在叉上放入盘内。如盘内剩余少量菜肴时，不要用叉子刮盘底，更不要用手指相助食用，应以小块面包或叉子相助食用。吃面条时要用叉子先将面条卷起，然后送入口中。

（5）面包一般掰成小块送入口中，不要拿着整块面包去咬。抹黄油和果酱时也要先将面包掰成小块再抹。

（6）吃鸡时，欧美人多以鸡胸脯肉为贵。吃鸡腿时应先用力将骨去掉，不要用手拿着吃。吃鱼时不要将鱼翻身，要吃完上层后用刀叉将鱼骨剔掉后再吃下层。吃肉时，要切一块吃一块，块不能切得过大，或一次将肉都切成块。

（7）喝咖啡时如愿意添加牛奶或糖，添加后要用小勺搅拌均匀，将小勺放在咖啡的垫碟上。喝时应右手拿杯把，左手端垫碟，直接用嘴喝，不要用小勺一勺一勺地舀着喝。吃水果时，不要拿着水果整个去咬，应先用水果刀切成四瓣再用刀去掉皮、核、用叉子叉着吃。

（8）用刀叉吃有骨头的肉时，可以用手拿着吃。若想吃得更优雅，还是用刀较好。用叉子将整片肉固定（可将叉子朝上，用叉子背部压住肉），再用刀沿骨头插入，把肉切开。最好是边切边吃。必须用手吃时，会附上洗手水。当洗手水和带骨头的肉一起端上来时，意味着"请用手吃"。用手指拿东西吃后，将手指放在装洗手水的碗里洗净。吃一般的菜时，如果把手指弄脏，也可请侍者端洗手水来，注意洗手时要轻轻地洗。

（9）吃面包可蘸调味汁，把调味汁全部吃完，是对厨师的礼貌。注意不要把面包盘子"舔"得很干净，而要用叉子叉住已撕成小片的面包，再蘸一点调味汁来吃，是雅观的做法。

三、西餐咖啡礼仪

如果咖啡杯有杯耳，不要用手指穿过杯耳端杯子，正确的拿法应是拇指和食指捏住杯把儿将杯子端起。喝咖啡时，不要发出声响；添加咖啡时，不要把咖啡杯从咖啡碟中拿起来。

给咖啡加糖时，砂糖可用咖啡匙舀取，直接加入杯中；也可先用糖夹子把方糖夹在咖啡碟的近身一侧，再用咖啡匙把方糖加在杯子里。如果直接用糖夹子或手把方糖放入杯内，有时可能会使咖啡溅出，弄脏衣服或台布。

咖啡匙是专门用搅咖啡的，饮用咖啡时应当把它取出来。不要用咖啡匙舀着咖啡一匙一匙地慢慢喝，也不要用咖啡匙来捣碎杯中的方糖。标准的搅拌手法是将匙立于咖啡杯中央，先顺时针由内向外划圈，至杯壁再由外向内逆时针划圈至中央，然后再重复同样的手法，这样搅拌的咖啡质地均匀。

刚刚煮好的咖啡太热，可以用咖啡匙在杯中轻轻搅拌使之冷却，或者等自然冷却后再饮用。用嘴试图去把咖啡吹凉，是很不文雅的动作。

盛放咖啡的杯碟都是特制的。它们应当放在饮用者的正面或右侧，杯耳应指向右方。喝咖啡时，可以用右手拿着咖啡的杯耳，左手轻轻托着咖啡碟，慢慢地移向嘴边轻啜。不要满把握杯、大口吞咽，也不要俯首屈就咖啡杯。

四、葡萄酒品饮礼仪

品鉴葡萄酒

葡萄酒的种类不同，特点各异，对饮用温度的要求也是不一样的。只有在最佳的饮用温度下饮用特定的酒品，该酒品才会在色、香、味、体诸方面达到最好效果。

品鉴准备工作

醇厚的红葡萄酒就该在18℃左右饮用，如果能在喝前半小时打开瓶塞，让它呼吸一下，可以增加酒香和醇味。干白葡萄酒、干红葡萄酒应冷却至7℃～12℃时饮用，香槟酒、泡沫葡萄酒、甜白葡萄酒应在6℃～8℃时饮用最好。

品尝葡萄酒需要用眼睛来观察酒的颜色，用鼻子来嗅酒的香气，用口来尝酒的味道，下面简单介绍品饮葡萄酒的方法。

（一）观颜色

品鉴之看

颜色好比葡萄酒的脸，可以通过酒的颜色来判断其年份、特点等。通常情况下，葡萄酒的颜色必须纯正，具有光泽（澄清、光亮）。

（1）用食指和拇指握着酒杯的柄脚部，将酒杯置于腰高处，低头垂直观察酒的液面，看其液面是否有失光感或有其他现象。

（2）将酒杯举至双眼高度，观察酒体的颜色、透明度和是否有悬浮物及沉淀物。

（3）将酒杯倾斜或摇动，使酒均匀地分布在酒杯之内壁上，静止后，观察内壁上形成的无色酒柱，即挂杯现象。对气泡葡萄酒要注意观察气泡的大小、数量、持久性及细腻程度。

（二）嗅香气

品鉴之闻

葡萄酒的香气极为复杂。但简单地可将葡萄酒分为果香和酒香两类。果香包括第一果香，主要与原料品种、芳香总体有关，第二果香是酵母在将糖转化为酒精而生成葡萄酒时，产生出很多香味物质，称为发酵香或酵母香。

第一次闻香。先在酒杯中倒入 1/3 容积的葡萄酒。将酒杯端起不能摇动，稍稍弯腰将鼻孔接近于酒面闻香，在静止状态下分析葡萄酒的香气。第一次所闻到的气味很淡，只能闻到扩散性强的那部分香气。

第二次闻香。摇动酒杯，使葡萄酒呈圆周运动，促使挥发性强的物质释放。先在摇动过程中间看，后在摇动结束后闻香。摇动使杯内壁湿润，并使上部充满了挥发性物质，使其香气浓郁幽雅。

第三次闻香。主要用于鉴别香气中的缺陷。

（三）尝滋味

对葡萄酒滋味感受最全面是舌。舌尖对甜最敏感，舌两侧对苦最为敏感，舌根对酸最为敏感，接近舌尖的两后侧对咸最为敏感。葡萄酒中甜、酸、苦、咸四种味都有，但主要是甜味和酸味。

品鉴之尝

先将酒杯举起，杯口放在嘴唇之间，并压住下唇，头部稍往后仰，就像平时喝酒一样，轻轻地向口中吸拢，并控制住吸入的酒量，使葡萄酒均匀地分布在平展的舌头表面，然后将葡萄酒控制在口腔前部，每次吸入的酒应在 6~10 毫升，不能多，也不能少。

当葡萄酒进入口腔内，闭上嘴唇，头微向前倾，采用舌头和面部肌肉的运动摇动葡萄酒，也可将口微张，轻轻地向内吸气，这样可使葡萄酒的气味进入鼻腔后部。葡萄酒在口腔内流动和保留时间为 10 秒左右，咽下少量葡萄酒，然后用舌头舔牙齿和口腔内表面以鉴别尾味。

知识链接：

葡萄酒与菜肴的搭配

基本规律：红配红，白配白，桃红香槟皆可来。红酒可以与浓重的菜肴搭配，如肉禽类；白葡萄酒可以与清淡的菜肴搭配，如鱼和海鲜类；桃红葡萄酒和香槟酒一般可以和所有菜肴搭配，具体可参照表 6-1、表 6-2。

表 6-1 法国葡萄酒与中餐搭配表

酒 别	菜肴举例
红葡萄酒	川菜、烤鸭、叉烧肉、烧鸡、香菇、火腿、酱熏类食品
白葡萄酒	油炸点心、海鲜类、清蒸类
香槟酒	点心、鱼翅类

表6-2 法国葡萄酒与西餐的搭配

酒　别	菜肴举例
红葡萄酒	奶酪、火腿、蛋类、牛羊排、禽类、兽类、野味、内脏类
白葡萄酒	沙拉、奶酪、巧克力、鹅肝、海鲜、蜗牛
香槟酒	茶点、布丁、火鸡

食物和葡萄酒需要两相和谐，合理的搭配是关键，任何一方均不能太突出；可能的话，应将地区性食物与当地的葡萄酒搭配。

带糖醋调味汁的菜肴：应配以酸性较高的葡萄酒，清淡的干白就比干红要酸些，长相思（Sauvignon Blanc）是最好的选择。

鱼类菜肴：主要根据所用的调味汁来决定，奶白汁的鱼菜可选用干白，浓烈的红汁鱼则以配醇厚的干红为宜，而经过橡木桶陈酿的霞多丽（Chardonnay）干白会适合搭配熏鱼。

油腻和奶糊状菜肴：中性和厚重架构的干白会非常合适，霞多丽（Chardonnay）最宜。

干白的黄油香味能给奶油糊状食物增加其独特的风味，但要避免搭配果香味较重的葡萄酒；辛辣刺激类菜肴，冰凉的啤酒和葡萄酒都合适；如果想试一下葡萄酒与辛辣食物的配合，有时较甜的葡萄酒会与辣味形成很好的对照；丰盛的食物，遵守搭配的黄金法则，丰盛油腻的食物必须和同样味重的干红搭配；口感厚重、架构丰满、富含高单宁酸的赤霞珠（Cabernet Sauvignon）葡萄酒会是理想的选择。

【技能训练】

模拟一场西餐宴请，在宴请活动过程中，考查学生对于西餐宴请礼仪规范的掌握程度。

【案例分析】

王宇是一名外企的部门经理。有一次，他因为工作的需要，在国内设宴招待一位来自法国的生意伙伴。一顿饭吃下来，令对方最为欣赏的，不是菜肴准备的有多丰盛，而是王宇在用餐时的细节表现。用那位法国合作伙伴的原话说：王先生，您在用餐时一点声响都没有，使我感到您有非常好的修养。整个用餐过程非常愉快。合作进程也非常顺利。

请思考以下问题：

从这个案例可以得出什么样的结论？

项目三 自 助 餐

自助餐,有时亦称冷餐会,它是目前国际上所通行的一种非正式的西式宴会,在大型的商务活动中尤为多见。它的具体做法是,不预备正餐,而由就餐者自作主张地在用餐时自行选择食物、饮料,然后或立或坐,自由地与他人在一起或是独自一人地用餐。

【知识目标】掌握自助餐礼仪规范要求。
【技能目标】能够成功地组织自助餐宴请活动。
【素质目标】通过学习自助餐礼仪规范,能够在自助餐活动中表现出良好的餐饮素养。

【思政园地】

> **尴尬的自助餐**
>
> 公司的领导说下班后聚餐,欢迎新入职的员工。大家兴冲冲地讨论就餐餐馆,最后选的是以火锅为主的自助餐。到达餐馆后,选好锅底,大家便各自去拿自己喜欢吃的食物。一位女同事估计第一次去吃,她看到漂亮的点心,就拿了好多。火锅还没弄好,她就已经吃了好多块蛋糕了。蛋糕是比较容易饱腹的,她就吃不下其他的东西了,勉勉强强吃了点水果,实在是吃不下了就坐在那里休息。等大家都吃好了准备走人的时候,她竟然叫服务员说桌上那些要打包带走。天哪,大家都觉得特别尴尬!

任务一 准 备 工 作

【任务导入】

吴小姐要代表公司举办一次自助餐宴会,目的是为答谢长期以来一直致力合作的新老客户,请问,在组织宴会的时候应该注意哪些问题?

【任务分析】

准备自助餐应该注意的事项,包括备餐时间、就餐地点、食物准备、客人招待四个方面的问题。

【相关知识】

一、备餐时间

在商务交往之中，依照惯例，自助餐大都被安排在各种正式的商务活动之后，作为其附属的环节之一，而极少独立出来，单独成为一项活动。也就是说，商界的自助餐多见于各种正式活动之后，用作招待来宾的项目之一，而不宜以此作为一种正规的商务活动的形式。

因为自助餐多在正式的商务活动之后举行，故而其举行的具体时间受到正式的商务活动的限制。不过，它很少被安排在晚间举行，而且每次用餐的时间不宜长于一个小时。

根据惯例，自助餐的用餐时间不必进行正式的限定。只要主人宣布用餐开始，大家即可动手就餐。在整个用餐期间，用餐者可以随到随吃，大可不必非要在主人宣布用餐开始之前到场恭候。在用自助餐时，也不像正式的宴会那样，必须统一退场，不允许"半途而废"。用餐者只要自己觉得吃好了，在与主人打过招呼之后，随时都可以离去。通常，自助餐是无人出面正式宣告其结束的。

一般来讲，主办单位假如预备以自助餐对来宾进行招待，最好事先以适当的方式对其进行通报。同时，必须注意一视同仁，即不要安排一部分来宾用自助餐，而安排另外一部分来宾去参加正式的宴请。

二、就餐地点

选择自助餐的就餐地点，大可不必如同宴会那样正式。需要注意的是，就餐地点要求既能容纳下全部就餐之人，又能为其提供足够的交际空间。

按照正常的情况，自助餐安排在室内外进行皆可。通常，它大多选择在主办单位所拥有的大型餐厅、露天花园之内进行。有时，亦可外租、外借与此相类似的场地。

在选择、布置自助餐的就餐地点时，有下列三点事项应予注意。

（一）要为用餐者提供一定的活动空间

除了摆放菜肴的区域之外，在自助餐的就餐地点还应划出一块明显的用餐区域。这一区域，不要显得过于狭小。考虑到实际就餐的人数往往具有一定的弹性，就餐的人数难以确定，所以用餐区域的面积尽量选择大一些。

（二）要提供数量足够使用的餐桌与座椅

尽管真正的自助餐所提倡的，是就餐者自由走动，立而不坐。但是在实际上，有不少的就餐者，尤其是其中的年老体弱者，还是期望在其就餐期间，能有一个暂时的歇脚之处。因此，在就餐地点应当预先摆放好一定数量的桌椅，供就餐者自由使用。在室外就餐时，提供适量的遮阳伞，也是必要的。

（三）要使就餐者感觉到就餐地点环境宜人

在选定就餐地点时，不要只注意面积、费用问题，还须兼顾安全、卫生、温湿度等诸多问题。要是用餐期间就餐者感到异味扑鼻、过冷或过热、空气不畅，或者过于拥挤，显然都会影响到对方对此次自助餐的整体评价。

三、饮食准备

在自助餐上，为就餐者所提供的食物，既有其共性，又有其个性。

自助餐的共性在于，为了便于就餐，以提供冷食为主；为了满足就餐者的不同口味，应当尽可能地使食物在品种上丰富，种类多样；为了方便就餐者进行选择，同一类型的食物应被集中在一处摆放。

自助餐的个性在于，在不同的时间或是款待不同的客人时，食物可在具体品种上有所侧重。有时，以冷菜为主；有时，以甜品为主；有时，以茶点主；有时，还可以酒水为主。除此之外，还可酌情安排一些时令菜肴或特色菜肴。

一般而言，自助餐上所备的食物在品种上应当多多益善。具体来讲，一般的自助餐上所供应的菜肴大致应当包括冷菜、汤、热菜、点心、甜品、水果以及酒水等几大类型。

通常，常见的冷菜有沙拉、香肠、火腿、牛肉、猪舌、鱼子、鸭蛋等。常见的汤类有红菜汤、牛尾汤、玉米汤、酸辣汤、三鲜汤等。常见的热菜有炸鸡、炸鱼、烤肉、烧肉、烧鱼、土豆片等。常见的点心有面包、菜包、热狗、炒饭、蛋糕、曲奇饼、苏打饼、三明治、汉堡包、比萨饼等。常见的甜品有布丁、果排、冰激凌等。常见的水果有香蕉、菠萝、西瓜、木瓜、柑橘、樱桃、葡萄、苹果等。常见的酒水则有牛奶、咖啡、红茶、可乐、果汁、矿泉水、鸡尾酒等。

在准备食物时，务必要注意保证供应。同时，还须注意食物的卫生以及热菜、热饮的保温问题。

四、客人招待

招待好客人，是自助餐主办者的责任和义务。要做到这一点，必须特别注意以下三个环节。

（一）照顾好主宾

不论在任何情况下，主宾都是主人照顾的重点。在自助餐上，也并不例外。主人在自助餐上对主宾所提供的照顾，主要表现在陪同其就餐，与其进行适当的交谈，为其引见其他客人，等等。只是要注意给主宾留下一点供其自由活动的时间，不要始终伴随其左右。

（二）充当引见者

作为一种社交活动的具体形式，自助餐自然要求其参加者主动进行适度的交际。在自助餐进行期间，主人一定尽可能地为彼此互不相识的客人多创造一些相识的机会，并且积极为其牵线搭桥，充当引见者，即介绍人。应当注意的是，介绍他人相识，必须了解彼此双方是否有此心愿，而切勿一厢情愿。

（三）安排服务者

小型的自助餐，主人往往可以一身而二任，同时充当服务者。但是，在大规模的自助餐上，显然是不能缺少专人服务的。在自助餐上，直接与就餐者进行正面接触的，主要是侍者。根据常规，自助餐上的侍者须由健康而敏捷的男性担任。侍者的主要职责是：为了不使来宾因频频取食而妨碍了同他人所进行的交谈，而主动向其提供一些辅助性的服务。比如，推着装有各类食物的餐车，或是托着装有多种酒水的托盘，在来宾之间巡回走动，而听凭宾客各取所需。再者，他还可以负责补充供不应求的食物、饮料、餐具等。

【技能训练】

将学生分组，为组织自助餐宴会准备一个策划方案。

任务二 礼仪规范

【任务导入】

薛小姐是某公司的一名对外洽谈经理，今晚要参加一个外国客商举办的自助餐宴会。请问在宴会活动过程中，薛小姐应该注意哪些礼仪规范？

【任务分析】

自助餐进餐礼仪，主要是指在以就餐者的身份参加自助餐时，所需要具体遵循的礼仪规范。一般来讲，在自助餐礼仪之中，享用自助餐的礼仪对商务人员而言，往往显得更为重要。自助餐的礼仪规范与中西餐略有不同，主要表现在取菜礼仪规范方面。

【相关知识】

一、取菜礼仪

（一）排队取菜

在享用自助餐时，尽管需要就餐者自己照顾自己，但也需要注意自助餐的礼仪规范。实际上，在就餐取菜时，由于用餐者往往成群结队而来的缘故，大家都必须自觉地维护公共秩序，讲究先来后到，排队选用食物。不允许乱挤、乱抢、乱插队，更不允许不排队。

在取菜之前，先要准备好一只食盘。轮到自己取菜时，应用公用的餐具将食物装入自己的食盘之内，然后即应迅速离去。切勿在众多的食物面前犹豫再三，让身后之人久等，更不应该在取菜时挑挑拣拣，甚至直接下手或以自己的餐具取菜。

（二）循序取菜

在自助餐上，如果想要吃饱吃好，那么在具体取用菜肴时，就一定要首先了解合理的取菜顺序，然后循序渐进。按照常识，参加一般的自助餐时，取菜时的标准的先后顺序，依次应当是：冷菜、汤、热菜、点心、甜品和水果。因此在取菜时，最好先在全场转上一圈，了解一下情况，然后再去取菜。

如果不了解这一合理的取菜先后顺序，而在取菜时完完全全地自行其是，乱装乱吃一通，难免会使本末倒置，咸甜相克，令自己吃得既不畅快又不舒服。举例而言，在自助餐上，甜品、水果本应作为"压轴戏"，最后再吃。可要是不守此规，为图新鲜，而先大吃一通甜品、水果，那么立即就会饱了，等到后来才见到自己想吃的好东西，很可能就会心有余而力不足，只好"望洋兴叹"了。

（三）量力而行

参加自助餐时，遇上了自己喜欢吃的东西，只要不会撑坏自己，完全可以放开肚量，尽管去吃。不限数量，保证供应，其实这正是使自助餐大受欢迎的地方。因此，商务人员在参加自助餐时，大可不必担心别人笑话自己，爱吃什么，只管去吃就是了。

不过，应当注意的是，在根据本人的情况选取食物时，必须要量力而行。切勿为了吃得过瘾，而将食物狂取一通，结果是自己"眼高手低"，力不从心，从而导致了食物的浪费。严格地说，在享用自助餐时，多吃是允许的，而浪费食物则绝对不允许。

（四）"多次少取"

在自助餐上遵守"少取"原则的同时，还必须遵守"多次"的原则。"多次"的原则，是"多次取菜"的原则的简称。它的具体含义是：用餐者在自助餐上选取某一种类的菜肴，允许其再三再四地反复去取。但每次应当只取一小点，待品尝之后，觉得它适合自己的话，那么还可以再次去取，直至自己感到吃好了为止。换而言之，这一原则其实是说，在自助餐选取某菜肴时，取多少次都无所谓，一添再添都是允许的。相反，要是为了省事而一次取用过量，装得太多，则是失礼之举，必定会令其他人瞠目结舌。"多次"的原则，与"少取"的原则其实是同一个问题的两个不同侧面。"多次"是为了量力而行，"少取"也是为了避免造成浪费。所以，二者往往也被合称为"多次少取"的原则。

会吃自助餐的人都知道，在选取菜肴时，最好每次只为自己选取一种。待吃好后，再去取用其他的品种。要是不谙此道，在取菜时乱装一气，将多种菜肴盛在一起，导致其五味杂陈，相互窜味，则难免会影响食欲。

（五）避免外带

所有的自助餐，不分是以之待客的由主人亲自操办的自助餐，还是对外营业的正式餐馆里所经营的自助餐，都有一条不成文的规定，即自助餐只许可就餐者在用餐现场里自行享用，而绝对不许可对方在用餐完毕之后携带回家。

商界人士在参加自助餐时，一定要牢牢记住这一点。在用餐时不论吃多少东西都不碍事，但是千万不要偷偷往自己的口袋、皮包里装一些自己的"心爱之物"，更不要要求侍者替自己"打包"。那样的表现，必定会使自己见笑于人。

（六）送回餐具

在自助餐上，既然强调的用餐者以自助为主，那么用餐者在就餐的整个过程之中，就必须将这一点牢记在心，并且认真地付诸行动。在自助餐上强调自助，不但要求就餐者取用菜肴时以自助为主，而且还要求其善始善终，在用餐结束之后，自觉地将餐具送至指定之处。

二、其他礼仪规范

（一）积极交际

自助餐为大家提供了一个互相认识与交流的平台，在参加自助餐时，要主动寻找机会，扩大交际面。首先，应当找机会与主人交谈，其次，应当多与老朋友叙旧，在此基础上，也可以多多结识新朋友。

（二）以礼相待

在自助餐上，对于不相识的用餐者，应当以礼相待。在排队取菜的过程中，要主动谦让，不要目中无人、蛮横无理。

知识链接：

自助餐的由来

自助餐（buffet），是起源于西餐的一种就餐方式。厨师将烹制好的冷、热菜肴及点心陈列在餐厅的长条桌上，由客人自己随意取食，自我服务。这种就餐形式起源于公元8—11世纪北欧的"斯堪的纳维亚式餐前冷食"和"亨联早餐（Hunt breakfast）"。

相传这是当时的海盗最先采用的一种进餐方式，至今世界各地仍有许多自助餐厅以"海盗"命名。海盗们性格粗野，放荡不羁，以至于用餐时讨厌那些用餐礼节和规矩，只要求餐馆将他们所需要的各种饭菜、酒水用盛器盛好，集中在餐桌上，然后由他们肆无忌惮地畅饮豪吃，吃完不够再加。海盗们这种特殊的就餐形式，起初被人们视为是不文明的现象。但久而久之，人们觉得这种方式也有许多好处，对顾客来说，用餐时不受任何约束，随心所欲，想吃什么菜就取什么菜，吃多少取多少；对酒店经营者来说，由于省去了顾客的桌前服务，自然就省去了许多劳力和人力，可减少服务生的使用，为企业降低了用人成本。因此，这种自助式服务的用餐方式很快在欧美各国流行起来，并且随着人们对美食的不断追求，自助餐的形式由餐前冷食、早餐逐渐发展成为午餐、正餐；由便餐发展到各种主题自助餐，如：情人节自助餐、圣诞节自助餐、周末家庭自助餐、庆典自助餐、婚礼自助餐、美食节自助餐等；按供应方式，由传统的客人取食，菜桌成品发展到客前现场烹制、现烹现食，甚至还发展为由顾客自助食物原料，自烹自食"自制式"自助餐，真可谓五花八门，丰富多彩。

【技能训练】

模拟一场自助餐宴请，注重宴请活动过程中礼仪规范的体现。

【案例分析】

郭小姐有一次代表公司出席一家外国商社的周年庆典活动。正式的庆典活动结束后，那家外国商社为全体来宾安排了丰盛的自助餐。尽管在此之前郭小姐并未用过正式的自助餐,但是她在用餐开始之后发现其他用餐者的表现非常随意,便也就"照葫芦画瓢",像别人一样放松自己。

让郭小姐开心的是,她在餐台上排队取菜时,竟然见到自己平时最爱吃的生蚝,于是,她毫不客气地替自己满满地盛了一大盘。当时她的主要想法是:这东西虽然好吃,可也不便多次取食,否则旁人可能就会嘲笑自己没见过世面了。再说,它这么好吃,这会不多盛一些,保不准一会儿就没有了。

然而令郭小姐脸红的是,它端着盛满了生蚝的盘子从餐台边上离去时,周围的人居然个个都用异样的眼神盯着她。事后一经打听,郭小姐才知道,自己当时的行为是有违自助餐礼仪的。

请思考以下问题:
郭小姐失礼在哪?

【自测题】

1. 在中餐宴请活动中,由两桌组成的小型宴请,当两桌横排时,桌次是以（　　）为尊,以（　　）为卑。这里所说的右和左,是由（　　）的位置来确定的。

2. 主人在主桌就座,大都面对（　　）而坐。

3. 根据距离主桌的远近来界定各桌位次的尊卑,以（　　）为上,以（　　）为下。

4. 当两人一同并排就座时,通常以（　　）为上座,以（　　）为下座。

5. 西餐正规宴会上,每一道食物、菜肴即配一套相应的餐具,并以上菜的先后顺序（　　）排列。

6. 西餐的第一道菜是（　　）,也称为开胃品。

7. 自助餐取菜礼仪包括（　　）、（　　）、（　　）、（　　）、（　　）、（　　）。

案例分析——
商务宴请

模块六——
实训资料

影视剧片段
欣赏——模块六

附录

自测题答案

模块一 礼仪概述

【自测题】答案

1. 礼仪
2. 礼貌
3. 礼节
4. 文明性、规范性、普遍性、差异性、可操作性、传承性、时代性
5. 真诚原则、敬人原则、自律原则、遵守原则、宽容原则、平等原则、从俗原则、适度原则
6. 商务礼仪
7. 政务礼仪、商务礼仪、服务礼仪、社交礼仪、涉外礼仪
8. B
9. D
10. C
11. D

模块二 职业形象礼仪

【自测题】答案

1. B
2. D
3. A
4. AB
5. ABC
6. AB
7. ABCE
8. ABC
9. AC
10. BCD

模块三 商务会议礼仪

项目一 公司会议

【自测题】答案

1. 主持人、与会者、议题、名称、时间、地点
2. 主持人

3. 议题

4. 名称

5. 会议议程

6. 会议日程

7. 书面、口头、电话、邮件

8. 报到

9. ABCD

10. ABCD

11. A

12. C

13. B

14. ABC

15. ABD

16. ABC

项目二　商务谈判

【自测题】答案

1. 庄重、严肃

2. 平等原则、互惠互利原则、坚持使用客观标准原则、灵活机动原则、诚信原则、合法原则

3. A, D, B, C

4. A, D, B, C

5. B

6. B

7. A, B

8. ABCD

9. ABCD

10. C

11. D

12. A

13. B

14. C

模块四　商务活动礼仪

【自测题】答案

1. A

2. A

3. BCD

4. ABCE

5. ABCDE

模块五　客户接待与拜访礼仪

项目一　客户接待

【自测题】答案

1. 国籍；职务
2. 接待工作组织分工；活动日程安排
3. 交流式；礼仪式
4. 卑者先
5. 最高代表
6. 人数较少的一方
7. 平等式；谦恭式；双握式
8. 主人；客人
9. 3 秒钟
10. 左侧；左前方

11. 自我介绍的顺序是卑者先。即年幼者先向年长者自我介绍；男士先向女士做自我介绍；主人先向客人自我介绍等。

12. 握手时遵循尊者为先的原则，即由位尊者先伸手示意，位卑者予以响应。如上下级之间，上级先伸手；年长与年幼者见面，年长者先伸手。在商务接洽双方平等的情况下，先到者先伸手与后到者握手。在商务拜访活动中，抵达时主人先伸手表达欢迎；临别时客人先伸手表谢意。

13. 精心制作名片。在制作名片的时候，风格一定要简约大方，字迹清楚易辨，制作材料要精良。让对方在接过名片后就愿意主动收藏这张名片。

把握出示名片的时机。在相互介绍交谈开始之前，或者交谈融洽有进一步结识愿望的时候，再者是即将告别为方便日后联系之用。当事人应该根据时机合理派发交换名片。

保持名片干净完好。不能在名片上乱涂乱改，保持名片清洁干净。同时，名片上也不能有折痕或因损坏而缺角，保持名片的平整与完好。

名片上不印两个以上的头衔。如果持有人头衔很多，挑相关的最重要的两个印制。切忌将头衔全部印制上去，否则会给接受名片者虚浮、不靠谱的感觉。

项目二　客户拜访

【自测题】答案

1. 9—10 点；3—4 点
2. 产品说明书；价格表；计算器
3. "TPO" 原则
4. 主人；右手为上
5. 鞠躬礼
6. 韩
7. 合十；合掌
8. 50
9. 加拿大

10. 毛利人

11. 埃及人爽朗好客，但时间观念不强，交际中要有耐心；忌讳谈宗教问题、中东问题以及女性问题；到埃及人家中做客，对于客人奉上的茶水一定要喝完，否则会触犯当地人的忌讳。

12. 社交场合，法国人一般以握手为礼。少女通常向妇女行屈膝礼；男子也有互吻脸颊的习俗或行脱帽礼。吻手礼在法国当地盛行，但一般嘴不应接触到女士的手。

法国人认为服饰是个人身份的象征，讲究服装的质地、款式及色彩。男士着西装，女士着连衣裙或套裙。

交谈的话题要规避私人问题。法国人忌讳黑桃图案、仙鹤图案。赠送礼物给女性时，忌送香水和化妆品。

13. 新加坡国家文化的多元性使得该国的礼仪必然呈现出多元化的特点。

新加坡人在会面时，一般行握手礼。而马来西亚人则是用双手互相接触，再把手回放到自己胸部。新加坡人举止文明，他们坐姿端正，不将双脚分开；如果交叉双脚，则可以把一只腿的膝盖放在另一只腿的膝盖上。新加坡人不喜欢挥霍浪费，商务宴请也应以节俭为度。答谢宴会的费用标准不宜超过主人宴请的水平。

模块六　商务宴请礼仪

【自测题】答案

1. 右，左，面对正门
2. 正门
3. 近，远
4. 右，左
5. 由外向内
6. 头盘
7. 排队取菜、循序取菜、量力而行、"多次少取"、避免外带、送回餐具

参 考 文 献

[1] 金正昆. 商务礼仪［M］. 西安：陕西师范大学出版社，2011.
[2] 杨丽. 商务礼仪［M］. 北京：清华大学出版社，2010.
[3] 甘露. 商务礼仪［M］. 北京：北京理工大学出版社，2010.
[4] 季辉. 商务礼仪［M］. 重庆：重庆大学出版社，2008.
[5] 徐觅. 现代商务礼仪教程［M］. 北京：北京邮电大学出版社，2008.
[6] 曹艺. 商务礼仪［M］. 北京：清华大学出版社，2009.
[7] 张永红. 商务礼仪实战［M］. 北京：北京理工大学出版社，2010.
[8] 金正昆. 社交礼仪教程［M］. 北京：中国人民大学出版社，2009.
[9] 冯玉珠. 商务宴请攻略［M］. 北京：中国轻工业出版社，2006.
[10] 李建峰. 社交礼仪实务［M］. 北京：北京理工大学出版社，2010.
[11] 吕维霞. 现代商务礼仪［M］. 北京：对外经济贸易大学出版社，2003.
[12] 钟立群，王炎. 现代商务礼仪［M］. 北京：北京大学出版社，2010.
[13] 陈威. 商务礼仪［M］. 北京：对外经济贸易大学出版社，2009.
[14] 刘金岩. 商务礼仪［M］. 北京：北京师范大学出版社，2011.
[15] 李巍. 商务礼仪［M］. 北京：中国农业大学出版社，2009.
[16] 周朝霞. 商务礼仪［M］. 北京：中国人民大学出版社，2006.
[17] 孙玲. 商务礼仪实务与操作［M］. 北京：对外经济贸易大学出版社，2010.

电子资源目录

让自己更美 …………………… 15	扣子风波 …………………… 37
工作淡妆——妆前 …………… 21	西装纽扣扣法 ……………… 37
工作淡妆——修眉 …………… 21	落座时解开纽扣 …………… 37
工作淡妆——粉底 …………… 21	西装合身度 ………………… 37
工作淡妆——喷雾定妆 ……… 21	衬衫的颜色 ………………… 38
工作淡妆——散粉定妆 ……… 21	衬衫肩线 …………………… 39
工作淡妆——画眉 …………… 21	衬衫领围 …………………… 40
工作淡妆——画眼影 ………… 22	衬衫露白 …………………… 40
工作淡妆——卷睫毛＋睫毛膏 … 22	袖扣 ………………………… 41
工作淡妆——画眼线 ………… 22	皮鞋的要求 ………………… 42
工作淡妆——修容 …………… 22	皮带的要求 ………………… 42
工作淡妆——腮红 …………… 22	袜子的要求 ………………… 42
工作淡妆——口红 …………… 22	加拿大总理特鲁多"袜子外交" … 43
仪态礼仪 …………………… 23	穿着套裙场合 ……………… 46
站姿一双臂侧放式 …………… 23	为什么商务女士应着套裙 … 44
站姿二腹前握指式 …………… 23	套裙合身度 ………………… 45
站姿三背后握指式 …………… 24	套裙颜色 …………………… 47
坐姿礼仪一 ………………… 25	西装配饰 …………………… 48
坐姿二双腿垂直式坐姿 ……… 25	面试礼仪 …………………… 58
坐姿三开膝抬手式 …………… 25	面试前准备 ………………… 58
坐姿四双腿斜放式坐姿 ……… 26	面试要独自前往 …………… 60
蹲姿一交叉式蹲姿 …………… 26	问好鞠躬 …………………… 60
蹲姿二高低式蹲姿 …………… 27	敲门进场 …………………… 61
行姿礼仪 …………………… 27	谨慎入座 …………………… 61
手势礼仪一曲臂式 …………… 28	微笑和眼神 ………………… 61
手势礼仪二直臂式 …………… 29	离开考场 …………………… 61
手势礼仪三曲臂式反向 ……… 29	面试注意事项 ……………… 62
西装 ………………………… 35	会议座次序言 ……………… 85
西装面料 …………………… 36	中国自古以来都是以左为上的吗 …… 86
色彩密码 …………………… 36	小型会议 …………………… 86
黑色西装 …………………… 36	小型会议之面门设座 ……… 87
深蓝色西装 ………………… 36	小型会议之依景设座 ……… 87
灰色西装 …………………… 36	洽谈会 ……………………… 87

洽谈会之相对式	88	谁先挂电话	156
洽谈会之并列式	89	想结束通话怎么做	156
大型会议	90	自我介绍方式	158
国际大型会议主席台排序原则	91	自我介绍要领	158
国内大型会议主席台排序原则	92	自我介绍顺序	159
国内大型会议主席台单数时排序方法	92	经人介绍要领	159
国内大型会议主席台双数时排序方法	92	经人介绍顺序	159
支持人发言人席位	93	经人介绍方式	159
客人坐在哪里，哪里就是上座	94	集体介绍	160
参差多态乃是幸福之本源	96	集体介绍顺序	160
商务谈判位次排序	99	握手没有那么简单	161
谈判 soften 原则	104	握手的方式	162
签字仪式之位次排序	122	双包式握手	162
主签人	125	拍肩式握手	162
主签人法定资格	125	握手的顺序	163
签字之助签人礼仪	125	不但学以致用更要灵活运用	163
签字仪式之轮换制	125	身份多重时的顺序判定	163
交换文本	126	与多人握手	163
举杯庆贺	126	握手的要领	163
合影留念	126	克林顿的眼神	163
开业典礼嘉宾邀请	129	握手时间越长越好吗	163
开业典礼现场布置	130	怎样与女士握手	163
开业典礼物料	130	握手的禁忌	163
开业典礼功能区域	130	握手练习题	165
开业典礼流程	131	引导者	165
开业典礼紧急预案	131	并行与单行行进	165
剪彩用品	144	多人同行	165
剪彩流程	146	需要开门进入情景	165
嘉宾邀请	145	上楼梯	166
谁先登台	148	下楼梯	166
罗马柱	148	出入电梯	166
剪彩者礼仪	149	电梯礼仪	166
助剪者礼仪要求	149	乘车尊位	167
客户接待	152	乘车 VIP 座位	168
打电话前准备工作	156	主人驾驶时尊位	168
接听电话的时机	156	女士上下车怎样防止走光	169
通话礼仪	156	进入房间	170
		长沙发尊于单人沙发	170
		递名片的礼仪	172

商务拜访时间选择	176	西餐餐具使用礼仪之汤勺	216
商务拜访要提前预约	176	西餐餐具使用礼仪之餐巾	216
私人拜访时间选择	177	西餐菜序	219
私人拜访准时抵达	177	品鉴葡萄酒	222
私人拜访应举止稳重	179	品鉴准备工作	222
中餐座次排序	196	品鉴之看	222
中餐餐具使用礼仪	202	品鉴之闻	222
西餐餐具使用礼仪之刀叉	215	品鉴之尝	223

案例分析35个	236
商务礼仪实训资料30个	236
影视剧商务礼仪赏析微视频63个	236
商务礼仪小知识80个	236
其他电子资源	236